文化自信视域下高校社会主义核心价值观培育研究

贵州省2017年度哲学社会科学规划课题一般项目：文化自信视域下高校社会主义核心价值观培育研究（项目编号：17GZYB19）研究成果

该书受贵州财经大学科研项目配套及奖励基金资助出版

王凤祥 ◎ 著

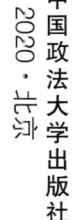

中国政法大学出版社
2020·北京

声　明　1. 版权所有，侵权必究。
　　　　2. 如有缺页、倒装问题，由出版社负责退换。

图书在版编目（CIP）数据

文化自信视域下高校社会主义核心价值观培育研究/王凤祥著.—北京：中国政法大学出版社，2020.7（2021.1重印）
ISBN 978-7-5620-9583-5

Ⅰ.①文… Ⅱ.①王… Ⅲ.①社会主义核心价值观—中国—教学研究—高等学校 Ⅳ.①D616

中国版本图书馆CIP数据核字(2020)第138258号

书　名	文化自信视域下高校社会主义核心价值观培育研究 WENHUAZIXIN SHIYUXIA GAOXIAO SHEHUIZHUYI HEXINJIAZHIGUAN PEIYU YANJIU
出版者	中国政法大学出版社
地　址	北京市海淀区西土城路 25 号
邮　箱	fadapress@163.com
网　址	http://www.cuplpress.com（网络实名：中国政法大学出版社）
电　话	010-58908466(第七编辑部) 010-58908334(邮购部)
承　印	北京朝阳印刷厂有限责任公司
开　本	720mm×960mm　1/16
印　张	14.75
字　数	235 千字
版　次	2020 年 7 月第 1 版
印　次	2021 年 1 月第 2 次印刷
定　价	60.00 元

前 言

当今世界，文化与经济相互交融，两者在综合国力竞争中的地位和作用已难分伯仲。从马克思主义哲学观看，文化属于上层建筑，文化与经济基础的相互作用体现在两个方面。文化的生存、传承和发展离不开一定的经济基础的支撑，有什么样的经济基础就有什么样的文化与之相适应。同时，文化对经济基础具有能动的反作用，先进的文化能推动经济基础向前发展，反之则不然。文化又是人类社会活动所创造出的一切物质财富和精神财富的总和，它深刻反映着人类认识世界和改造世界的智慧和力量。由于人类在认识世界改造世界的过程中，受到地域、气候等各种外在条件的影响，产生出了浩如烟海、千姿百态的各种区域文化或民族文化。那么，对于一个民族国家来说，这个民族的繁荣与发展，一定具有鲜明的民族文化特性，内聚强大的文化自信。因为文化自信是一个民族赖以生存和延续的强大生命力。

文化自信是文化持有者对自身传承的文化价值做出的一种定位、肯定和坚持，并由此激发出来的一种精神定力。文化自信与价值观自信密切相连。价值观自信深刻体现价值观持有者在受到自身文化熏陶或教育下所形成的具有鲜明自身文化特征的价值诉求。没有长期持久的文化影响，就不会有价值观的形成，而没有一个明确的价值诉求，就不会有文化自信的树立和坚定。价值观自信离不开对文化的认知和认同，文化自信的树立和坚定需要价值观的培育。中国特色社会主义进入新时代，伟大的中国梦近在咫尺，这就需要中国人民树立和坚定文化自信，用社会主义核心价值观来凝心聚力，共同为中华民族伟大复兴谱写绚丽华章。

　　社会主义核心价值观是马克思主义与中华优秀传统文化在价值遵循领域有机结合的重要体现。社会主义核心价值观不是天然生成的，它是中国人民在实现中华民族伟大复兴的中国梦的实践中探索和总结出来的。社会主义核心价值观深刻体现马克思主义的指导价值、中华优秀传统文化的时代价值和中国人民争取自身解放和全人类发展的社会价值。随着中国梦的日渐接近，这些价值也得到很好的展示、验证和认同，成为中国走向世界舞台中央，向世界人民做出贡献的中国智慧和中国方案。对于中国人民来说，培育社会主义核心价值观就是在讲中国故事、传播中国声音，展现一个真实、立体、全面、和谐、美丽、富强、文明的新时代中国，这不仅为中国人民，也为世界人民提供了更好的价值遵循。

　　培育社会主义核心价值观不是一朝一夕的事情。在全球化背景下，各种价值观碰撞、交汇、渗透，很容易导致价值诉求迷离、价值定位不准、价值原则失范，乃至价值观沦丧的境地。对于个人来说，拥有一个正确的价值观是一个人能够安身立命、力争做"人"的重要保证。对于一个民族国家来说，拥有一个稳固的核心价值观，是这个民族国家能够守住精神家园，繁衍生息的重要源泉和支撑。要想让一个核心价值观深入人心、恒定持久，成为个人思想行为之准则，民族国家之引领，得到社会的广泛认同，还需对它进行大力宣传和培育。高校历来是国家、民族和时代的精神守护中心，是文化传承和价值观培育的前沿阵地。我国高校是培育社会主义核心价值观的重要载体，也是树立和坚定文化自信的重要载体。把文化自信与高校社会主义核心价值观培育融为一体，是新时代我国高校教育改革与发展的重要内容，也是新时代我国文化建设的重要战略。本书将系统阐述文化自信视域下高校社会主义核心价值观培育的基本原理和推进机制，以期为高校提高以文化人、以文育人、以文树人的精准性和实效性提供理论依据和现实参考。

目 录

第一章 绪 论	1
第一节 选题依据	1
第二节 研究的意义	6
第三节 国内外研究现状	9
第二章 马克思主义哲学视域下的文化自信	28
第一节 文化自信的辩证唯物主义基础	29
第二节 文化自信的历史唯物主义基础	39
第三节 文化自信的马克思主义哲学旨归	49
第三章 文化自信的基本要义	57
第一节 文化自信的基本概念	57
第二节 文化自信的基本特征	71
第三节 文化自信与中华民族伟大复兴	77
第四章 文化自信的根基	86
第一节 中华优秀传统文化	87
第二节 中国革命文化	96
第三节 社会主义先进文化	105

第五章　文化自信与价值观自信　113
第一节　文化自信的核心是价值观自信　113
第二节　社会主义核心价值观与文化软实力　123
第三节　大力推进社会主义核心价值观认同最大化　134

第六章　文化自信在高校社会主义核心价值观培育之体现　142
第一节　高校文化自信培育与高校文化育人之维　142
第二节　高校文化传承与创新　150
第三节　文化自信与高校立德树人的价值导向　156
第四节　文化自信与高校大学生理想信念塑造　162

第七章　文化自信视域下高校社会主义核心价值观培育原则　170
第一节　坚持社会主义办学与党的领导相统一　170
第二节　文化引领与价值观构建相结合　177
第三节　内化于心与外化于行同步兼修　183
第四节　顶层设计与精准靶向上下兼顾　188

第八章　文化自信视域下高校社会主义核心价值观培育路径　194
第一节　确立文化自信在高校文化育人中的价值导向　194
第二节　增强文化自信在高校社会主义核心价值观培育中的推进作用　199
第三节　发挥高校思想政治理论课对社会主义核心价值观的教育功能　206
第四节　创新和优化社会实践活动　212

第一章
绪 论

文化建设是国家建设的重要领域，特别是20世纪末"文明冲突论"提出之后，各个国家都在加强文化领域的建设和安全。不论"文明的冲突"是否是当今世界各种冲突的根源，但不可否认的是其与当今世界的各种冲突都有密切的联系。于是，各个国家都把文化软实力的提升作为国家文化建设的重要内容。而文化软实力又必须通过自身的文化和核心价值观提供精神动力。树立和坚定文化自信，打造具有民族凝聚力的社会主义核心价值观，这是在"文明的冲突"背景下我国文化创新发展的重要战略思想，也是我国高校教育在转型时期必须探讨的理论与现实问题。

第一节 选题依据

从人类历史进程看，全球化已是必然趋势，也势必给世界各国带来巨大影响。文化全球化作为全球化的一极越来越有分量。各个民族国家为了占有文化全球化的一极，纷纷亮出招数，进行文化领域里的争锋和较量。普世价值、文化霸权等一些西方文化话语权出炉，展现出西方某些国家文化上的肌肉。大肆宣扬"文明冲突论"的代表人物塞缪尔·亨廷顿把冷战后的世界分成了八大文明，即"中华文明、日本文明、印度文明、伊斯兰文明、西方文明、东正教文明、拉丁美洲文明和可能存在的非洲文明"。[1] 亨廷顿认为，就是因为这八大文明所具有的不可调和的矛盾特质，才使其成为冷战后世界各种矛盾和冲突的根源。亨廷顿意在告诉世人，在世界和平与发展的大环境下，

―――――――
[1] [美]塞缪尔·亨廷顿：《文明的冲突与世界秩序的重建》，新华出版社1998年版，第8~30页。

国与国、民族与民族之间的竞争已不再是经济和军事上的竞争，而是文化层面上的暗藏杀机。虽然亨廷顿的预言有些危言耸听，但越来越多的事实不得不让人们把目光转向文化的焦点。

事实上，冷战看似已经结束，但冷战的局势并未终结，只是转变了方式，即由热兵器的冷战转变成了软兵器的冷战。这个软兵器就是文化深层次下核心价值观的争夺，"以价值和价值观念为核心的文化冲突，已经成为当代一个全球性的问题"。[1]一种文化形态就是一种意识形态，一种价值观念体系。文明的冲突实际上就是以核心价值观为主导的文化冲突或意识形态的斗争。正如侯惠勤所说："意识形态话语权的争夺实质上是核心价值观的竞争，更充满活力而能赢得人心的核心价值观就能获得支配性的话语权。"[2]按照马克思的意识形态观解读，意识形态就是"代表统治阶级根本利益的情感、表象和观念的总和"[3]或者说意识形态"至少包括三个范畴：信仰、价值观和理想"。[4]进而言之，意识形态就是"一个国家用以立国的全部价值体系的总和"，"是决定一个国家全部合法性之所在"。[5]一个国家之所以合法主要是因为这个国家占统治地位的价值观整合了国民一般价值观，代表着全体国民的价值诉求，获得了全体社会成员的价值认同。比如中国自古就有"得民心者得天下""得道多助失道寡助"的传统价值观。

加强价值观为引领的文化软实力建设是彰显我国民族文化力量，树立和坚定文化自信的基础性工程。自从社会主义核心价值体系提出以后，我国就把马克思主义先进文化、革命文化和中华优秀传统文化作为中国特色社会主义文化建设的主要内容。2013年，习近平总书记在中央政治局集体学习时深刻指出，"夯实国家文化软实力的根基"，就是要"深入开展社会主义核心价值体系学习教育"。用社会主义核心价值体系坚守我国的文化阵地，构筑社会主义意识形态防线，符合马克思主义文化观和中华民族整体价值观。

自2006年以来，在社会主义核心价值体系的引领下，我国文化软实力得

---

[1] 李德顺："当代价值研究的新进路"，载《马克思主义与现实》2013年第3期。
[2] 侯惠勤：《马克思的意识形态批判与当代中国》，中国社会科学出版社2010年版，第660页。
[3] 俞吾金：《意识形态论》，人民出版社2009年版，第131页。
[4] 张骥：《中国文化与意识形态战略》，人民出版社2010年版，第40页。
[5] 胡惠林：《中国国家文化安全论》，上海人民出版社2011年版，第210页。

到明显提升，我国特色社会主义制度的优越性日益为世界人民所瞩目，不断赢得世界人民的广泛认同。在感到欣慰的同时我们也应看到，社会主义核心价值体系在建设过程中还存在一些问题。毕竟"社会主义核心价值体系是一个内容全面系统、内涵丰富深刻、思想理论性很强的科学体系"。[1]理论过于抽象、深奥，就不能贴近生活，难以被人民群众所接受。为了便于社会主义核心价值体系的宣传、学习和践行，使之走向通俗化和大众化，发挥出更大的社会效应，党的十八大对社会主义核心价值体系做出进一步的提炼和概括，提出了科学准确、通俗简明的"社会主义核心价值观"。"社会主义核心价值观是社会主义核心价值体系基本理念的统一体，直接反映社会主义核心价值体系的本质规定性，贯穿于社会主义核心价值体系基本内容的各个方面。"[2]这说明社会主义核心价值观更能体现中国人民的共同价值诉求，更能反映社会主义意识形态的本质特征，更能促进中国特色社会主义文化的健康发展。可以说，社会主义核心价值观的提出是我党对中国特色社会主义文化价值认识上的一次质的飞跃，它彻底解决了"马克思主义经典作家留给后人的一个世纪性价值难题，也是世界社会主义实践运动和中国特色社会主义伟大实践提出的一个世界性价值难题"。[3]社会主义核心价值观大大增强了我国民族文化软实力，为我们树立和坚定文化自信注入了强大的精神动力，提供了价值遵循。

不难看出，文化自信是在推进我国文化建设过程中形成的，特别是在推进我国主流价值建设中逐渐彰显出来的。可以说，我国的文化自信来自我国对文化建设的认识的提升，更归功于我国对主流价值观的培育和践行。如果没有对文化的长期重视和建设，就没有我国文化自信的坚固根基，如果没有对主流价值观的培育和践行，就没有文化自信的坚强力量。可见，文化是文化自信的根，主流价值观是文化自信的魂。我们既要守住根，又要保住魂，才有资格谈论文化自信，有资本树立和坚定文化自信。这说明文化自信离不开对文化的认识、发掘和发展，离不开对主流价值观的宣传和教育、培育和

---

[1]《社会主义核心价值观学习读本》编写组编:《社会主义核心价值观学习读本》，新华出版社2013年版，第271页。
[2] 本书编写组编著:《习近平中国梦重要论述学习问答》，党建读物出版社2014年版，第99页。
[3] 戴木才:《中国特色核心价值观的传统、现实与前景》，广西人民出版社2011年版，第1页。

践行。树立和坚定文化自信，必须深刻分析文化自信与文化和主流价值观之间的密切联系，同时还要找准不同时代担当文化自信的主体，精准定位，真正达到有担当者必然是有坚定文化自信者，有坚定文化自信者必然能够成为可以担当大任的国家建设者和接班人的目的。

坚定文化自信，实际上就是对中国文化的充分肯定和高度认同，进而用中国文化彰显中国人的精气神。如今来到了新时代，我国社会主要矛盾发生了巨大变化，中国人民已经不能满足于对物质文化的需求，而转向了对美好生活的强烈追求。美好生活在保证物质需求得到满足的同时，更加注重精神层面的渴求，这就需要加大对本民族文化的挖掘、转化、创新和发展，创造出更加符合新时代发展方向的优秀民族文化，让中国人民在一片祥和、欣欣向荣的民族文化环境中去享受精神盛宴。

对于大学生而言，新时代应该有新的心态、新的期待、新的价值诉求、新的时代使命。作为党和民族的殷切期望，新时代大学生是当之无愧的新时代中国特色社会主义建设的强大后备力量，是树立和坚定文化自信的主要体现者，是培育和践行社会主义核心价值观的生力军。新时代大学生的成长和成才直接关系到国家和民族的未来。那么，如何把新时代大学生培养成为国家栋梁之材，这不仅是教育之大事，更是党之大事、国之大事。在全国高校思想政治工作会议上，习近平总书记提出了新时代人才培养方案，要求要紧紧围绕解决"培养什么人，怎样培养人，为谁培养人"这一根本问题进行。这给新时代大学生赋予了一项光荣而又艰巨的任务，也就是新时代大学生必须树立和坚定文化自信，把培育和践行社会主义核心价值观作为自己的价值遵循和价值诉求的导向，做到知行合一，立志做中华民族文化的传承者、弘扬者和践行者。那么，如何让新时代大学生成为文化自信的主体，关键在于高校教育，特别是高校思想政治工作，其已经成为新时代大学生了解和掌握中华文化，树立和坚定文化自信的重要渠道。

高校思想政治工作在高校教育中显得如此重要，主要是由中国国情和中国高校性质决定的。从中国国情看，五千多年来，中华文化的传承与发展一直没有间断过，这在世界众多民族国家中实属罕见。即使在遭受外敌入侵，陷于国破家亡的境地之时，中华文化依然能够涅槃重生、绵延不绝、薪火相传。在近代中华民族处在生死存亡关头之时，马克思主义传入中国，中国共产党的诞生，将马克思主义与中华文化紧密结合，使中华文化重燃生命之火，激励着无数中华儿女用热血和生命换来新中国的胜利。新中国成立后，中国人民继续坚持在马克思主义的指导下，在中国共产党的领导下和社会主义先进文化的引领下，通过自力更生和艰苦创业，不仅建立了社会主义制度，而且还开创出中国特色社会主义制度。在中国特色社会主义制度建设中，我们通过改革开放，大力发展生产力，使中国人民逐渐摆脱贫穷落后的面貌，从站起来走向了富起来和强起来。如今我们走进了新时代，我们要清楚地看到中国特色社会主义伟大事业一定会走向光明的前景，但在前进的道路上也一定会遇到各种艰难险阻。中国人民如何抓住新时代这个有利的时机迎难而上，再创辉煌，这与我们的信念和信心存在很大联系。习近平总书记多次强调中国人民必须要坚定"四个自信"，特别是要坚定文化自信。因为只有坚定文化自信，我们才能清楚地看到中华民族的奋斗史、中国共产党的奋斗史、中国人民的奋斗史。追忆过去，我们才能守住初心，展望未来，我们才有责任担当。文化自信就是向我们讲述中华民族的来龙去脉、中国共产党的宗旨和中国人民的价值诉求。文化自信的这些内涵需要在高校教育中凸显出来。高校教育要通过对文化自信的诠释，使当代大学生有担当民族大任的意识，坚定马克思主义信念，坚决拥护中国共产党的领导，涌现出爱国主义民族精神和改革创新的时代精神，为中华民族伟大复兴而不懈奋斗。

从中国高校性质看，办好什么样的大学，怎样办好大学，事关国运、民魂、文脉。大学之大，最重要的是大学有精神、有文化。纵观大学的发展历史，无论古今中外，大学始终都是传承和创新文化的"孵化器"，一直承担引领民族文化发展、培养民族文化自信的重要使命。比如，在西方被誉为"欧洲大学之母"的博洛尼亚大学，最早设立法学、文学等人文学科，培养出了但丁、哥白尼等一大批人文主义者，开创了人文教育的先河，为欧洲文艺复兴奠定了重要的思想文化基础。德国的洪堡创办了著名的柏林大学，最先提出大学不仅是传授知识，更需创造新知，形成了"学术自由、教研结合"的洪堡精神，不仅推动了德国科技的繁荣与发展，而且创造和引领了人类的科技文明。美国以斯坦福大学为中心，汇聚了雅虎、惠普等数千家高科技企业，不仅创建了"硅谷"这一世界性高新产业中心,而且形成了以"鼓励创新"为核心的"硅谷文化",成为创新文化的发源地。在中国历史上,从古老的太学、国子监到近代的京师大学堂、时务学堂等,这些具有如今大学功能的高等教育机构一直延续着以儒家思想为核心的教育模式,成为传承中华文明的摇篮。特别是在中华民族危难之际,正是大学开启了传统文化破冰之旅,大学师生唤起中华民族觉醒。比如,五四运动时期是北京大学最早传播马克思主义,掀起新文化运动高潮,把中国的无产阶级推向了政治舞台。抗战时期是西南联合大学始终高举"爱国、民主、科学"的旗帜,为民族抗战的胜利培养出一大批爱国人士,展现出大学的文化功能和育人功能。

中国独特的文化传统和独特的社会发展模式,决定了中国高校只能走中国特色的办学道路。中国高校是中国共产党领导下的高校,是中国特色社会主义高校。根据习近平总书记在全国高校思想政治工作会议上的讲话精神,中国高校的办学目标就是要同国家发展的现实目标和未来方向紧密联系在一起,把"立德树人"作为高校教育的基本要求,把培养社会主义建设者和接班人作为高校教育的主要目的。而高校思想政治工作是中国特色社会主义高校特有的职能部门,它具有鲜明的思想性和政治性特征。高校思想政治工作,特别是思想政治理论课不仅帮助大学生树立正确的世界观、人生观和价值观,而且是培养他们的政治意识和政治信念的主渠道。可以说,高校思想政治工作是高校培养大学生"立德树人"的德育窗口,是高校培养社会主义建设者和接班人的政治战场。在新的历史时期,高校思想政治工作要发挥出文化自信和社会主义核心价值观教育的主渠道作用,成为我国高校教育的一张名片,这是发展中国高校教育的必然要求,也被新时代中国人民寄予了厚望。

第二节 研究的意义

文化自信的提出不是某一个人的主观偏好和无的放矢,而是针对世情、国情、党情的新变化所提出的一项国家重大战略方针。中国特色社会主义进入新时代,为了应对各种新的困难和挑战,为了完成两个百年目标,全国人民必须具备高度的文化自信。因为文化自信是一个国家文化软实力的重要体现，而强大的文化软实力又是依靠核心价值观的构建来完成的。习近平总书记深刻指出：“核心价值观是文化软实力的灵魂，文化软实力建设的重点。这是决定文化性质和方向的最深层次要素。一个国家的文化软实力，从根本上说，取决于其核心价值观的生命力、凝聚力、感召力。”[1]可以看出，文化自信与文化软实力和核心价值观有着紧密的联系，对文化自信、核心价值观和高校教育做出三位一体的研究势必具有理论和现实上的重要意义。

一、对文化自信研究的理论意义

文化是一个民族和国家赖以存在和发展的根本，中华文明是世界历史上唯一能够持续发展而未中断的文化。如黑格尔所说：“只有黄河、长江流过的那个中华帝国是世界上唯一持久的国家。征服无从影响这样的一个帝国。”[2]中华文化一直延续至今，没有任何可以被颠覆的证据，这是中华文化独具魅力的典型特征所在。中华文化也一直处在发展和进步之中，反映着中华民族积极向上、拼搏进取的民族精神。习近平总书记说：“中华文化积淀着中华民族最深沉的精神追求，包含着中华民族最根本的精神基因，代表着中华民族独特的精神标识，是中华民族生生不息、发展壮大的丰厚滋养。”[3]如今，中华文化在近代中国的发展过程中所形成的精神财富不仅包括中华优秀传统文化，而且包括中国革命文化和社会主义先进文化，这三种文化已经成为当前中国社会的主流文化，被纳入中国特色社会主义文化的主要范畴。这三种文化各展所长，各使其力，共同支撑着中华民族的文化自信，鼓舞着中国人民在追逐民族复兴的道路上一腔热血、满怀信心、众志成城地建设自己的美好家园，更好地彰显中华民族特有的精气神。

以这三种文化为主题的中国特色社会主义文化的发展深刻反映了中国人民从文化自觉走向文化认同，再到文化自信，乃至文化自强的心路历程。文化自信不仅是对中国特色社会主义文化发展的实然状态的确认和肯定，更是

---

[1] 习近平：“把培育和弘扬社会主义核心价值观作为凝魂聚气强基固本的基础工程”，载《人民日报》2014年2月26日。

[2] [德]黑格尔：《历史哲学》，王造时译，上海书店出版社2006年版，第108页。

[3] 中共中央宣传部：《习近平总书记系列重要讲话读本》，学习出版社、人民出版社2014年版，第100页。

中国共产党带领中国人民，不畏一切困难，从历史和现实走向光明未来的一种勇气和力量的展示。习近平总书记说："文化兴国运兴，文化强民族强。没有高度的文化自信，没有文化的繁荣兴盛，就没有中华民族伟大复兴。"〔1〕文化自信是中国共产党在文化自觉意识上，担当起中华民族伟大复兴的大任，促进文化大发展、大繁荣的历史使命。今天，对文化自信及有关领域做出研究，将有利于增强人们对中国共产党在文化发展上的认识的深度和高度，提升文化自信的学理层次，拓宽马克思主义理论的外延空间，推动马克思主义中国化的理论创新，促进中华优秀传统文化资源的开发和利用，以便更好地运用马克思主义唯物史观指导新时代中国哲学发展、新时代文化发展，促进更多具有中国概念的"标识性概念"的诞生。

二、对文化自信研究的现实意义

当今世界，文化建设和文化安全迫在眉睫。因为今天的民族国家要想屹立于世界民族之林，不仅需要强大的经济实力、科技实力和国防实力，还需要强大的文化软实力。胡锦涛在中国文联第八次代表会议上强调："谁占据了文化发展的制高点，谁就能更好地在激烈的国际竞争中掌握主动权。"〔2〕文化领域中的争夺已经成为各国之间没有硝烟的战争。二次大战以后，美国一直把文化、价值观和社会制度等意识形态放在与军事和经济同等地位的战略意义上。美国人坦言，苏联社会主义国家的垮台，靠的不是炸弹而是意识形态、价值观和文化的渗透。美国前国家安全事务顾问布热津斯基在《大失控与大混乱》一书中明确指出："增强美国文化作为世界各国'榜样'的文化和意识形态力量，是美国维持其霸权地位所必须实施的战略。"〔3〕美国通过对外经济援助，变相地利用文化交流和价值观渗透，推行美国所谓的民主和普世价值观，实现其在世界领域中的霸权地位，这是美国传统霸权手段在当代的变种，可谓形变质不变。

---

〔1〕 习近平：《决胜全面建成小康社会 夺取新时代中国特色社会主义伟大胜利——在中国共产党第十九次全国代表大会上的报告》，人民出版社 2017 年版，第 41 页。
〔2〕 胡锦涛："在中国文联第八次全国代表大会、中国作协第七次全国代表大会上的讲话"，载《人民日报》2006 年 11 月 11 日。
〔3〕 ［美］兹比格纽·布热津斯基：《大失控与大混乱》，潘嘉玢、刘瑞祥译，中国社会科学出版社 1995 年版，第 120 页。

我国提出一系列文化理念并大力推进文化建设，不仅仅是满足我国人民日益增长的物质文化需要，更重要的是不断增强我国文化的世界话语权和文化市场的竞争力，使中华文化成为中国人的根和魂，在中国人的内心深处建立强大的文化认同和文化自信，从而有效地抵抗西方文化和意识形态的进攻，捍卫自己的文化阵地和民族尊严。高校历来是思想和文化圣地，也是国外势力进行文化渗透和和平演变的前沿阵地。把文化自信融入高校社会主义核心价值观培育的研究中，一方面能够引起高校师生对高校意识形态工作和核心价值观教育的高度关注，增强高校师生的政治意识和责任意识，争取为维护国家安全和国家建设贡献自己的最大力量。另一方面能够提高中国特色社会主义文化的生命力、影响力和凝聚力，武装高校师生头脑，有效抵御国外意识形态和文化的渗透和干扰，防止中华文化的"西化"和"分化"，为中华民族伟大复兴提供良好的文化环境和文化滋养。

第三节 国内外研究现状

一、国外研究动态

国外对文化自信的研究由来已久。虽然西方人士没有直接使用"文化自信"一词，但他们描述的文化自信现象与他们所坚持的文化心理在本质上并不存在差别，实际上就是文化自信视域下对文化领域的一种深层次解读。

（一）国外有关文化自信方面的研究

1. 文化优越论

具有"史学之父"之称的古希腊历史学家希罗多德曾指出，在古希腊文明时期，希腊人与波斯人的战争就体现了文化优越论。希罗多德在《历史》一书中认为，希腊与波斯之间的战争，实际上是奴役与自由之间的一次较量。波斯对希腊的征服"等于使希腊人变为奴隶"，[1]希腊人对波斯人的反击恰恰是为了捍卫自由。自由是希腊人生活的本来面貌。如果希腊人失去自由或

---

[1] [古希腊] 希罗多德：《历史》，王以铸译，商务印书馆1959年版，第504页。

成为奴隶,"都是一个莫大的耻辱和痛苦"[1]。虽然希罗多德满怀求真的精神去尽可能地还原历史的真貌,但是这种带有本民族文化自豪感的偏见已经不胜言表。《历史》一书引发了西方历史上第一次文化优越论的浪潮,一直到近代,这种文化中心主义仍在欧洲盛行。黑格尔的表述与希罗多德如出一辙,他指出:"在希腊我们看见了真正的自由在开花……自由在东方、希腊、日耳曼世界的不同,可以用下面的抽象看法粗浅地予以表明:在东方只是一个人自由(专制君主),在希腊只有少数人自由,在日耳曼人的生活里,我们可以说,所有的人皆自由,这就是人作为人是自由的。[2]因为黑格尔是西方(欧洲)人,这段话非常明确地表达了他对西方(欧洲)文化或西方(欧洲)文明优越论的观点,处处体现着明显的文化偏见。马克斯·韦伯也具有同样的偏见。他曾经问过:"为什么在西方文明中,也只有在西方文明中,才出现了一种文化现象:它原是沿着一条具有普遍意义和普遍价值的路线发展的,这一事实究竟归于哪些复杂情况?"[3]韦伯把合理性因素在西方文化中不可逆转的成长,称作西方文化的独特性,但认为它同时又具有普通性的特征。

2. 文化霸权

西方马克思主义创始人葛兰西首次提出文化霸权,之后被后马克思主义者拉克劳、墨菲进一步深化。葛兰西认为,全球化背景下民族文化的普遍交往,其背后隐藏着深刻的权力角逐和利益纷争。西方发达资本主义国家凭借自己强大的经济、政治和军事实力,强行侵略、霸占、植入或干预别国内政后,为掩盖真相,企图用自己的思想和文化对他国国民进行奴役或奴化,并鼓吹这是在促进他国民族和文化的发展,实质上是对其他民族和文化的严重伤害,这就是一种文化霸权。葛兰西通过对市民社会的分析来达到对西方文化霸权的揭示。葛兰西把上层建筑分为两个阶层:市民社会和政治社会。[4]不论是市民社会还是政治社会,在实际运行中都是统治集团对这个社会行使

---

[1] [古希腊]希罗多德:《历史》,王以铸译,商务印书馆1959年版,第365页。
[2] [德]黑格尔:《哲学史讲演录》(第1卷),贺麟、王太庆译,商务印书馆1959年版,第99页。
[3] [德]马克斯·韦伯:《文明的历史脚步》,陈慧颖译,生活·读书·新知三联书店1997年版,第1页。
[4] [意]葛兰西:《狱中札记》,曹雷雨等译,人民出版社2000年版,第7页。

"领导权"的工具。通过这两个阶层，上能创造各类科学、哲学、艺术等，下能管理和宣扬早已存在的、传统的、日益积累的知识财富。这样，开明的资本主义统治者就不需要通过暴力手段，而是通过道德和精神方面的领导就可以达到其统治的目的。虽然葛兰西的文化霸权理论可以为资本主义社会的民主政治实践提供一些理论基础，但在拉克劳和墨菲看来，这一理论存在经济主义的本质还原倾向。二人认为，葛兰西所坚持的霸权主体必须通过基本阶级来完成，霸权的社会形态只能由一个霸权中心来构建。[1]这种本质主义的缺陷，还需要新的理论进行置换或者重建。在此基础上，二人把文化霸权链接的偶然性逻辑与话语理论进行贯通，在话语差异性与等同的交互作用中展开政治活动，通过话语政治提出了激进民主的社会主义规划这一新的霸权形式。

3. 文化帝国主义

文化帝国主义是后殖民主义思潮中的重要组成部分之一。美国传播学家赫伯特·席勒（Herbek Schiller）是第一个系统阐述文化帝国主义的西方学者。席勒在其著作《大众传播和美利坚帝国》《超级大国：解读军事——工业联合体》《传播与文化统治》《生活在大国中：来自美利坚帝国批判的反思》等中，阐述了他对文化帝国主义的基本认识。在席勒看来，文化帝国主义是一个历史现象，是帝国主义发展的一个阶段性过程。汤林森（J. Tomlinson）在《文化帝国主义》一书中对文化帝国主义以及媒介帝国主义进行剖析，揭示出文化帝国主义对于某一民族传统文化的威胁和同化。阿芒·马特拉在《世界传播与文化霸权——思想与战略的历史》一书中认为，文化帝国主义是一种社会现象，它的产生与发展是由社会多种因素共同作用的结果。总的来看，在全球化背景下，文化帝国主义的表现形式总是不断更新的，但其本质不会改变，鲜明地表现出以西方文化为中心的文化全球化，抑或以西方文化为主导的同质化文化。

（二）国外有关价值观方面的研究

1. 对价值观方面的研究

国外对于价值观研究的历史可以追溯到古希腊时期。古希腊智者派代表

---

[1] Ernesto Laclau and Chantal Mouffe, *Hegemony and Socialist Strategy*, London: Verso, 1985, pp. 137-138.

人物普罗泰戈拉曾因提出"人是万物的尺度"[1]而享誉整个历史界。"人是万物的尺度"深刻揭示出主体需要与客体满足之间的价值关系认识论,普罗泰戈拉也由此被称作是西方第一个研究价值观的人。后来古希腊三大哲学家苏格拉底、柏拉图、亚里士多德,以及古希腊晚期哲学家伊壁鸠鲁、芝诺、第欧根尼等人都对价值观研究做出了重要贡献,为近现代价值观研究奠定了理论基础。近代哲学中的价值观研究的重要贡献者是弗兰西斯·培根。他认为"知识是存在底影象"。[2]他把科学(知识)看成是人的实践活动(科学实验)的结果。"科学在人的心目中的价值也必须由它的实践来决定。"[3]把人对客观事物价值的认识与人的实践及其实践效果联系起来,揭示出人的社会关系对价值的作用。现代哲学中的价值观研究主要代表人物当数新康德主义弗莱堡学派的文德尔班和李凯尔特。文德尔班认为,价值"是相对于一个估价的心灵而言的","抽掉意志与情感,就不会有价值这个东西"。[4]价值只是一种意义,没有一个客观存在的东西,主要取决于主体的感情、意志和态度。李凯尔特继承了文德尔班的价值观思想,认为价值不是一种实体,而是一种关系。现代价值观研究显示出很大的转向,开始从物的价值研究转向人的价值研究,进入了"人学"研究的历史。当代哲学中的价值观研究主要开始于20世纪20年代,50年代起呈现迅速发展趋势,这主要跟两次世界大战对人类的价值观冲击有很大关系。随着全球化的不断深入,一些全球性危机又使人们对价值观问题产生新的思考。总的来看,当代价值观研究呈现多元化、多学科、多领域现象。学者众多,其观点也不尽相同。比如,米尔顿·罗克奇认为,价值观是"做出选择或解决冲突的众所周知的组织规则"。[5]吉尔特·霍夫斯塔德认为,价值观就是"喜欢一种情势而不喜欢另一种情势

---

[1] 北京大学哲学系外国哲学史教研室编译:《古希腊罗马哲学》,生活·读书·新知三联书店1957年版,第138页。
[2] [英]培根:《新工具》,关琪桐译,商务印书馆1934年版,第106页。
[3] [英]班加明·法灵顿:《弗兰西斯·培根》,张景明译,生活·读书·新知三联书店1958年版,第55页。
[4] 刘放桐:《新编现代西方哲学》,人民出版社2000年版,第85页。
[5] Milton Rokeach, *The Nature of Human Values*, New York: Free Press, 1973, P.161.

的大致倾向"。[1]从研究的走势看,尽管价值观研究星罗棋布,但其研究的成果或目标已经为国家战略服务,价值观的政治化日渐明显,说明价值观作为民族文化的灵魂,作为衡量文化软实力、国家综合实力、国家话语权的因素已不再是不可公开的秘密了。

2. 对价值观教育方面的研究

文化自信通过核心价值观构建才能体现出来。发达国家非常重视核心价值观在国家文化安全建设中的重要地位,把核心价值观融入国民教育已是许多国家采纳的一种治国常态。这其中美国以"普世价值"为核心的"意识形态教育"最为突出,美国的国民教育"从娃娃抓起",自小培养"美国意识"。2014年,美国电影《少年时代》上演小学生上学前唱国歌、背誓词的场景。[2]我国学者范树成的《美国核心价值观教育探析》(2008)、[3]葛春的《美国学校价值观教育的特点及启示》(2008)、[4]高峰的《国外核心价值观教育的经验与启示》(2015)、[5]任志锋的《21世纪以来美国价值观教育变革论析》(2018)、[6]张宝予、杨晓慧的《美国高校价值观教育路径研究》(2019)[7]等文章中对美国的价值观教育现状作出严谨的剖析,深刻揭示出美国在国民教育中灌输或渗透价值观的意图和做法。

英国的国民教育高度重视家庭和所有社会群体,重视核心价值观的教育,英国教育部于2007年1月25日提出了在全国中小学教授英国传统价值观的教育计划,规定中小学生要学习英国言论自由、多元文化、尊重法治等核心价值观。[8]英国教育大臣阿兰·约翰逊"希望学校能加强在'英国价值观'方面的教育,使英国'宽容'和'公平'的核心价值观传统能够传递下去,散

---

[1] Geert Hofstede, Beverly Hills, *Culture's Consequences: International Differences in Work-Related Values*. CA, and London: Sage, 1980, P. 18.
[2] 钟新文:"青年懂中国,才能接好棒",载《人民日报》2014年9月6日。
[3] 范树成:"美国核心价值观教育探析",载《外国教育研究》2008年第7期。
[4] 葛春:"美国学校价值观教育的特点及启示",载《江苏社会科学》2008年第12期。
[5] 高峰:"国外核心价值观教育的经验与启示",载《思想理论教育》2015年第12期。
[6] 任志锋:"21世纪以来美国价值观教育变革论析",载《社会主义核心价值观研究》2018年第4期。
[7] 张宝予、杨晓慧:"美国高校价值观教育路径研究",载《思想教育研究》2019年第5期。
[8] 何大隆:"英国:合力传播核心价值观",载《瞭望》2007年第5期。

播开来"。[1]马健生、孙珂在《在传统与现代之间:英国大学生主流价值观教育探析》(2011)一文中指出,英国主流价值观既具有西方资本主义社会主流价值观的一般特性,又具有英国自身的独特内容,即绅士文化。英国大学课程也比较特殊,基本上每门课程都会根据自身特点渗透一些英国国民的价值观,通过潜移默化的方式达到传播主流价值观的目的。[2]2014年,英国首相卡梅伦倡议把英国的核心价值观确定为"崇尚自由、包容他人、担当责任、遵守法治"。[3]据沈伟鹏、孔新峰在《英国如何建设核心价值观》(2015)一文中介绍,英国《每日电讯报》发表的一篇社论——《英国认同的核心价值观》,将英国核心价值观归纳为十个方面,并指出英国核心价值观教育特别注重英国民族文化传统,通过"以法弘德""虚功实做",把"价值"与"法"密切联系起来,使公民在实际生活体验中大幅提升核心价值观内化于心的效果。[4]曲轩在《英国的核心价值观教育及其悖谬》一文中指出,英国的核心价值观在英国内政部提交给议会的《防范策略书》中有相对规范的规定,大致就是"民主、法治、个人自由,以及不同信仰者之间的相互尊重和宽容"。2005年伦敦"七·七"爆炸案和2014年"特洛伊木马事件"或"特洛伊木马丑闻",使得英国政府加大了在学校教育课程中的国家认同感和对英国核心价值观的教育。[5]时任英国教育大臣的迈克尔·戈夫(Michael Gove)发表声明称:"学龄儿童都要在每年9月份接受英国价值观的教育。我们已要求公立学校、私立学校和专科院校都要遵从英国价值观,现在要进一步强化相关标准。"[6]

新加坡非常重视"共同价值观"教育,新加坡在国民教育中既崇尚和学习西方先进科学技术,又注重灌输东方价值观念和道德传统。1991年,新加坡政府公布的《共同价值白皮书》中将"国家之上,社会为先;家庭为根,

---

[1] 金帷:"英加强'英国价值观'教育",载《比较教育研究》2007年第6期。
[2] 马健生、孙珂:"在传统与现代之间:英国大学生主流价值观教育探析",载《外国教育研究》2011年第10期。
[3] 孙敏、沈阳:"英国首相卡梅伦力推价值观教育",载《世界教育信息》2014年第17期。
[4] 沈伟鹏、孔新峰:"英国如何建设核心价值观",载《学习时报》2015年9月3日。
[5] 曲轩:"英国的核心价值观教育及其悖谬",载《国外理论动态》2017年第6期。
[6] Michael Gove, *The Secretary of State for Education's Oral Statement to Parliament on Birmingham Schools*, 9 June 2014, London: Department for Education and The Rt Hon Michael Gove MP.

社会为本；关怀扶持，同舟共济；求同存异，协商共识；种族和谐，宗教宽容"定为五大价值观。[1]王凌皓、张金慧在《新加坡中小学"共同价值观"教育探析》（2007）一文中指出，由于新加坡是一个移民大国和多民族国家，共同价值教育在新加坡显得尤为重要。20世纪90年代以来，新加坡就把"共同价值观"作为道德教育的基本原则，而且在将其融入中小学德育过程中成效显著。[2]上官酒瑞在《核心价值观：新加坡与中国的比较》（2008）一文中认为，新加坡国家的核心价值观可以诠释为以下方面，即整体主义、威权主义、国家合作主义、种族和宗教多元主义。这种价值观彰显出和而不同、尊重差异、包容多样、寻求共识的基本品质。[3]李芳、邓韵在《新加坡家庭价值观培育的经验研究》（2018）一文中指出，新加坡领导人非常重视家庭教育，他们认为良好的家风和生活作风将有利于树立和巩固新加坡的政治权威。新加坡领导人率先示范，做家庭教育者的好榜样。[4]比如，李先耀曾说："如果我们不能让孩子清楚认识基本的价值观，知道什么是对是错，是好是坏，是应该做还是不应该做，我们就受到处罚，将无法把孩子培养成人。"[5]当有人问吴作栋"新加坡有什么文化特色"时，吴作栋给出明确的回答："我们希望保留大家庭制度这种特色。"[6]孙悦、任晓霏在《孔子的核心价值观在新加坡的传播及影响》（2019）一文中指出，自新加坡1819年国家诞生以来，孔子的核心价值观就对新加坡的经济、政治、文化等方面产生重要影响。20世纪80年代，儒家文化在新加坡再次复兴，新加坡开始在中学开设儒学课程，孔子核心价值观开始广泛传播，推动了新加坡的现代化进程。[7]

另外还有一些学者从不同视角对日、韩、法、德、澳等国的价值观教育进行了一些研究。这些成果主要包括：毓民的《法国、德国政治和价值观教育情

---

[1] 郑汉华："新加坡共同价值观及其启示"，载《高等农业教育》2006年第1期。
[2] 王凌皓、张金慧："新加坡中小学'共同价值观'教育探析"，载《外国教育研究》2007年第3期。
[3] 上官酒瑞："核心价值观：新加坡与中国的比较"，载《学术论坛》2008年第9期。
[4] 李芳、邓韵："新加坡家庭价值观培育的经验研究"，载《思想教育研究》2018年第3期。
[5] 吕元礼：《新加坡为什么能》（下卷），江西人民出版社2007年版，第64页。
[6] "吴作栋副总理接受香港《明报》访问：保留大家庭制度"，载《联合早报》1990年9月28日。
[7] 孙悦、任晓霏："孔子的核心价值观在新加坡的传播及影响"，载《教育探索》2019年第5期。

况概览》（载《思想理论教育导刊》2002 年第 3 期），陈静、郝一峰的《国外核心价值观建设路径的经验研究》（载《黑龙江社会科学》2007 年第 10 期），臧乃康的《国外推进主流价值观建设做法及其借鉴》（载《理论导刊》2007 年第 9 期），张伟的《国外加强社会核心价值观建设的做法及启示》（载《当代世界与社会主义》2011 年第 4 期），周利方和沈全的《国外核心价值观建设的实践类型及启示》（载《理论月刊》2011 年第 11 期），陈延斌和周斌的《国外核心价值观的凝练及其启示》（载《马克思主义研究》2012 年第 10 期），代玉启的《国外核心价值观建设的特色与启示》（载《思想政治工作研究》2013 年第 1 期），张潇文和陈璐的《国外核心价值观建设的经验及启示》（载《唯实》2014 年第 12 期），杨茂庆和严文宜的《澳大利亚学校价值观教育的特点及其实现路径》（载《外国教育研究》2014 年第 4 期），刘康和韩建旭的《国外培育核心价值观的实践及其启示——以美国、韩国和新加坡为例》（载《求索》2015 年第 8 期），孟杨的《日本、韩国、新加坡国家核心价值观传播策略比较研究》（2016 年华中科技大学硕士学位论文），杨威的《国外价值观教育的当代复兴及研究现状》（载《教学与研究》2017 年第 9 期），周海霞的《试析德国核心价值观体系与价值观教育》（载《比较教育研究》2017 年第 11 期），吕金函的《国外价值观教育方法理论的路向及其启示》（载《思想理论教育》2019 年第 4 期）。总的来看，当代发达国家把核心价值观融入自己的国民教育之中是国之大计，教育之大计，它们的成功经验对于我国把社会主义核心价值观融入国民教育之中，树立文化自信和价值观自信来说，无疑值得借鉴。

二、国内研究动态

与国外相比，我国的文化自信研究并不比西方晚，中华文明五千年文化就是中国文化自信的历史底蕴。习近平总书记对文化自信的重要论述，再一次体现出中国文化自信本色，彰显中国重振文化强国的信心。而文化自信视域下的核心价值观研究和高校核心价值观研究也是文化自信研究中的重要领域。特别是改革开放以来，随着文化软实力在国家综合国力中地位的不断显现和提高，文化自信和核心价值观已经成为我国学术界的热点话题，有关文化自信和核心价值观，及其与高校教育之间的关系的研究成果如雨后春笋般涌现。

第一章 绪 论

（一）国内关于文化自信的研究动态及趋势

1. 对文化自信的理论基础研究

文化自信并不是空穴来风，它既来自于深厚的历史文化底蕴，又具有现代文化变革和发展的时代气质。国内对文化自信的研究最早见于罗渊发表的《文化自信与现代汉语教育》（1999）一文。作者在文中强调，中国人的文化自信来自于中华民族的文化思想，汉文化传统就是文化自信的根，建立文化自信就必须尊重我们自己的文化传统。[1]王静在《试论文化自信的四维根基》（2012）一文中认为，我国文化自信的确立和坚定主要来自于四个领域的支撑，即中华深厚的传统文化积淀、国家的繁荣昌盛、先进文化的科学导向和党的坚强领导。[2]刘建军在《论当代中国人文化自信的来源》（2016）一文中认为，中华文明积淀、当代中国发展、文化合理发展、汉语学兴起分别奠基、形成、确立和壮大了文化自信。[3]林志友在《坚定中国文化自信的根源》（2016）一文中认为，是蓬勃发展的经济实力奠基了文化自信，经久不衰的优秀传统文化涵养了文化自信，科学求真的先进文化引领了文化自信。[4]雷家军在《文化自信：历史、理论与逻辑》（2016）一文中认为，文化自信的根基在于中华优秀传统文化、革命文化以及社会主义先进文化，其理论支撑在于马克思主义，其思想前提在于文化自觉。[5]秦志龙、王岩在《论坚定文化自信的三个基本问题》（2017）一文中从历史、现实和未来三个维度阐释了文化自信的来源，即文化传统是历史向度，中国道路是现实向度，在文化自觉基础上正确文化发展道路的体认是未来向度。[6]可以说，文化自信这个时代命题既源于中国历史，也源于中国当代和未来走向。

2. 关于文化自信的基本内涵研究

云杉在《文化自觉 文化自信 文化自强——对繁荣发展中国特色社会主义文化的思考（中）》（2011）一文中对文化自信的内涵给出了明确的答

---

[1] 罗渊："文化自信与现代汉语教育"，载《湘潭师范学院学报》（社会科学版）1999年第10期。
[2] 王静："试论文化自信的四维根基"，载《天府新论》2012年第3期。
[3] 刘建军："论当代中国人文化自信的来源"，载《文化软实力》2016年第1期。
[4] 林志友："坚定中国文化自信的根源"，载《科学社会主义》2016年第5期。
[5] 雷家军："文化自信：历史、理论与逻辑"，载《理论学刊》2016年第6期。
[6] 秦志龙、王岩："论坚定文化自信的三个基本问题"，载《科学社会主义》2017年第1期。

案:"文化自信,是一个国家、一个民族、一个政党对自身文化价值的充分肯定,对自身文化生命力的坚定信念。"[1]对于这一内涵的定义,以后的学者们大多在此基础上做了一些拓展和完善。陈一收在《论以马克思主义为指导的文化自信》(2016)一文中认为,文化自信从根本上说就是对马克思主义充满自信,对中华优秀传统文化充满自信。[2]刘林涛在《文化自信的概念、本质特征及其当代价值》(2016)一文中指出,文化自信是文化主体对文化客体的一种对象性认知过程,从而最终形成对自身文化价值和生命力做出一种肯定的稳定性心理特征。[3]耿超在《中国特色社会主义文化自信论》(2016)一书中将文化自信界定为是文化主体对自身文化价值的总体认可和肯定,是对其生命力的一种坚定信念。[4]石文卓在《文化自信:基本内涵、依据来源与提升路径》(2017)一文中认为,文化自信不是文化与自信的叠加,而是在深刻把握文化的发展历史、发展方向和发展内容的基础上对其价值做出的一种肯定性体认。[5]丁立群在《文化自信的哲学省思》(2018)一文中认为,文化自信就是一种文化主体对自身所处文化形态力量的准确估价和坚定自信,确信该种文化形态具有旺盛的生机,能够成功应对和解决文化主体面临的时代问题。[6]

3. 关于文化自信现状及问题研究

从学者通过《人民论坛》杂志在 2016 年所做的一次调查报告看,我国公民的文化自信水平总体较高,绝大部分民众尊重自己的民族优秀文化,并支持民族优秀文化的复兴与繁荣发展。[7]也有学者从理论和现实视角,分析了我国文化自信面临的挑战。耿超在《中国特色社会主义文化自信论》(2016)一书中认为,在全球化和网络信息化背景下,我国的文化自信既迎来机遇也面临一些挑战。[8]亓静在《文化创新:增强文化自信之路》(2014)一文中

---

[1] 云杉:"文化自觉 文化自信 文化自强——对繁荣发展中国特色社会主义文化的思考(中)",载《红旗文稿》2011 年第 16 期。
[2] 陈一收:"论以马克思主义为指导的文化自信",载《思想教育理论导刊》2016 年第 4 期。
[3] 刘林涛:"文化自信的概念、本质特征及其当代价值",载《思想教育研究》2016 年第 4 期。
[4] 耿超:《中国特色社会主义文化自信论》,广西师范大学出版社 2016 年版,第 22 页。
[5] 石文卓:"文化自信:基本内涵、依据来源与提升路径",载《思想教育研究》2017 年第 5 期。
[6] 丁立群:"文化自信的哲学省思",载《天津社会科学》2018 年第 5 期。
[7] 陈琳、贾晓芬:"中国公众的文化自信指数调查报告(2016)",载《人民论坛》2016 年第 36 期。
[8] 耿超:《中国特色社会主义文化自信论》,广西师范大学出版社 2016 年版,第 77 页。

认为，导致我国的文化自信还存在一些问题的原因主要有四个，近代历史创伤仍然挥之不去是直接原因；生产力落后，物质基础不牢是根本原因；文化欠充分发展是现实原因；外来文化影响是外部原因。[1]如果从现实生活看，传统节日文化面临假日化、商业化和娱乐化，[2]一些名称趋向"洋名"化，[3]一些传统文化涂鸦化，[4]汉字键盘化，[5]导致公众在生活中与民族文化渐行渐远。从经济发展层面看，受到市场经济的冲击，利己主义和拜金主义至上，健康的文化生态被破坏，各种虚无主义对文化自信肆意泛滥，[6]各种失信造成的信用危机，是当代文化深层次危机的显性表征。[7]从道德信用危机到伦理信任危机，最后到文化信心的危机，重建伦理信任是解决信用危机，树立文化自信的破冰之旅。[8]从教育心理学视角看，一些学者考察了新时代大学生的文化自信状况，发现他们在知、情、意、行四个层面存在一些问题，比如对民族传统文化淡化，对外来文化盲目跟风，对中国特色社会主义文化了解肤浅等。

4. 有关树立文化自信的路径和对策研究

从整体方面看，郑治在《自省、自觉、自信：中国共产党文化发展之策略》（2015）一文中指出，提升文化自信可以从五个方面入手，即进行文化体制改革、推进核心价值体系建设、着力打造文化软实力、加强文化传播力以及加大国家文化安全教育。[9]另外有一些学者各抒己见，提出通过文化凝聚力、文化同化力和文化引领，[10]或者注重文化产业和文化事业以及抓好文

---

[1] 亓静："文化创新：增强文化自信之路"，载《内蒙古大学学报》（哲学社会科学版）2014年第5期。
[2] 陈晓莉："'文化自信'语境下的传统节日文化弘扬研究"，载《学习论坛》2015年第9期。
[3] 李宝贵、李辉："文化自信视阈下的地名'洋化'成因分析及解决对策"，载《东北师大学报》（哲学社会科学版）2017年第1期。
[4] 张春、张学昌："坚定文化自信的价值理路分析：兼论社会主义价值观教育"，载《理论与改革》2016年第6期。
[5] 汪振军："汉字传承与国家文化安全"，载《河南大学学报》（社会科学版）2016年第1期。
[6] 冯静、张锐："理解文化自信的三重维度"，载《理论导刊》2017年第4期。
[7] 袁祖社："当代中国文化建设之合理形态的价值根基"，载《中原文化研究》2017年第1期。
[8] 樊浩："试析伦理型文化背景下的大众信任危机"，载《哲学研究》2017年第3期。
[9] 郑治："自省、自觉、自信：中国共产党文化发展之策略"，载《学术交流》2015年第3期。
[10] 李江波、姚亚平、黎滢："文化自信：理论维度与实践维度"，载《江西社会科学》2016年第9期。

中的核心要素和关键环节，[1]或者直接通过价值观的构建、培育、整合和提升来实现主流文化认同，引领文化创新性发展，凸显文化的现实解释力，[2]或者加强文化自我认同、理想信念教育、文化革新意识，[3]或者通过推进马克思主义中国化、传统文化双创发展、新发展理念、文化体制改革等一系列创新措施去提升文化自信。[4]从具体方面看，针对传统文化淡化问题，可以通过激活传统节日文化内涵、丰富传统节日文化形式和加强政府节日文化引导来弘扬传统节日文化；[5]针对汉文化失语失声问题，可以通过国家战略高度、教育传承、汉字的规范使用、汉字文化传播等来提升汉语言的话语权；[6]针对"洋名"泛滥问题，可以遵循地域性、文化性、时代性和审美性原则来科学规范，可以加强地名规划意识，依规依法命名，并实施柔性管理，[7]针对领导干部的文化自信问题，可以加强对传承中华优秀传统文化、弘扬红色革命文化和发展社会主义先进文化的认知、学习和培训；[8]针对农民群众的文化自信问题，可以通过农民的理想信念教育、完善农村公共文化建设，以及辩证讲解如何对待传统文化与外来文化等途径来解决。[9]从伦理学方面看，樊浩在《试析伦理型文化背景下的大众信任危机》（2017）一文中指出，走出伦理信任的误区要做到：一是走出市民社会陷阱，二是走出伦理半径，三是要培养人们的人文精神和伦理精神。[10]

5. 文化自信的时代价值研究

文化自信是国家意识形态中的重要部分，树立和坚定文化自信，有利于对自身的文化传承、文化价值、文化血脉、文化取向上的认知和认同，在全

---

[1] 白洋："增强中国特色社会主义文化自信的路径"，四川师范大学2014年硕士学位论文。
[2] 梁秀文、夏从亚："文化自信与社会主义核心价值观"，载《中州学刊》2016年第11期。
[3] 范晓峰、郭凤志："关于中国特色社会主义文化自信的几点思考"，载《思想教育研究》2016年第7期。
[4] 石文卓："文化自信：基本内涵、依据来源与提升路径"，载《思想教育研究》2017年第5期。
[5] 陈晓莉："'文化自信'语境下的传统节日文化弘扬研究"，载《学习论坛》2015年第9期。
[6] 汪振军："汉字传承与国家文化安全"，载《河南大学学报》（社会科学版）2016年第1期。
[7] 李宝贵、李辉："文化自信视阈下的地名'洋化'成因分析及解决对策"，载《东北师大学报》（哲学社会科学版）2017年第1期。
[8] 肖珩："领导干部坚定文化自信的现实意义和路径选择"，载《世纪桥》2016年第12期。
[9] 梁洋生："农民群众文化自觉自信培育路径探析"，载《理论观察》2016年第1期。
[10] 樊浩："试析伦理型文化背景下的大众信任危机"，载《哲学研究》2017年第3期。

球化浪潮中去抵御腐朽、有害、不良文化的冲击，坚守意识形态领域阵地。[1]刘旺旺在《全球文化交融背景下提升文化自信的意蕴、挑战及对策——学习习近平关于文化自信的重要论述》（2018）一文中指出，全球化环境下树立高度的文化自信可以有效抵制西方的普世价值、文化霸权和意识形态话语霸权，维护马克思主义指导的社会主义意识形态。[2]曲青山在《关于文化自信的几个问题》（2016）一文中认为，坚定文化自信有利于弘扬和培育社会主义核心价值观。社会主义核心价值观是源于对文化自信的深刻领会，只有对中国文化高度自觉和高度自信，才能对社会主义核心价值观有所感、所思、所动。[3]因为社会主义核心价值观的深厚基础在于文化的繁荣兴盛，在于对文化的高度自信，这是弘扬和培育社会主义核心价值观的重要前提。[4]树立和坚定文化自信还有利于推进中国梦的实现进程。文化自信确立了民族独立的精神气质，是中华文化创造新辉煌的精神引领，是实现中华民族伟大复兴的精神力量。[5]立足文化自信，就能够在自己的文化乐土上继续励精图治、凝聚民族意志，用文化智慧推进治国理政，用中国精神激发中国力量。[6]

（二）国内有关文化自信与价值观之间关系的研究

文化自信与价值观存在密切联系，学界普遍认为，文化自信的核心是价值观自信，我国的文化自信建设应该把社会主义核心价值观的培育和践行放在重要位置。沈壮海在《文化自信之核是价值观自信》（2014）一文中指出，文化自信具有多方面的组成要素，但是在这些构成要素中具有核心意义、统摄意义的是价值观自信，并认为价值观自信是一个国家和民族推进文化发展的定力和韧性所在。[7]梁秀文、夏从亚在《文化自信与社会主义核心价值

---

[1] 曲青山："关于文化自信的几个问题"，载《中共党史研究》2016年第9期。
[2] 刘旺旺："全球文化交融背景下提升文化自信的意蕴、挑战及对策——学习习近平关于文化自信的重要论述"，载《社会主义研究》2018年第1期。
[3] 曲青山："关于文化自信的几个问题"，载《中共党史研究》2016年第9期。
[4] 刘波："习近平新时代文化自信思想的时代意涵与价值意蕴"，载《当代世界与社会主义》2018年第1期。
[5] 肖贵清、张安："关于坚定中国特色社会主义文化自信的几个问题"，载《当代世界与社会主义》2018年第1期。
[6] 曲青山："关于文化自信的几个问题"，载《中共党史研究》2016年第9期。
[7] 沈壮海："文化自信之核是价值观自信"，载《求是》2014年第9期。

观》一文中提出,文化自信的本质和灵魂就是社会主义核心价值观,文化自信必须以社会主义核心价值观为统领,坚持以中国特色社会主义总体性为出发点进行中国特色社会主义文化建设,通过文化传承和创新等方式,来树立和增强我国的文化自信。[1]张春和、张学昌在《坚定文化自信的价值理路分析——兼论社会主义核心价值观教育》一文中指出,文化自信是一个国家、一个民族、一个政党对自身文化价值的充分肯定,其实质上是文化主体对自身所持有的一种价值观自信。[2]焦连志、黄一玲在《文化自信视野下的社会主义核心价值观认同的培育》一文中指出,中华民族复兴道路上,不能缺少强大的文化自信,而强大的文化自信主要来自于高度的价值观自信。我国文化自信的基础是社会主义核心价值观自信,社会主义核心价值观的构建不仅需要有文化的维度,更需要有文化自信的视野。[3]肖群忠、杨建强在《价值观与伦理自信是文化自信的核心》一文中指出,任何一种文化的精神内核归根结底是一套价值观念体系。中国文化自信的核心和本质就是社会主义核心价值观自信,以及中华文化所蕴藏的核心理念和精神气度的自信。[4]石文卓在《文化自信:基本内涵、依据来源与提升路径》一文中指出,价值观决定着文化的性质和发展方向,文化自信的核心就是价值观自信。[5]董朝霞在《文化自信的根本在于核心价值观自信》一文中指出,当代中国的文化自信实质为社会主义核心价值观的自信,它在中国特色社会主义伟大实践中,在实现中国梦的伟大历史进程中发挥着基因和灵魂的作用。[6]周银珍在《社会主义核心价值观:文化自信的灵魂》一文中指出,核心价值观不仅决定文化选择的价值标准而且决定着文化自信的性质和方向。可以说,我们的文化自信归根到底

---

[1] 梁秀文、夏从亚:"文化自信与社会主义核心价值观",载《中州学刊》2016年第11期。
[2] 张春和、张学昌:"坚定文化自信的价值理路分析——兼论社会主义核心价值观教育",载《理论与改革》2016年第6期。
[3] 焦连志、黄一玲:"文化自信视野下的社会主义核心价值观认同的培育",载《教育探索》2016年第8期。
[4] 肖群忠、杨建强:"价值观和伦理自信是文化自信的核心",载《中国特色社会主义研究》2017年第2期。
[5] 石文卓:"文化自信:基本内涵、依据来源与提升路径",载《思想教育研究》2017年第5期。
[6] 董朝霞:"文化自信的根本在于核心价值观自信",载《北京师范大学学报》(社科版)2017年第5期。

是对社会主义核心价值观的自信。[1]

（三）国内有关高校文化自信教育方面的研究

文化自信是高校校园文化建设的重要组成部分，也是高校思想政治教育的重要内容。陈再国在《文化自信与高校思想政治教育》（2005）一文中指出，世界多样性文化差异是一种动态差异，当这种差异付诸政治、经济利益的狭隘思想时就容易使这种文化差异变成文化冲突。因此，培养大学生的文化自信至关重要，尤其是大学生在文化上的心理自信，这不仅关系到大学生的整个人生，还关系到国家和民族的未来。[2]王秋莲在《高校育人过程中文化自觉和文化自信的培养》（2012）一文中指出，文化自信从根本上讲就是对本民族文化的认同和自信，文化自信将关系到全民族的思想道德素质和科学文化素质建设，我国高校应该强化思想政治通识课教育，把文化自信的培养渗透到思想政治课教学和校园文化建设中去。[3]何继龄在《文化自信是高校思想政治工作的动力源》（2016）一文中指出，高校思想政治工作的使命和责任决定了文化自信是它强大的动力源。其主要表现在：文化自信是因事而化的驱动力，是因时而进的推动力，文化自信是因势而新的引导力。[4]高蓉生在《文化自信与高校意识形态安全》（2016）一文中指出，新形势下高校宣传思想[5]工作要加深对文化自信的理解、加强对文化自信的宣传、加大对文化自信的践行。岳爱武、张尹在《文化自信：厚植高校思想政治教育的价值底气》（2017）一文中认为，文化自信是高校育人过程中的"一体两翼"，要坚持在育人中培植文化自信，在文化自信中渗透思想政治教育。[6]代金平、陈雨轩在《文化自信视域下高校意识形态教育路径创新》（2019）一文中认为，文化自信与高校意识形态教育是相互促进、辩证统一的，在推进高校意识形态

---

[1] 周银珍："社会主义核心价值观：文化自信的灵魂"，载《红旗文稿》2018年第5期。

[2] 陈再国："文化自信与高校思想政治教育"，载《湖北成人教育学院学报》2005年第3期。

[3] 王秋莲："高校育人过程中文化自觉和文化自信的培养"，载《东华大学学报》（社科版）2012年第3期。

[4] 何继龄："文化自信是高校思想政治工作的动力源"，载《光明日报》2016年12月26日。

[5] 高蓉生："文化自信与高校意识形态安全"，载《光明日报》2016年12月11日。

[6] 岳爱武、张尹："文化自信：厚植高校思想政治教育的价值底气"，载《江苏高教》2017年第10期。

工作过程中,应该凸显文化自信对于高校意识形态工作队伍的文化素养、方法、内容、环境、实践等方面的积极作用。[1]

(四) 国内有关高校社会主义核心价值观教育方面的研究

自党的十八大提出培育和践行社会主义核心价值观以来,国内理论界和学术界主要围绕社会主义核心价值观的基本内涵、基本内容、基本路径(对策)等方面展开了全面而又深入的探讨和研究,截至目前,成果已相当丰硕。

1. 有关社会主义核心价值观基本内涵的研究

刘书林在《培育社会主义核心价值观的基本原则》(2013)一文中指出,社会主义核心价值观就是在马克思主义指导下,国家和人民对社会主义制度所做出的一种价值判断和价值选择理念。[2]邱仁富在《社会主义核心价值观培育研究》(2015)一书中指出,社会主义核心价值观内涵有广义和狭义之分。从广义上讲,社会主义核心价值观是一种国际视野,它是世界各国社会主义的核心价值观的高度凝练;狭义上讲,社会主义核心价值观主要是指中国特色社会主义核心价值观。[3]刘顺厚在《青年学生社会主义核心价值观的培育和践行》(2015)一书中认为,社会主义核心价值观是指那些在社会主义价值体系中能够科学回答社会主义本质属性,在马克思主义理论体系中占据核心地位的价值理念。[4]而许多哲学观点认为社会主义核心价值观的基本内涵就是"三个倡导"。因此,社会主义核心价值观基本内涵的同一性还有待进一步探讨。

2. 有关高校社会主义核心价值观教育的基本内容研究

陈芝海在《大学生社会主义核心价值观教育研究》(2013)一书中指出,社会主义核心价值观教育就是马克思主义信仰教育和共同理想教育。[5]徐国媛在《大学生社会主义核心价值观教育创新模式构建》(2014)一书中指出,

---

[1] 代金平、陈雨轩:"文化自信视域下高校意识形态教育路径创新",载《重庆社会科学》2019年第6期。

[2] 刘书林:"培育社会主义核心价值观的基本原则",载《思想理论教育》2013年第2期。

[3] 邱仁富:《社会主义核心价值观培育研究》,上海大学出版社2015年版,第34页。

[4] 刘顺厚:《青年学生社会主义核心价值观的培育和践行》,复旦大学出版社2015年版,第19页。

[5] 陈芝海:《大学生社会主义核心价值观教育研究》,光明日报出版社2013年版。

社会主义核心价值观教育应该围绕社会主义核心价值体系中的四个内容展开。[1]陈焕随在《试析加强大学生社会主义核心价值观教育的着力点》(2016)一文中指出,大学生社会主义核心价值观教育的着力点应该是增强他们的理论认同、政治认同和情感认同,解决他们的思想内化、精神信仰和行为外化问题,力求达到内化于心。外化于行。[2]汪盛玉在《大学生期待视野的社会主义核心价值观教育》(2017)一文中认为,社会主义核心价值观教育应根据立德树人来规定,育人内容应该包括:理想信念教育、品格修炼教育、文化创新教育等。[3]李一楠在《以红色社会实践活动推进大学生社会主义核心价值观教育的理性审视》(2019)一文中认为,红色社会实践在推进大学生社会主义核心价值观教育中具有重要价值,应该把红色文化教育和红色实践作为社会主义核心价值观教育的重要内容。[4]

3. 有关高校社会主义核心价值观教育路径(对策)研究

对于高校社会主义核心价值观教育路径的研究,可以说是仁者见仁,智者见智。总结起来大致分为三个方面:一是发挥思政课课程的主导作用,比如有学者强调社会主义核心价值观要进课堂、进教材和进头脑的"三进"原则,[5]要抓住高校思想政治课独特的育人功能,巧妙地把社会主义核心价值观融入高校思想政治课教学之中[6],甚至将社会主义核心价值观辐射到高校所有课程和教学之中,使其深入高校教育的各个角落。[7]田海舰和杨立海建议思想政治理论课教师要对思想政治理论课教材进行第二次创新,把社会主

---

[1] 徐国媛:《大学生社会主义核心价值观教育创新模式构建》,西南交通大学出版社2014年版。

[2] 陈焕随:"试析加强大学生社会主义核心价值观教育的着力点",载《学校党建与思想教育》2016年第24期。

[3] 汪盛玉:"大学生期待视野的社会主义核心价值观教育",载《思想政治教育研究》2017年第6期。

[4] 李一楠:"以红色社会实践活动推进大学生社会主义核心价值观教育的理性审视",载《思想理论教育导刊》2019年第2期。

[5] 田永静、陈树文:"加强大学生社会主义核心价值观教育有效途径探究",载《思想教育研究》2010年第5期。

[6] 刘蕴莲:"论新形势下加强大学生社会主义核心价值观教育",载《思想理论教育导刊》2014年第5期。

[7] 韩雪青:"引领大学生践行社会主义核心价值观的路径探析",载《思想理论教育导刊》2014年第12期。

义核心价值观的精神实质真正体现在思想政治理论课教学的全过程中[1]。二是加强高校教职工队伍的责任担当意识建设。宫丽在《社会主义核心价值观培育贯穿于思想政治理论课教学的几点思考》（2016）一文中指出，思想政治理论课教师在高校社会主义教育过程中起到决定性作用，应加强高校思想政治理论课教师的素质建设，思想政治理论课教师必须明确责任使命，坚定理想信念，担当起社会主义核心价值观教育的重任。[2]徐国立在《高校社会主义核心价值观教育的系统化路径》（2017）一文中指出，高校社会主义核心价值观教育是高校领导干部必须抓实抓好的工作，学校主要领导应该亲自挂帅担任组长，校党委组织部门、宣传部门、学生处等应该承担起日常组织教育工作，把社会主义核心价值观教育融入学校具体工作中。[3]三是通过学生的实践活动体现对社会主义核心价值观的践行。李福涛在《大学生社会主义核心价值观教育路径探讨》（2014）一文中指出，大学生要积极参与社区活动、三下乡活动等一系列志愿服务活动，通过社会实践去体会社会主义核心价值观的内涵，通过社会实践也能宣传和践行社会主义核心价值观，起到以身示范作用。[4]王一凡在《对践行社会主义核心价值观有效途径的思考》（2016）一文中认为，大学生应在系统学习理论的基础上，把理论与社会实践相结合，用社会主义核心价值观中的价值原则和价值遵循引导自身去认识社会问题，培养正确地分析和解决现实生活问题的能力。[5]

综上所述，自党的十八大以来，国内学界围绕文化自信的理论渊源、基本内涵，文化自信与社会主义核心价值观之间的关系，以及高校在培育社会主义核心价值观的研究方面，形成了丰硕的学术成果。这些成果不仅回答了文化自信的本质性内容问题，还为如何树立和坚定文化自信提供了重要参考资料和指导。但是随着中国特色社会主义进入了新时代，国内外形势都发生

---

[1] 田海舰、杨立海："'筑基工程'弘扬社会主义核心价值观之探索"，载《河北大学学报》（哲社版）2016年第1期。

[2] 宫丽："社会主义核心价值观培育贯穿于思想政治理论课教学的几点思考"，载《思想理论教育导刊》2016年第4期。

[3] 徐国立："高校社会主义核心价值观教育的系统化路径"，载《福州大学学报》（哲社版）2017年第3期。

[4] 李福涛："大学生社会主义核心价值观教育路径探讨"，载《教育探索》2014年第11期。

[5] 王一凡："对践行社会主义核心价值观有效途径的思考"，载《人民论坛》2016年第2期。

了一些变化，这一时期如何进一步提升文化自信，新时代高校如何把文化自信教育与社会主义核心价值观培育进行有效对接，仍需要进行审视和研究。笔者认为，新时代应该加大对文化自信的基础性研究。特别是从马克思主义哲学和中华优秀传统文化的视角对文化自信做出哲学和历史层次上的研究，这样不仅可以使马克思主义哲学进一步中国化，中华传统文化进一步现代化，推动新时代中国哲学的构建和发展，而且能够赋予文化自信深厚的理论基础和历史底蕴，为树立和坚定文化自信提供强大的思想源泉和精神力量。新时代还应加大高校社会主义核心价值观自信教育建设，通过社会主义核心价值观自信的培育，不仅要使新时代大学生对中华各族人民所共同遵循的"五个认同"[1]有深入认识和领会，而且要使新时代大学生对中国特色社会主义"四个自信"有更进一步的提升和更具体的实际行动。本书基于以上见解，坚持在前人研究的指引下，去探索文化自信的马克思主义哲学基础，重新审视文化自信及其相关概念的基本内涵，深刻认识中华优秀传统文化、革命文化和社会主义先进文化，进一步解读文化自信与核心价值观的内在联系，以新时代中国哲学的视野去把握文化自信视域下我国高校社会主义核心价值观培育的基本理念等。

---

[1] 这是习近平总书记于2015年8月24日在中央第六次西藏工作座谈会上做出的重要论述。原文为："必须全面正确贯彻党的民族政策和宗教政策，加强民族团结，不断增进各族群众对伟大祖国、中华民族、中华文化、中国共产党、中国特色社会主义的认同。"引自"习近平在中央第六次西藏工作座谈会上发表重要讲话"，载《新华网》，http://www.tibet.cn/special/2015/d/a/1440550072149.shtml，最后访问日期：2019年12月5日。

第二章
马克思主义哲学视域下的文化自信

哲学是时代的产物，每一种哲学都是对一定时代的倾诉。马克思曾说过："任何真正的哲学都是自己时代精神的精华"[1]，一个时代最主要的标志就是这个时代留下的哲学遗产。在每一个时代里："人民最精致、最珍贵和看不见的精髓都集中在哲学思想里。"[2]那么，中国特色社会主义进入新时代，必将预示着有一个伟大的哲学形态即将诞生在这里。在2016年哲学社会科学工作座谈会上，习近平总书记提出"着力构建中国特色哲学社会科学，在指导思想、学科体系、学术体系、话语体系等方面充分体现中国特色、中国风格、中国气派"。[3]这意味着在这个产生伟大哲学的时代里，中国人民要努力打造出具有自己民族特色的新时代中国哲学。新时代中国哲学要在马克思主义指导下，以"解读中国实践、构建中国理论"为大任，不断打造出具有"标识性概念"的中国理论概念。诸如社会主义核心价值观、中国梦、文化自信、人类命运共同体、共同价值等，这些具有中国特色的"标识性概念"是新时代中国哲学"发展到一定阶段的产物，是成熟的标志，是实力的象征，也是自信的体现"。[4]习近平总书记特别强调文化自信。他指出："文化自信是更基本、更深沉、更持久的力量。"[5]其缘由是中华文化"是中国特色哲学社会科学成长发展的深厚基础"。[6]如果没有文化自信，那近代命运多舛的中华民族"不

---

[1]《马克思恩格斯全集》（第1卷），人民出版社1956年版，第121页。
[2]《马克思恩格斯全集》（第1卷），人民出版社1956年版，第120页。
[3]《习近平谈治国理政》（第2卷），外文出版社2017年版，第338页。
[4]《习近平谈治国理政》（第2卷），外文出版社2017年版，第338页。
[5]《习近平谈治国理政》（第2卷），外文出版社2017年版，第339页。
[6]《习近平谈治国理政》（第2卷），外文出版社2017年版，第339页。

仅不可能发展起来，而且很可能上演一场历史悲剧"。[1]文化自信这个"标识性概念"不仅内聚崇高的民族品格，而且具有深厚的哲学基础。而这种哲学基础唯有通过马克思主义理论才能揭示出来。

第一节　文化自信的辩证唯物主义基础

马克思主义哲学是近代社会最伟大的哲学之一。其中辩证唯物主义是马克思主义哲学的重要内容，它为中国人民解决了许多重大疑难问题。从党的十八大以来，习近平总书记非常重视运用辩证唯物主义来解决中国事务。2013年11月，习近平总书记在十八届三中全会第二次全体会议上说："在推进改革中，要坚持正确的思想方法，坚持辩证法。"[2]2015年1月在中央政治局第二十次集体学习时，习近平总书记提出："辩证唯物主义是中国共产党人的世界观和方法论。"[3]同年6月在纪念陈云同志诞辰110周年座谈上习近平总书记要求全党同志要"自觉坚持和运用辩证唯物主义世界观和方法论"。[4]2016年5月在哲学社会科学工作座谈会上习近平总书记强调："要坚持用联系的发展的眼光看问题"，"坚持实践的观点、历史的观点、辩证的观点、发展的观点，在实践中认识真理、检验真理、发展真理"。[5]2018年4月在十九届中央政治局第五次集体学习时习近平总书记指出："马克思主义理论的科学性和革命性源于辩证唯物主义和历史唯物主义的科学世界观和方法论。"[6]2018年12月在庆祝改革开放40周年大会上习近平总书记指出："必

---

[1]《习近平谈治国理政》（第2卷），外文出版社2017年版，第339页。
[2] 习近平："切实把思想统一到党的十八届三中全会精神上来"，载《人民日报》2014年1月1日。
[3]"习近平在中共中央政治局第二十次集体学习时强调坚持运用辩证唯物主义世界观方法论提高解决我国改革发展基本问题本领"，载《党建》2015年第2期。
[4] 习近平："在纪念陈云同志诞辰110周年座谈会上的讲话"，载《人民日报》2015年6月13日。
[5] 习近平："在哲学社会科学工作座谈会上的讲话"，载《人民日报》2016年5月19日。
[6]"习近平在中共中央政治局第五次集体学习时强调 深刻感悟和把握马克思主义真理力量 谱写新时代中国特色社会主义新篇章"，载《思想政治工作研究》2018年第6期。

须坚持辩证唯物主义和历史唯物主义世界观和方法论。"[1]为解决新时代中国现实问题，习近平总书记运用辩证唯物主义提出了一系列富有中国特色的新思想新理念新战略。习近平总书记在多个场合对文化自信做出深刻论述，其中就蕴含着浓浓的辩证唯物主义的思想内涵。

一、从联系和发展的观点看文化自信

辩证唯物主义把联系的和发展的观点作为自己的总观点和总特征，给人们认识事物的本质和特征提供了科学的方法论指导。这种观点认为："世界上的万事万物都处在普遍联系之中，普遍联系引起事物的运动发展。"[2]世界上没有孤立存在的事物，凡是存在的事物都一定是处在与其他事物的联系之中。联系是普遍的，不管是无机界还是有机界，自然界还是人类社会，任何事物无不处在相互联系之中。联系又是多样的，虽然任何事物都存在联系，但它们之间的联系方式却存在各种差异，正是由于各种不同的联系才构成了世界上五彩斑斓、无奇不有的事物的存在状态和发展趋势。恩格斯在谈到事物的普遍联系时说："当我们通过思维来考察自然界或人类历史或我们自己的精神活动的时候，首先呈现在我们眼前的，是一幅由种种联系和相互作用无穷无尽地交织起来的画面。"[3]但是事物之间的联系又是有条件的。任何事物的联系都是在一定条件下的联系。脱离一定的条件谈论联系就会误入唯心主义的无条件论和唯条件论，在现实中就容易导致不可估量的错误和损失。除了联系之外，事物还是发展的。事物的发展是事物前进上升的运动，实质是新事物的产生和旧事物的灭亡。新事物是代表社会上先进的、富有创造力的、符合人民群众利益、得到人民群众拥护的事物。新事物的出现不是一蹴而就的，其有一定的产生过程。恩格斯指出："世界不是既成事物的集合体，而是过程的集合体。"[4]世界上的事物在发展形式上是时间延续性和空间扩展性的交替，在发展内容上是运动、形态、结构、功能和关系上的更新。这种联系的

---

[1] 习近平："在庆祝改革开放40周年大会上的讲话"，载《人民日报》2018年12月19日。
[2] 本书编写组：《马克思主义基本原理概论》，高等教育出版社2018年版，第30页。
[3] 《马克思恩格斯文集》（第3卷），人民出版社2009年版，第538页。
[4] 《马克思恩格斯文集》（第4卷），人民出版社2009年版，第298页。

观点和发展的观点也为我们深入解读文化自信提供了理论基础。

(一) 从联系的观点看文化自信

从联系的观点看，文化自信的提出，与道路自信、理论自信和制度自信存在很大的内在联系。从整体上看，文化自信与道路自信、理论自信、制度自信都是在中国人民为争取民族复兴的伟大实践中形成的，四者有机统一共同展现了中华民族自信的精神气质。首先，它们的指导思想是一致的，都是坚持和运用马克思主义立场、观点和方法，扎根于中国现实土壤，深刻体现马克思主义理论创新的普遍性与地方性的统一，是对中国化马克思主义的高度认同和自信。其次，它们的实践基础是一致的，都是统一于中华民族伟大复兴的伟大实践中，从道路、理论、制度和文化这四个领域的成功探索中产生出高度的"四个自信"。

从内容上看，文化自信与其他"三个自信"之间互相依存且又相互促进，形成了严密的逻辑关系，构成一个网状的有机整体。道路自信是实现其他三个自信的基本途径，它确保了我们始终坚持马克思主义中国化时代化大众化，始终坚持以公有制为主体的社会主义经济制度和人民当家作主的政治制度，始终坚持不忘本来、吸收外来、面向未来的当代中国文化本质。制度自信为其他三个自信提供基本保障。中国特色社会主义制度是具有鲜明的中国特色、明显的制度优势和强大的自我完善能力的先进制度。它渗透在经济、政治、文化、社会、生态等各个领域，集中体现了我国的制度优势和体制优势，为我国各个领域的协调发展保驾护航。理论自信为其他三个自信提供了强有力的科学依据。理论自信阐明了我国选择走自己道路的合理性，进行特色制度建设的优越性，坚持继承和发展优秀文化和先进文化的必然性。文化自信是对其他三个自信的进一步深化。文化自信是在其他三个自信的认识基础上形成的，是对其他三个自信的提升和拓展。道路自信是理论逻辑与发展逻辑之辩证统一的集中体现，其包含着丰富的人类文明和中华优秀传统文化的成分。理论自信和制度自信是对中国特色社会主义理论体系和制度体系的集中体现，其本身就是一种观念形态的文化，是社会主义先进文化的集中体现。由此可见，文化自信是"三个自信"的进一步提升，在四个自信中，"文化自信，是更基础、更广泛、更深厚的自信"。[1]

文化自信与其他"三个自信"之间又是相互促进的。道路自信指引了中国特色社会主义道路的开辟，始终坚持这条道路取得了巨大成就和成功经验，推动了马克思主义在中国的不断创新，马克思主义中国化的强大生命力，促进了中国特色社会主义制度的日臻完善，它在世界制度建设中的优势地位，激活了传统文化的优秀细胞，显示了先进文化的先进性，使得传统文化和先进文化获得重生和怒放，共同推进当代中国文化大繁荣；制度自信为始终坚持党的基本路线不动摇提供了定力和动力，增强了在改革开放中有效解决一系列具体现实问题的能力和信心，赋予社会主义制度优越感，为中国人民在道路上的勇往直前、理论上的创新发展、文化上的繁荣昌盛提供了强有力的制度保障；理论自信凸显出马克思主义的科学性和革命性，马克思主义中国化、时代化、大众化的合理性，更加坚定了马克思主义信念，为中国特色社会主义道路的持续推进、制度的持续完善、文化的持续繁荣提供强大的理论基础和支撑；文化自信充分展现出中华民族的民族精神和时代精神，增强了中国人民自力更生，左右自己命运前途的信心和决心，为中国人民坚定道路、理论和制度上的自信提供源源不断的营养和动力之源。

（二）从发展的观点看文化自信

从发展的观点看，文化自信是顺应时代发展的必然产物，是基于当前我国实际发展态势，应势而谋、因势而动、顺势而为的必然结果。首先，文化自信是在面对中华优秀传统文化复兴时油然而生的。有五千多年辉煌历史的中华文明，是中华民族赖以繁衍和发展的血脉和基因，是中华民族压不倒打不死的脊梁，是中华民族的安身立命之本。习近平总书记把五千多年的中华优秀传统文化形象地比喻成"中华民族的基因""民族文化血脉"和"中华民族的精神命脉"。这一形象比喻是中华民族自信心、民族自豪感和民族凝聚力的象征。文化自信就是根源于中华民族的辉煌历史，立足于中华民族的优秀传统文化。否则，文化自信就是无源之水、无本之木，无生命力、说服力

---

[1] 习近平："在庆祝中国共产党成立95周年大会上的讲话"，载《人民日报》2016年7月2日。

和影响力可言。虽然文化自信根植于中华优秀传统文化，但并不是对中华优秀文化传统的一味自信，并非沉溺于过去的辉煌，而是"中国优秀传统文化的丰富哲学思想、人文精神、教化思想、道德理念等，可以为人们认识和改造世界提供有益启迪，可以为治国理政提供有益启示，也可以为道德建设提供有益启发"。[1]正是因为我们能够理性地对待中华民族优秀传统文化，对中华民族的文化特质和文化价值做出准确的判断和定位，对中华民族优秀传统文化的价值和使命坚定与执着，通过合理的继承和发展，不断地吸收和容纳外来文化，并注入革命文化和社会主义先进文化等新元素，才形成了今天如此强大的文化软实力，今天的文化自信才能油然而生。

其次，文化自信是对中国社会发展状态及趋势的认知和展示。一定的自信需要靠一定的实力来支撑。文化自信，从字面上看是针对文化而言的，但实际上文化自信的背后是一个国家整体实力的无比强大。首先就是生产力发展所带来的国家硬实力的强大。改革开放以来，我国的生产力获得彻底解放和发展，经过40多年的不懈奋斗，中国的面貌发生了翻天覆地的变化。从以前一贫如洗的落后的工业化和现代化的发展中国家，现在转变成为发达的工业化与现代化的发展中国家领跑者。截至目前，中国是世界第二大经济体，从2008年金融危机以来，中国经济对世界经济增长平均贡献率超过30%，成为世界经济当之无愧的领航者，是经济全球化的最大贡献者。除此之外，中国的高铁、通讯、航天等诸多科技领域水平都处在世界领先地位。中国人民正在大步迈向全面小康社会，每一个中国人的脸上都洋溢着对美好生活的憧憬。中国社会正在发生全面性和根本性转变，这是一个不可否认的事实。诚然还要看到，中国巨变的原因主要来自于中国人民在坚持中国特色社会主义道路、理论、制度和文化的基础上对生产力的大力解放和发展。随着新时代的到来，在中国人民的继续努力下，中国正在向世界大国中的强国靠近。中国方案、中国智慧、中国创造等一大批有着"中国"二字的标识性概念，一定会越来越得到世界人民的认同。今天中国人民的文化自信就是来自对中国社会发展现状的准确判断和把握，以及对未来前景所怀有的十足信心。正如

---

[1] 习近平："在纪念孔子诞辰2565周年国际学术研讨会暨国际儒学联合会第五届会员大会开幕会上的讲话"，载《人民日报》2014年9月25日。

习近平总书记所言,对于中国深厚的历史底蕴、强大的现实基础、光明的前进道路,"中国人民应该有这个信心,每一个中国人都应该有这个信心"。[1]

再次,文化自信是对当前中国文化现状及其发展的深刻回应。文化自信除了需要有强大的国家硬实力支撑之外,还是巨大的国家文化软实力的彰显。特别是从十八大以来党制定的一系列文化改革政策,我国的文化发展在新的起点上向纵深拓展,取得了一些具有标志性意义的历史发展成果,在此过程中激发出中国人民对文化的创造和创新活力,增强了中国人民的文化获得感和幸福感。其主要体现在:文化建设纳入到"五位一体"总体布局和"四个全面"战略布局中,凸显了文化在国家建设总布局中的重要地位和作用。文化发展目标明确,国家制定出《深化文化体制改革实施方案》和《国家"十三五"时期文化发展改革规划纲要》等,文化制度体系已经形成完整的"四梁八柱"。文化的社会功能日益显现,在《关于推动国有文化企业把社会效益放在首位、实现社会效益和经济效益相统一的指导意见》中,明确指出"社会效益指标考核权重应占50%以上",将两个效益相统一的原则转化为具体制度设计。文化创新活力增强,文化产业获得井喷式发展。文化产业增加值从2012年的1.81万亿增加到2016年的3.03万亿,从占GDP的3.48%增加到4.07%,在经济下行压力较大的背景下,文化产业保持两位数增长速度,充分展示出文化发展的蓬勃生机和活力。中华文化的国际舞台不断变大,国际地位得到明显提升。"欢乐春节"走进意甲联赛绿茵场、美国高校,在2017年的"欢乐春节"中,140多个国家和地区的500多个城市举办了2000余场活动,国外受众达2.8亿人次。《习近平谈治国理政》以22个语种、25个版本在海内外发行625万册。国外140个国家建立了511所孔子学院、1073个孔子课堂,建成海外中国文化中心30个、中国馆14个。[2]随着新时代中国特色社会主义实践进程的推进,中华文化以民族复兴为使命,既继承传统又面向未来,坚持马克思主义立场、观点和方法包容和吸收一切人类文明社会

---

[1] 习近平:"在纪念毛泽东同志诞辰120周年座谈会上的讲话",载《人民日报》2013年12月27日。

[2] 以上数据均来自周玮的文章:"激发文化创造活力 向着社会主义文化强国迈进——党的十八大以来文化体制改革成果述评",载《中国文化报》2017年7月24日。

的优秀文化成果，一定能为中华民族伟大复兴，为全世界人民的美好幸福生活做出更大的贡献。

二、从矛盾的基本原理看文化自信

从辩证唯物主义的矛盾基本原理看，文化自信是在准确把握和解决我国社会主要矛盾基础上产生的自信。矛盾基本原理包括矛盾规律和矛盾分析方法两个方面。矛盾规律主要揭示事物普遍联系的根本内容和变化发展的内在动力，从根本上回答事物为什么会发展的问题。矛盾规律通过对矛盾的同一性和斗争性，以及矛盾的普遍性和特殊性之辩证关系的论述，建立起"两点论"和"重点论"相统一的矛盾观。矛盾规律是辩证唯物主义的实质和核心。矛盾规律在方法上的运用就是矛盾分析方法。毛泽东说："辩证法的宇宙观，主要地就是教导人们要善于去观察和分析各种事物的矛盾的运动，并根据这种分析，指出解决矛盾的方法。"[1]矛盾分析方法包含广泛而深刻的内容，但其核心要义就是要求具有分析矛盾特殊性的能力，能灵活运用科学的工作方法，做到具体矛盾具体分析，具体情况具体分析。矛盾分析方法在社会实践中就是要求应有强烈的问题意识，坚持以问题为导向，善于找出解决问题的突破口，以此带动其他问题的解决。

（一）从矛盾规律看文化自信

从矛盾规律看，当今我国的文化自信与中国近代史上对主要矛盾的认识和解决是分不开的。近代中国自鸦片战争以来，国人在对主要矛盾的认识上存在很大问题，导致过于偏向主要矛盾的一方而忽视了另一方，结果哪一方都没有得到有效解决。从洋务运动、维新变法、辛亥革命、新文化运动，直到确立以马克思主义为指导的新民主主义基本纲领这一过程，国人对我国主要矛盾的认知和把握才逐渐清晰和明朗。新民主主义基本纲领是正确处理和解决中国革命时期主要矛盾的深刻体现。新民主主义基本纲领包括政治纲领、经济纲领和文化纲领，其分别代表着中国革命时期主要矛盾的三个方面。中国共产党人深知文化在社会主要矛盾中的重要地位，始终把文化建设与经济、

---

[1]《毛泽东选集》（第1卷），人民出版社1991年版，第304页。

政治建设放在同等重要的位置。毛泽东指出，战胜敌人仅仅依靠军队是远远不够的，"我们还要有文化的军队，这是团结自己、战胜敌人必不可少的一支军队"。[1]这深刻说明，中国革命的胜利靠的不仅仅是精良的武器（俗称枪杆子），还有中华民族的文化力量（俗称笔杆子）。中国革命时期处理和解决主要矛盾的成功经验为新中国成立后文化自信的建立奠定了基础。

新中国成立后，通过社会主义改造，社会主义制度建立，党的八大就明确提出我国的主要矛盾是人民日益增长的物质文化需要同落后的社会生产之间的矛盾。从新中国成立后的主要矛盾可以看出，党始终把文化问题作为我国社会主要矛盾的一个重要抓手。党始终高度重视文化建设，同时也在文化建设中显示出对中华文化的自信。毛泽东指出："在革命胜利以后，我们的任务主要地就是发展生产和发展文化教育。"[2]毛泽东对建设中华文化的美好前景满怀期待和信心。毛泽东说："随着经济建设高潮的到来，不可避免地将要出现一个文化建设的高潮。中国人民被认为不文明的时代已经过去了，我们将以一个具有高度文化的民族出现于世界。"[3]这种对中华文化的无比自信，以及对文化建设的高度重视，使我国的社会主义建设时期呈现出"百花齐放百家争鸣"的文化繁荣景象。社会主义探索时期对文化建设的展开进一步加深了党对文化认识的重要性，文化自信也得到进一步提升，砥砺中国人民向着中国特色社会主义文化建设迈进。

改革开放之后，我国的文化建设开始进入一个新的历史阶段，即中国特色社会主义文化建设阶段。虽然我国社会建设阶段发生变化，但主要矛盾依然没有改变。基于对我国主要矛盾的分析，邓小平提出物质文明和精神文明"两手抓两手都要硬"的发展战略。江泽民提出党是文化建设的坚强领导者，确立了党始终代表先进文化前进方向的文化发展思想。党的十七届六中全会通过的《中共中央关于深化文化体制改革 推动社会主义文化大发展大繁荣若干重大问题的决定》，确定把"文化发展繁荣作为坚持发展是硬道理、发展是

---

[1]《毛泽东选集》（第3卷），人民出版社1991年版，第847页。

[2] 中央文献研究室、新华通讯社编：《毛泽东新闻工作文选》，新华出版社1983年版，第389页。

[3] 中央文献出版社编：《建国以来毛泽东文稿》，中央文献出版社1987年版，第7页。

党执政兴国第一要务的重要内容"。[1]党的十八大以来，在治国理政的创新实践中显示出以习近平同志为核心的党中央对文化建设的高度的自觉和自信。习近平总书记指出："中国的今天是从中国的昨天和前天发展而来的，要治理好今天的中国，需要对我国历史和传统文化有深入了解，也需要对我国古代治国理政的探索和智慧进行积极总结。"[2]这句话言简意赅地为新时期我国文化建设和文化自信指明了方向。随着中国特色社会主义进入新时代，我国主要矛盾已经转变为"人民日益增长的美好生活需要和不平衡不充分的发展之间的矛盾"。"美好生活需要"对文化建设和文化自信提出了更高的要求和期待。当前如何抓住中华文化的精髓，体现中华民族独特的精神标识，通过中华民族的强大文化软实力为坚定文化自信提供强大支撑，是处理和解决当前我国社会主要矛盾的一个重要方面，也是处理和解决我国文化发展问题的一个突出问题。中国人民从文化传承中找到了能够证明自身文化价值的精神标识，发现了中华民族价值遵循中的文化命脉，相信在中国共产党的坚强领导下，我国的文化繁荣事业一定蒸蒸日上，文化自信一定越来越坚定、越来越有说服力。

（二）从矛盾分析方法看文化自信

从矛盾分析方法看，文化自信不是盲目的、无目的的自信，对文化自信必须具备强烈的问题意识，那就是必须要认清楚我们为什么要有文化自信，怎样才能做到文化自信。

对于第一个问题的回答，就是要求认清楚坚定文化自信的时代价值。文化自信是新时代中国特色社会主义文化创新发展的必然趋势。自中国革命、建设和改革开放以来，中国在道路、理论和制度方面都取得了巨大创新和发展，并树立和坚定了道路自信、理论自信和制度自信。文化建设和发展虽然也取得了巨大进步，但是与中国道路、理论和制度相比，作为中华文化独特的本质性内容还需进一步地凸显出来，文化中的精神力量还需进一步地激发

---

[1] "中共中央关于深化文化体制改革 推动社会主义文化大发展大繁荣若干重大问题的决定"，载《人民日报》2011年10月26日。

[2] "习近平主持中央政治局第十八次集体学习时的讲话"，载《人民日报》2014年10月14日。

出来。特别是在全球化激烈竞争的背景下，文化认同日益成为国家认同和民族认同的集中体现，成为国民在世界舞台上将扮演何种身份的重要象征。在这种情况下，文化急需创新和发展，而文化要想获得创新和发展，坚定文化自信尤为重要。所以党的十八大以来，习近平总书记在多个场合阐述了文化自信的重要性，认为文化自信是"最根本的"，是"基础"。可以说，没有文化自信就谈不上文化创新和发展，文化自信是文化创新和发展的必要前提，同时也是文化创新和发展的必然趋势。

对于第二个问题的回答，就是要认清楚文化自信的基本原则。一是要认清楚文化自信的主体是谁。文化自信不是他人的自信，也不是古人的自信，更不是外国人的自信，而是每一个当代中国人的自信。正如习近平总书记所说："当今世界，要说哪个政党、哪个国家、哪个民族能够自信的话，那中国共产党、中华人民共和国、中华民族是最有理由自信的。"[1]认清文化自信的主体是每一个当代中国人，这就要求每一个当代中国人不仅要对自己的文化充满信心，而且要对担当民族复兴的重任充满信心。二是要认清文化自信的客体是谁。文化自信是对中国特色社会主义文化的自信。首先要对中国特色社会主义充满自信，要坚信中国特色社会主义就是科学社会主义，而不是其他的社会主义。其次要对中国特色社会主义文化充满自信。中国特色社会主义文化包括中华优秀传统文化、革命文化和社会主义先进文化。这三种文化"积淀着中华民族最深层的精神追求，代表着中华民族独特的精神标识"。[2]文化自信就是对这三种文化的生命力充满信心。三是要认清文化自信的要义是什么。文化自信不是对历史辉煌的追忆，或是对历史上的文化成就孤芳自赏、沾沾自喜，也不是保持现有的文化状态，无所作为。文化自信就是要把现有的文化转变为动力，勇于担负应有的文化使命，把文化责任扛在肩上，在现有文化的基础上实现文化的创造性转化和创新性发展，去创造中华文化新的辉煌。四是要认清树立文化自信的方法是什么。文化自信就是要坚持走中国特色社会主义文化发展道路。首先要坚持文化领域的对外开放，推动中华文化"走出去"。其次是科学对待传统文化和外来文化。对待中国传统文化，

---

[1] 习近平："在庆祝中国共产党成立95周年大会上的讲话"，载《人民日报》2016年7月2日。
[2] 习近平："在庆祝中国共产党成立95周年大会上的讲话"，载《人民日报》2016年7月2日。

"不能采取全盘接受或者全盘抛弃的绝对主义态度",要坚持"在继承中发展,在发展中继承"。秉持客观、科学、崇敬的态度,通过继承、创新和发展,不断赋予传统文化新的时代内涵和新的表达形式。对待外来文化,要客观认识,理性分析,积极吸收借鉴国外的一切优秀成果。"文明因交流而多彩,文明因互鉴而丰富。"以开放的视野审视人类一切文明成果,要看到不论是中华文明,还是其他文明,都是人类文明的一个组成部分。开放、包容、从容,坚持求同存异、兼收并蓄的文化发展道路,正是中国作为一个文明古国、文化大国所彰显的高度的文化自信的深刻体现。

第二节 文化自信的历史唯物主义基础

文化自信,从字面上分析,由"文化"和"自信"两个词构成。文化是人的文化,是人的社会活动的物质成果和精神成果的总和。用历史唯物主义解释,文化是经济基础的产物,是建立在一定经济基础之上的观念的上层建筑。而自信是人的自信。自信必须以"现实的人"为前提,如果离开了"现实的人",自信无从谈起。可以说,自信是现实的人作为主体对自身的能力和价值等做出的肯定和确认,它是发自内心、充满热情的对自身的尊敬、信任和坚守。文化自信就是一定的文化主体对自身文化价值的肯定和认同,进而对自身文化生命力的坚定信念。文化自信必须包括文化主体和文化客体,以及文化主客体相互作用下的实践关系、认识关系和价值关系。用历史唯物主义解释,文化自信就是社会存在与社会意识的辩证统一体,生产力与生产关系的辩证统一体,经济基础与上层建筑的辩证统一体。可见,历史唯物主义基本原理是文化自信的理论基础和理论依据。

一、从社会存在决定社会意识看文化自信

历史唯物主义基本原理之一:社会存在决定社会意识。马克思在《政治经济学批判序言》中指出:"物质生活的生产方式制约着整个社会生活、政治生活和精神生活的过程。不是人们的意识决定人们的存在,相反,是人们的

社会存在决定人们的意识。"[1]也就是说,社会存在决定社会意识,有什么样的社会存在就有什么样的社会意识与之相适应;反过来,社会意识来源于社会存在,是对社会存在的反映,这是社会存在与社会意识之间辩证运动的重要内容。文化自信作为一种社会意识,扎根于中国国情这一社会存在,来源于中国国情这一社会存在。如果脱离了中国国情这一社会存在,我们的文化自信就会像井底之蛙,很容易盲目。在中国历史上,不识国情所导致的盲目的文化自信带来的悲剧是刻骨铭心的。习近平总书记指出:"中华民族历来对自己的文化有着强烈的认同感和自豪感,只是到了近代中国沦为殖民地和半殖民地时,文化自信、国民自信受到极大损伤。"[2]在中国沦为殖民地半殖民地期间,有无数仁人志士试图找回文化自信,但均以失败而告终。直到马克思主义传入中国,以及中国共产党的诞生,中华民族的文化自信才失而复得。这其中的成功之处就是中国共产党人运用历史唯物主义基本原理对中国国情做出了准确判断,并制定出一系列适合中国国情的方针政策,为中华民族伟大复兴提供了明确的路径和方向。中华文化也因马克思主义的融入和中国共产党的坚强领导而获得涅槃重生。正如毛泽东所说:"自从中国人学会了马克思列宁主义以后,中国人在精神上就由被动转入主动。从这时起,近代世界历史上那种看不起中国人,看不起中国文化的时代应当完结了。"[3]这正是中国人民对中华文化充满自信的强烈昭示。随后一代代中国共产党人就像接力一样,始终坚持把马克思主义与中国国情紧密结合起来,自力更生和艰苦奋斗,才换来了中国革命的伟大胜利,中国特色社会主义实践的伟大成功,中华民族实现从站起来、富起来到强起来的伟大飞跃。党的十九大明确宣示,中国特色社会主义进入新时代。新时代的中国国情已经今非昔比,伴随新时代中国综合国力的不断增强,中华民族伟大复兴目标的日益接近,中华文化正在绽放异彩,中华民族曾经失去的文化自信便油然而生。

---

[1]《马克思恩格斯选集》(第4卷),人民出版社2012年版,第475页。

[2] "习近平的'第四个自信'",载http://cpc.people.com.cn/n/2014/1226/c64094-26280109.html,最后访问日期:2019年12月15日。

[3]《毛泽东选集》(第4卷),人民出版社1991年版,第1516页。

二、从生产力决定生产关系看文化自信

历史唯物主义基本原理之二：生产力决定生产关系。生产力决定生产关系意味着，有什么样的生产力就有什么样的生产关系与之相适应，一定社会的生产关系是对一定社会生产力的反映，这是生产力与生产关系之间辩证运动的重要内容。文化作为人类在社会生产中结成的生产关系的重要组成部分，是由生产力发展水平决定的。同样，一定社会的生产力发展水平是文化自信的基础和支撑。如果没有强大的生产力作为支撑，我们的文化自信就像建立在沙漠中的空中楼阁，是不堪一击的。比如中国近代历史上甲午海战失败的惨痛教训，一直在警示中国人民必须把发展生产力，特别是发展科学技术放在富国强民的重要位置。新中国成立初期，面对极其低下的生产力，毛泽东语重心长地说："现在我们能造什么？能造桌子椅子，能造茶碗茶壶，能种粮食，还能磨成面粉，还能造纸，但是，一辆汽车、一架飞机、一辆坦克、一辆拖拉机都不能造。"[1]如果不改变落后的生产力现状，中华民族永远摆脱不了被动挨打的命运。毛泽东深刻认识到"生产关系的革命，是生产力的一定发展所引起的"。[2]如果生产力得不到发展，生产关系就无法得到彻底改变。鉴于此，发展生产力的任务正式提上了中国共产党人的议事日程。1957年，毛泽东在《关于正确处理人民内部矛盾的问题》中指出："我们的根本任务已经由解放生产力变为在新的生产关系下面保护和发展生产力。"[3]通过大力发展生产力，一个新生的中国不到几年时间就建立了社会主义制度，并且走上了工业化和现代化道路。毛泽东对生产力与生产关系的正确认识无疑给中国特色社会主义伟大实践提供了重要指导和启示。

在中国改革开放时期，邓小平同志果断提出"科学技术是第一生产力"的重大命题。不仅如此，邓小平同志还对"什么是社会主义"做出科学分析，提出社会主义就是"解放生产力，发展生产力"，"社会主义的优越性，归根

---

[1]《毛泽东文集》（第6卷），人民出版社1999年版，第329页。
[2]《毛泽东文集》（第8卷），人民出版社1999年版，第132页。
[3]《毛泽东文集》（第7卷），人民出版社1999年版，第218页。

到底是要大幅度发展社会生产力"的一些重要论断。[1]邓小平同志通过对生产力的科学认识和社会主义的科学认识,把中国带入到了中国特色社会主义发展阶段,开启了中华民族从站起来到富起来的伟大历程。经过改革开放四十多年来生产力的大发展,特别是党的十八大以来,深刻展现我国生产力大发展的一大批先进技术,如天宫、蛟龙、天眼、悟空、墨子、大飞机等大科技成果的相继问世,推动我国国际地位实现了前所未有的提升,"中华民族的面貌发生了前所未有的变化,中华民族正以崭新姿态屹立于世界的东方。"[2]可以看出,改革开放以来我国生产力的巨大发展,已经带动了我国生产关系的巨大变革。中国人民已经不再仅仅满足于物质文化的需要,而是转向对美好生活的追求。这使得中国社会的主旋律更加响亮,正能量更加强劲,思想共识更加凝聚,精神支撑更加坚实,国家文化软实力和中华文化影响力大幅提升,这极大地增强了中国人民文化自信的底气。

三、从经济基础决定上层建筑看文化自信

历史唯物主义基本原理之三:经济基础决定上层建筑。经济基础决定上层建筑意味着,有什么样的经济基础就有什么样的上层建筑,一定社会的上层建筑是对一定社会的经济基础的反映,这是经济基础与上层建筑之间辩证运动的重要内容。文化是建立在一定经济基础上的上层建筑,这就决定着一定时期的文化总是一定的经济基础的反映,并服务于这种经济基础。这说明文化自信也是深深植根于经济基础之中,是对一个国家经济发展强盛所持有的信心的反映。如果没有雄厚的经济实力的支撑,这个国家的文化不可能有太强的影响力和吸引力,这个国家的人民不可能对其文化抱有强大的信心。中国历史上的文化自信与中国历史上农业经济发展成熟和手工业高度发达所带来的昌盛的文化发展密不可分。毛泽东指出:"在中华民族的开化史上,有素称发达的农业和手工业,有许多伟大思想家、科学家、发明家、政治家、

---

[1]《邓小平文选》(第2卷),人民出版社1994年版,第251页。
[2] 习近平:《决胜全面建成小康社会 夺取新时代中国特色社会主义伟大胜利——在中国共产党第十九次全国代表大会上的报告》,人民出版社2017年版,第10页。

军事家、文学家和艺术家，有丰富的文化典籍。"[1]高度发达的文化和文明不可能建立在极其贫穷落后的经济之上，而坚定的文化自信也不可能建立在落后腐朽的文化和文明之上。中国今天的文化自信是中国自身经济和文化发展的必然结果和重要体现。改革开放四十多年来，中国的国内生产总值（GDP）从1978年的3645亿元人民币增长到现在的约82.7万亿元，成为全球第二大经济体。特别是从党的十八大以来，习近平总书记提出"主动参与和推动经济全球化进程，发展更高层次的开放型经济"，中国经济实现了年均7.2%的增长速度，对世界经济增长的贡献率超过30%。强劲有力的中国经济引擎所铸就的雄厚的经济基础，正在印证着中国特色社会主义道路的正确性、理论的先进性和制度的优越性，奠定了中国特色社会主义的道路自信、理论自信、制度自信，构成了中国特色社会主义文化自信的核心要义。可以说，当前中国的文化自信已经是水到渠成，民心所向。

四、从文化的相对独立性看文化自信

历史唯物主义基本原理之四：文化作为社会意识、生产关系、上层建筑具有相对的独立性。以上可以看出，文化是一种社会意识、一种生产关系、一种上层建筑。一定时期的文化状况取决于这一时期的社会存在、生产力和经济基础。那是不是说，只要基于一定的社会存在，只要大力发展生产力，大力发展经济，那与之对应的文化就会随之向前发展呢？实则不然。虽然社会存在、生产力和经济基础决定文化，但是文化作为社会意识、生产关系、上层建筑还具有一定的独立性。也就是说，文化作为社会意识、生产关系、上层建筑是对社会存在、生产力和经济基础具有反作用的。必须看到，文化作为社会意识、生产关系、上层建筑与社会存在、生产力和经济基础是不同步的。先进的文化是对社会存在、生产力和经济基础的正确反映，能够促进社会存在、生产力和经济基础向前发展，反之则相反。文化作为社会意识、生产关系、上层建筑的这种独立性属性，也是历史唯物主义基本原理的一个重要内容。只有全面认识和掌握历史唯物主义基本原理，才能确立文化在人

---

[1]《毛泽东选集》（第2卷），人民出版社1991年版，第622页。

类物质生产过程中的地位和作用,使文化自信通过文化发展和文化力量确立和坚定起来。

文化的独立性属性清楚地说明,一个具有文化自信的现代化国家,既离不开强大的经济基础,也离不开强大的文化支撑。用当代学术概念解释,就是美国学者约瑟夫·奈所说的,一个国家的综合国力是由诸如生产力、经济、科学技术等所表现出来的"硬实力"和诸如文化、价值观、意识形态等表现出来的"软实力"构成的。也就是说,软实力如同硬实力一样,对于一个现代化国家来说不可或缺。在历史上由于只重视硬实力建设而忽视软实力建设,导致国家和民族遭受灾难的教训值得我们反思。苏联的解体,与其未能重视文化软实力的发展和提升是存在一定关系的。其实在列宁时期,列宁就觉察到文化力量对于苏维埃社会主义国家建设的重要性。列宁指出:"在一个文盲的国家里是不能建成共产主义社会的。"[1]当时列宁就认识到,苏联要想建成一个社会主义国家,"问题'只'在于无产阶级及其先锋队的文化力量"[2]。鉴于此,列宁提出了"文化革命"和"文化主义"的口号,要求把苏联社会主义建设的工作重点"转到和平的'文化'组织工作上去"[3]。然而列宁逝世以后,苏联的文化发展出现大转变,文化建设走上程式化和单一化道路,"在俄国开始了一个新的文化自我孤立时期、精神空虚时期"[4]。苏联在文化建设上的重大失误,导致苏联的文化力量存在先天不足,实际上当时苏联的综合国力只有硬实力,没有软实力。在软实力的缺失下,如同苏联部长会议主席雷日科夫所言,苏联这个民族国家没有一种具有凝聚力和向心力的"苏维埃价值",缺少了一种起核心作用的东西。[5]在这种情况下,包括苏共(布)在内的上层精英们也抵挡不住物质利益的诱惑,纷纷丧失马克思主义信念,丧失

---

[1]《列宁全集》(第39卷),人民出版社1986年版,第309页。
[2]《列宁全集》(第43卷),人民出版社1987年版,第63页。
[3]《列宁全集》(第43卷),人民出版社1987年版,第368页。
[4][俄]安·米格拉尼扬:《俄罗斯现代化之路——为什么如此曲折》,徐葵等译,新华出版社2002年版,第32页。
[5][俄]尼·伊·雷日科夫:《大国悲剧:苏联解体的前因后果》,徐昌翰译,新华出版社2008年版,第19页。

对俄罗斯民族文化的信心,背叛了苏共(布)以及苏联社会主义。[1]在这种情况下,苏共(布)政权丢失、苏联改旗易帜只是一个时间问题。

对于中国来说,中国共产党人从一开始就非常重视文化发展。毛泽东指出:"文化是反映政治斗争和经济斗争的,但它同时又能指导政治斗争和经济斗争。文化是不可少的,任何社会没有文化就建设不起来。"[2]从中国共产党建立到新中国成立的28年时间里,革命斗争构成党的中心任务。但是,革命斗争不仅仅是政治斗争和军事斗争,还有文化战线上的斗争。毛泽东深刻指出,中国革命要想取得胜利,"首先要依靠手里拿枪的军队","但是仅仅有这种军队是不够的,我们还要有文化的军队,这是团结自己、战胜敌人必不可少的一支军队"。[3]坦率地讲,在中国革命时期,中国共产党人巧妙地把"笔杆子和枪杆子"紧密地结合起来,以建立"中华民族的新文化"作为党的奋斗目标,以历史唯物主义的态度对待古今中外文化,打造出了具有"中国作风"和"中国气派"的新民主主义文化。新中国成立后,毛泽东又提出"百花齐放百家争鸣"的方针政策,使我国文化发展获得前所未有的繁荣。改革开放,虽然把我国的工作重心转移到经济建设上来,但文化建设始终没有松懈。比如,邓小平同志提出"两手抓,两手都要硬";江泽民同志提出"建设面向现代化、面向世界、面向未来的,民族的科学的大众的社会主义先进文化";[4]胡锦涛同志提出:"建设和谐文化"和"建设社会主义文化强国";习近平同志提出文化"双创性"发展,等等。可以看出,我国的文化发展始终与我国的经济社会发展并肩前行。也正是因为党和人民基于历史唯物主义对文化发展的正确认识和高度重视,在实现中华民族伟大复兴的实践中积淀出丰富的文化成果和深厚的文化力量,从而形成强大的文化自信。习近平总书记说:"文化自信,是更基础、更广泛、更深厚的自信,是更基本、更深沉、更持久的力量。"[5]有了文化自信,"我们就能毫无畏惧面对一切困难和

---

〔1〕[美]大卫·科兹:《来自上层的革命——苏联体制的终结》,曹荣湘等译,中国人民大学出版社2002年版,第3页。

〔2〕《毛泽东文集》(第3卷),人民出版社1996年版,第109-110页。

〔3〕《毛泽东文集》(第3卷),人民出版社1996年版,第847页。

〔4〕《江泽民文选》(第3卷),人民出版社2006年版,第400页。

〔5〕《习近平谈治国理政》(第2卷),外文出版社2017年版,第349页。

挑战，就能坚定不移开辟新天地、创造新奇迹"。[1]文化自信是新时代我国文化软实力提升的充分展示，是助力中华民族伟大复兴的深刻体现，它为中国人民更加坚定马克思主义信念，继续坚持走中国特色社会主义道路、理论、制度和文化发展注入了强大的信心和力量。

五、从人民群众创造历史看文化自信

历史唯物主义基本原理之五：人民群众创造历史。人民群众是历史的创造者，也是生产和创造文化的主体，并在生产和创造文化的过程中逐渐形成文化自信。文化自信是人民群众在文化生产和建设过程中逐渐形成的一种良好状态。习近平总书记提出："要从建设社会主义文化强国的高度，增强文化自觉和文化自信。"[2]这深刻说明，文化自信来自于人民群众对文化生产的认知和感受，以及文化成果给人民群众带来的满足。没有人民群众，没有人民群众对文化生产的认知和感受，就不可能有文化自信。树立文化自信，必须深刻认识文化与人民群众之间的辩证关系，坚持以人民为中心的发展思想。

（一）从文化与人民群众之间的辩证关系看文化自信

从文化与人民群众之间的辩证关系看，人民群众需要文化，而文化也需要人民群众，人民群众是文化生产的源头活水。如果离开了人民群众，文艺就成了"无根的浮萍、无病的呻吟、无魂的躯壳"。[3]在中华民族五千多年的历史长河中，中华儿女通过辛勤劳动和自力更生，不仅创造了雄厚强大的物质文明，还创造了博大精深的精神文明，这些文明构成了中华民族最深厚的文化底蕴。近代中国人民抵抗外辱与救亡图存的运动，把马克思主义先进文化与中华优秀传统文化有机融合，创造出振奋人心、高亢宏伟的革命文化，深刻反映出中国人民不屈不挠、顽强拼搏、奋发图强的精神面貌，激励着中国人民继续勇敢地向前迈进。新中国成立后，在社会主义探索和中国特色社会主义实践中，中国人民继续把中华优秀传统文化、革命文化和马克思主义

---

[1] 《习近平谈治国理政》（第2卷），外文出版社2017年版，第349页。
[2] 习近平：《在文艺工作座谈会上的讲话》，人民出版社2015年版，第25页。
[3] 中共中央宣传部：《习近平总书记系列重要讲话读本》，学习出版社、人民出版社2016年版，第199页。

先进文化与社会主义探索和中国特色社会主义实践紧密结合，创造出科学的、现代化的和世界性的社会主义先进文化。社会主义先进文化不但指引着中国人民全面建成小康社会，完成中华民族伟大复兴，而且向世界人民贡献中国智慧和中国方案，共同致力于人类命运共同体的构建。由此可见，不论是中华优秀传统文化、革命文化还是社会主义先进文化，都是人民群众创造的，都是取材于人民群众在社会生产过程中的点点滴滴。

文化对人民群众具有反作用，一定的文化状态影响人民群众文化自信的形成。人总是离不开一定的群体和文化。一个单独的人不可能在社会上生存下去，也不可能创造出一种文化来。文化是人民群众集体智慧的结晶，即文化是人民群众创造的。人民群众不仅创造出文化，反过来也受到文化的影响和塑造。文化从一开始就表现为人民群众的生活方式、生产方式和行为习惯等，而人民群众的生活从一开始也表现为有一定文化程度的生活。事实上，文化的产生过程就是人民群众自我改造、自我革新和自我发展的人的进化过程的生动反映。著名人类学家蓝德曼感叹："人类生活的基础不是自然的安排，而是文化形成的形式和习惯。正如我们历史地所探究的，没有自然的人，甚至最早的人也是生存于文化之中。"[1]文化对人民群众的影响具有普遍性和整体性特征。只有符合人民群众整体或普遍需要的文化才被人民群众选择和创造出来，而这种文化一旦创造出来，一个群体内的每一个成员都要受到这种文化的普遍影响或普遍制约。由于受到社会生产力发展的影响，一定时期的文化并不可能一直保持着进步性，一直符合人民群众的需要。只有符合生产力发展水平的，与时代同步的文化才是先进的文化。这种先进的文化对于人民群众而言，就像"蓝天上的阳光、春季里的清风一样，能够启迪思想、温润心灵、陶冶人生"。[2]只有这样的先进文化才能给人民群众带来生活和事业上的信心。所以，文化自信是人民群众对优秀文化、先进文化的自信。就当代中国而言，文化自信是对中华优秀传统文化的自信，革命文化的自信，社会主义先进文化的自信。

---

〔1〕［德］蓝德曼：《哲学人类学》，彭富春译，工人出版社1988年版，第260~261页。
〔2〕中共中央宣传部：《习近平总书记系列重要讲话读本》，学习出版社、人民出版社2016年版，第200页。

（二）从坚持以人民为中心的发展思想看文化自信

从坚持以人民为中心的发展思想看，人民群众生产文化就是为了满足人民群众的需要。人作为社会性的动物，除了具有生物性的一般需要之外，还具有作为人的特殊需要。虽然物质需要是人作为生物性的一般需要，但是物质需要只能从量的方面满足人作为一般存在物的基本需要。人民群众进行社会生产活动，并不仅仅是物质需要的生产活动，还有精神需要的生产活动。精神需要生产是人民群众在物质需要生产基础上的一种更高的生产境界，是人类与动物的本质性区别。文化生活水平的追求和提升是人民群众超越基本的物质需要的一种最高境界，是人民群众追求更高层次的精神生活的深刻体现。诚然，要想创造出高水平的文化就必须依靠人民群众，发挥出人民群众的首创精神。依靠人民群众就必须让每一个人都参与到文化的生产和创造中，保证文化自信是每个人的自信。只有这样才能最大限度地调动人民群众的积极性和自觉性，激活每个人的创造性，实现高水平、高境界的文化生产和创造。文化生产和创造离不开从人民群众的日常生活中获取文化素材。"艺术源于生活但又高于生活。"只有来自人民群众日常生活的文化才能代表人民群众的声音，反映人民群众的精神面貌，为人民群众所接受和欣赏，成为人民群众热爱生活、奋斗不止的力量源泉。

人民群众创造文化，不仅依靠人民群众，其创造出来的文化成果也是由人民群众共享的。文化共享就是要尊重文化成果分配上的公平和公正，体现人人平等原则。一方面要深刻认识到人民群众生产和创造文化的目的就是为人民群众服务，为改善广大人民群众的精神生活，满足人民群众日益增长的美好生活的需要。文化生产既是一项公益性事业，也是一项文化产业。在社会主义市场经济条件下，文化既是推动经济社会发展的重要手段，又是社会文明进步的重要目标；既是凝聚人心的精神纽带，又直接关系民生幸福。文化生产要深刻认识文化属性，抓好经营性文化产业和公益性文化事业两翼齐飞，使两者真正达到为人民群众服务的高度。另一方面要保证文化成果由人民群众共享。文化成果由人民群众共享，是社会主义优越性的根本体现。社会主义国家是人民当家作主的国家，人人都是国家的主人。在社会主义国家，人人都是文化的生产者，也是文化成果的享受者。文化成果由人民群众共享，就是要保障人民群众享有文化成果的权利和机会，保证人民群众的创造力得到充分发展，从而实现文化成果的最大共享。

第三节 文化自信的马克思主义哲学旨归

我国的文化自信既是源于对马克思主义哲学基础的把握，也是源于马克思主义哲学方法论的科学指导。如果没有马克思主义传入中国，如果没有中国共产党对马克思主义的坚定信念，如果没有人民群众的智慧和力量，五千多年优秀的中华传统文化就不可能重放光彩，久经考验的革命文化就不可能被大力弘扬，引领人类进步发展的社会主义先进文化就不可能得到广泛认同和传播。这些都是构成文化自信的根本性条件。从马克思主义哲学基本内容视域看，我国的文化自信实质上就是马克思主义的自信、中国共产党的自信，以及中国广大人民群众的自信。

一、文化自信是马克思主义的自信

当代中国的文化自信既不是一个抽象的文化价值理念问题，也不是一个单称直线式发展的文化复归问题，而是一个基于马克思主义的立场、观点、方法，对近代中华民族历史进行扬弃的现代化重构和超越的问题。习近平总书记说："坚定文化自信，离不开对中华民族历史的认知和运用。"[1]我国的文化自信是马克思主义与近代中国社会变革发展的历史逻辑和实践逻辑辩证统一的结果。自鸦片战争开始，古老的中华文明的弱点暴露之后，中国人民就从此踏上了寻求民族复兴之路。在民族复兴的过程中，虽然付出的代价很沉重，但换来的结果令人痛惜。为什么一直充满自信的中国人屡次以为取得民族复兴的"真经"却屡次没能变成"真金"呢？这种"强国者（以西方文明为代表的现代文化）不能立国，而立国者（中国传统文化）又不能强国"[2]的深刻矛盾长时间成为笼罩在中国人民头上挥之不去的乌云。然而，苏联的十月革命送来马克思主义之后，中国命运发生了质的改变。中国共产

---

[1]《习近平谈治国理政》（第2卷），外文出版社2017年版，第351页。
[2] 武克全：《现代化扩展中的世界与中国》，学林出版社1999年版，第431页。

党在马克思主义的指导下,带领中国人民将马克思主义基本原理和中国国情相结合,找到了在中国进行新民主主义革命、社会主义革命、改革开放新的伟大革命的正确道路。这三次伟大革命不仅使中国人民站起来、富起来,并迈向强起来的道路,而且还找到了适合中国国情的中国特色社会主义道路、理论、制度和文化。中国特色社会主义道路、理论、制度和文化把社会主义发展的普遍规律与我国处在社会主义初级阶段的特色社会主义建设规律结合起来,创造性地解决了人类历史上想解决而一直未能解决的难题,为人类真正走向一个和平、自由、平等、繁荣富强和幸福美满的理想型社会开辟了一条崭新的道路。

那么,为什么马克思主义与中国的碰撞能产生这么大的火花?其主要原因就是马克思主义与中华文化融合所产生的化学效应。一方面,马克思主义与中华文化的融合,实现了马克思主义中国化、时代化和大众化,把马克思主义蕴藏的"真金白银"真正地提炼了出来,从而形成马克思主义中国化理论成果,进入中国人民的骨子里,成为中国人民精神上的"钙"。习近平总书记说:"对马克思主义的信仰,对社会主义和共产主义的信念,是共产党人的政治灵魂,是共产党人经受住任何考验的精神支柱。"[1]这鲜明地表明了马克思主义是立党立国立民立信之本,是中国革命、建设和改革取得成功的"法宝",是引领中国特色社会主义伟大事业不断向前发展的"真经"和"真金"。对马克思主义自信,就是对一系列马克思主义中国化理论成果的自信,对中国特色社会主义道路、理论、制度和文化的自信。另一方面,马克思主义与中华文化的融合,为中华文化现代化提供了源头活水,在马克思主义先进文化引领下,中华文化从书斋走向社会、从知识分子走向广大群众、从传统形态走向现代形态、从中国本土走向世界舞台,实现中华文化的现代化创新和发展,使中华民族的文化传统在社会主义现代化进程中焕发出强大生命力,不仅激发出强烈的民族精神,还融汇了强大的时代精神。中华文化的现代化进程就是在马克思主义先进文化指导下,对中西文化、传统文化与现代文化进行交融、重组、再生的过程。中国人民选择马克思主义,不仅实现了

---

[1] 中共中央文献研究室编:《十八大以来重要文献选编》(上),中央文献出版社2014年版,第80页。

马克思主义中国化、时代化、大众化，而且实现了中华文化现代化。中国人民在实现中华民族伟大复兴道路上的成功，正是马克思主义和马克思主义中国化的成功，中国人民对中华文化充满自信，正是对马克思主义和马克思主义中国化充满自信。

二、文化自信是中国共产党的自信

"没有共产党就没有新中国"，在这里可以说，没有共产党就没有当代中国的文化自信。对于中国共产党来说，文化自信不仅是一个文化领域里的认识论问题，而且是一个政治领域里的意识形态问题。中国共产党诞生在一个需要文化自信的时代，同时又在文化自信的感召下担当起中华民族伟大复兴的大任，起到对文化自信的坚定和引领的作用。正是因为中国共产党有这份责任担当和对文化自信的执着和始终如一，中华民族才会走出近代中国任人宰割的历史迷宫，中华文化才能重现昔日辉煌，中国人民的文化自信才被重新找回。

（一）中国共产党诞生于文化自信的需要

虽然中国共产党的诞生是各种历史因素共同作用的结果，但在这其中文化自信的催生力量具有很重要的作用。鸦片战争之后，虽然中华民族饱受摧残，但并没有摧垮中华民族的脊梁。一批又一批的有志之士踏上寻求中华民族文化自信出路的征程。特别是在五四运动前后，无论是从文化自信的经济基础中（比如通过船坚炮利、工业商业），还是文化自信的上层建筑中（比如通过议会宪政、德先生和赛先生）都进行过重振中华民族文化自信的尝试。这些尝试虽然都具有强烈的民族意识和浓厚的爱国情结，但都不具有鲜明的政治意识和政治立场，达不到文化自信的真正目的。而五四运动的爆发，中国的无产阶级登上历史舞台之后，中国人民终于看到，文化自信的重振必须有先进阶级和先进文化的指引。于是，中国共产党在重振中华民族文化自信的呼声中应运而生。中国共产党既是先进文化（马克思主义文化）的代表，又是中华民族文化自信的新生力量（中国人民和中华民族的先锋队）。中国共产党把文化变革与政治革命看成是辩证统一的整体。早期的马克思主义导师李大钊就把马克思主义革命运动看成是一场文化变革运动。李大钊曾说："我总觉得布尔扎维主义的流行,实在是世界文化上的一大变动。"[1]受其影响,毛泽东立志要"从哲学、伦理入手,改造哲学,改造伦理学,根本上变换全国之思想",并在长沙创办"文化书社",希望通过文化上的变革,"使世界发生一种新文化"。[2]毛泽东还坚信:"那种资产阶级文化,一遇见中国人民学会了的马克思主义列宁主义的新文化,即科学的宇宙观和社会革命论,就要打败仗。"[3]中国共产党把马克思主义文化革命作为重振中华民族文化自信的思想先导,扛起了文化自信的大旗,在中国大地上进行了一场轰轰烈烈的文化自信运动。

(二) 中国共产党担当起重振文化自信的大任

中国共产党能力挽狂澜,担当起中华民族重振文化自信的大任,其主要原因就是,中国共产党为中华文化注入了新鲜血液,激活了中华文化的生命活力,成为中华民族文化自信的精神源泉。任何一个民族都拥有体现自身价值的"文化标识"和"文化基因"。这些"标识"和"基因"就是该民族能够绵延不绝的精神支柱,就是该民族文化自信的深刻体现。中华民族有"大道之行也,天下为公"的理想信念;有"临患不忘国"的家国情怀;有"拼将十万头颅血,须把乾坤力挽回"的英雄气概;有"为天地立心,为生民立命,为往圣断绝学,为万世开太平"的济世治世精神。然而,这些代表中华民族文化自信的"标识"和"基因"在中国沦为半殖民地半封建社会后却荡然无存。而唯有中国共产党人始终坚信"中国至于今日,诚已濒于绝境,但一息尚存,断不许吾人以绝望自灰","苟吾四亿同胞之心力,……已足以雄视五洲威震欧亚矣"。[4]这就是中国共产党对中华民族文化自信的坚定不移。

中国共产党就是在坚定中华民族文化自信的基础上,对中华民族文化进行创造性改造和运用,在"星星之火可以燎原"的革命气势中,形成了诸如红船精神、井冈山精神、长征精神、延安精神、西柏坡精神等体现革命精神的革命文化,以及在社会主义建设和改革开放的进程中形成了诸如社会主义

---

[1]《李大钊文集》(第3卷),人民出版社1999年版,第5页。
[2]《毛泽东早期文稿》,湖南出版社1990年版,第86页、第498页。
[3]《毛泽东选集》(第2卷),人民出版社1991年版,第696~697页。
[4]《李大钊文集》(第1卷),人民出版社1999年版,第140页、第168页。

核心价值观、解放思想、实事求是、与时俱进、开拓创新，发展面向现代化、面向世界、面向未来的民族的科学的大众的社会主义先进文化。革命文化是中华优秀传统文化精髓的凝聚升华，是中华民族对民族独立、国家富强和人民民主自由的价值追求，是中国共产党将理想信念与民族复兴大业有机统一的历史探索，是中国革命胜利的文化支撑和强大动力，是中华民族文化精神的薪火相传。社会主义先进文化代表着时代前进的方向，"不失方向，方能引领未来"。在马克思主义和中国化马克思主义指导下，中国共产党探索发展出社会主义先进文化，走出一条坚持和而不同的发展道路，深刻体现着中国特色社会主义的独特优势。革命文化和社会主义先进文化与中华优秀传统文化是一脉相承的辩证统一体，它们贯通中华民族文化自信的过去、现在与未来，共同筑起中华民族文化自信的雄伟大厦。因此，习近平总书记很自豪地说："当今世界，要说哪个政党、哪个国家、哪个民族能够自信的话，那中国共产党、中华人民共和国、中华民族是最有理由自信的。"[1]

三、文化自信是人民群众的自信

从唯物史观讲，历史是由人民群众创造的，同样，历史上的文化也是由人民群众创造的，实际上文化是人民群众创造历史的缩影。人民群众创造文化，本无优劣贵贱之分。由于人民群众受到历史条件的影响，不同地域不同时代的人民群众所创造的文化各有千秋，自古传承下来，文化就具有了多样性、历史性和地域性的特征。特别是一种文化被打上某一群体或民族的烙印之后，这种文化就被视为这个群体和民族的血脉和精神家园，成为这个群体和民族特有的身份标志和价值标识，伴随或引领这个群体或民族的生存与发展。文化就是在与人类历史的接力中通过一代又一代的传承、创造、创新和发展，如同涓涓细流一样永不干涸，永葆生机活力。文化的传承、创造、创新和发展的主体就是人民群众。文化自信是人民群众在对自身文化的传承、创造、创新和发展中对于具备这种能力的一种优越感和自豪感，对自身文化价值的一种充分肯定，以及对自身文化所具生命力的一种信念和信心。因此，

---

[1]《习近平谈治国理政》（第2卷），外文出版社2017年版，第36页。

在文化传承、创造、创新和发展过程中所产生的文化自信实际上就是人民群众的自信。

(一) 文化自信源自人民群众对中国传统文化的创造性继承和发展

文化自信建立在有深厚底蕴的文化基础之上，没有深厚的文化底蕴就不可能树立坚定的文化自信。而深厚的文化底蕴又是依靠文化的不断延续、积累和发展汇聚而成的。文化自信实际上是一种文化底蕴的展示和文化创造力的凸显。中华民族文化是世界上唯一一个没有发生断裂并延续发展至今的文化，这种顽强的生命力和发展潜力是中国人民赖以生存的基本力量，也是中国人民引以为荣和充满自信的底气。但是要看到，中华民族能够完整地延续下来，靠的是中国人民对它的自觉践行。因为文化是人民群众的实践性创造物，文化本身不可能自发地产生、延续和发展，文化必须依靠人民群众的自主性、自觉性、实践性、创造性的发挥和运用才能获得延续性发展。人民群众对文化的践行，不仅丰富了文化的思想内容，厚实和坚固了文化自信的根基，而且哺育和滋养了历代中国人民，颂扬着人民群众的精神相貌，激励着人民群众勇往直前。中国人民的勤劳智慧，创造出了绚丽多彩且饱含生命力的民族文化。诸如"德以柔中国，刑以威四夷""行己有耻""克己复礼""克明峻德""穷且弥坚""先天下之忧而忧，后天下之乐而乐""民为邦本，本固邦宁""天地之间，莫贵于人"等，已成为中华民族世代相传的文化基因，当然也成为中华民族文化自信的根基。

这些优秀的文化基因是人民群众在创造历史的过程中对历史上的文化所进行的一种扬弃式的吸收和发展。由于文化是对社会存在的一种反映，是随社会存在一起发展和变化的，同样文化自信也随着文化的发展和变化而存在不同的状态。能够传承下来的优秀传统文化是经过人民群众的创造性转化和创新性发展的，是满足人民群众的需要，符合时代发展的需要的。应该看到，优秀传统文化的传承者是人民群众，在继承过程中实现创造性转化和创新性发展的担当者也是人民群众。只有依赖人民群众的智慧和力量，这些优秀传统文化才能传承、突破和发展，才能保持旺盛的生命力，形成和巩固我们文化自信的根基。

(二) 文化自信是源于人民群众对革命文化的创造性弘扬

吐故纳新的红色革命文化是中国民族文化自信之脉。中国共产党带领中国人民在近代中国革命斗争中共同创造形成的以革命理论、革命精神和优良传统为主要内容的革命文化,是对中华民族革命斗争岁月的深刻反映和高度凝练,是对民族传统文化精髓的高度吸纳和灵活运用。革命文化在中华民族文化链条中起到承上启下的衔接作用,它既传承了中华优秀传统文化,又引领了社会主义先进文化,构成中华民族文化自信的深厚根基。革命是近代中国人民群众积极投身社会变革的主旋律,革命不仅需要科学的理论指导,还需要高亢、热情饱满的精神力量来鼓舞、壮胆和打气。毛泽东说:"革命文化,对于人民大众,是革命的有力武器。革命文化,在革命前,是革命的思想准备,在革命中,是革命总战线中的一条必要和重要的战线。"[1]中国共产党带领中国人民在革命实践中,创造并形成了"开天辟地、敢为人先"的首创精神,"自强不息、百折不挠"的奋斗精神,"自力更生、艰苦创业"的开拓精神,"视死如归,舍生取义"的牺牲精神等许多可歌可泣的革命精神。这些革命精神彰显了革命文化的先进本质,成为中华民族弥足珍贵的精神财富。在中国社会主义建设和改革开放的实践中,革命文化得到人民群众的传承、融合、发展和弘扬,红船精神、井冈山精神、长征精神、延安精神、西柏坡精神等一大批革命文化精神在新时代中国特色社会主义伟大实践中得到挖掘和诠释,形成了具有新时代特征的民族精神和时代精神,人民群众在自觉接受这些革命精神的洗礼中汲取战胜改革开放各种艰难困苦的信心和力量。

(三) 文化自信源自人民群众对社会主义先进文化的选择性认可

社会主义先进文化是中国共产党带领中国人民群众在探索中国特色社会主义实践中逐渐形成的一种具有马克思主义性质的先进文化。社会主义先进文化虽然形成于中国特色社会主义实践,但它继承和发展了中华传统文化和革命文化中的思想精髓,汲取了世界优秀文化中的有利因素,既是民族科学大众的,又是面向世界和未来的先进文化。社会主义先进文化与中华民族优秀文化、革命文化一脉相承,具有浓厚的民族性特征。社会主义先进文化坚

---

[1]《毛泽东选集》(第2卷),人民出版社1991年版,第708页。

持马克思主义先进文化的指导,正确反映人类社会的本质和发展规律,具有鲜明的科学性特征。社会主义先进文化是中国人民在新时代实现全面建成小康社会的精神力量和价值追求,它是面向、依靠和服务于人民群众的大众文化,具有明确的人民性特征。社会主义先进文化因满足人民群众对美好生活的精神需求,获得人民群众的选择和认可,从而成为构筑新时代软实力内容的文化自信。

(四)文化自信源自人民群众对世界优秀文化的借鉴性吸纳

文化自信不仅是对自身文化价值和生命力的内在自信,还有对自身文化在参与世界文化交流和竞争中,对世界各种民族文化采取包容、接纳和借鉴的外在自信。马克思曾指出,人类社会进入"世界历史"以后,人和人创造的一切都终究被纳入到"世界历史"中去。意即全球化的普遍性和必然性使每一个事物在现实中都不可能作为一个孤立的存在。每一种民族文化只有在与其他民族文化的交汇中才能表现出自己的民族性特征,发现和发挥出自己的文化优势,从而建立自己的文化自信。一个充满自信的民族文化是不惧怕参与全球化的各种文化竞争的,也不惧怕对外来文化的包容和接纳。包容和接纳外来文化恰恰反映了人民群众对自己文化所持有的高度自信。对外来文化的包容能够揭示出自身文化海纳百川、有容乃大的宽广胸襟;对外来文化的接纳能够揭示出自身文化谦恭谦逊的高尚品格。只有这样的文化才能进入全球化文化领域,获得世界人民的赞赏、认可和信任,在与世界文化的交流中消除文化自卑和自负心理,为文化自信的建立扫除障碍。

对外来文化的包容和接纳不是盲目的、一概而论的,而是人民群众在知彼知己的高度自觉下予以取舍,发现其有利于自身文化发展的养分为我所用。在全球化时代,对外来文化的包容和接纳是相互的,你包容接纳了别人,也说明别人包容接纳了你。文化的包容和接纳正是世界人民追求和实现世界文化一体化的重要体现和必然趋势。中国人民始终坚持"一花独放不是春,百花齐放春满园"的全球视野,在世界文化多样化的交流中求同存异,互利共赢,共同达到"各美其美、美人之美、美美与共、天下大同"的文化自信的美好境界。

第三章
文化自信的基本要义

文化自信包含许多要义。从词义上看，文化自信是对文化的自信，而不是对其他方面的自信，也不是对文化的其他方面的自信。从特征上看，文化自信受文化的特质影响，以及人的主体差异性影响，表现出不同的属性类别。从历史演进看，文化自信不是一蹴而就的，是基于对一定社会发展的准确把握确立并坚定起来的。只有厘清文化自信的基本要义，才能真正明白为什么要拥有文化自信，为什么要确立和坚定文化自信。

第一节 文化自信的基本概念

文化自信是"文化"和"自信"两个词的组合词，了解文化自信就必须对文化和自信有一定的认识和把握。文化自信从广义上说是文化主体对自身文化价值的一种肯定，对自身文化生命力的一种坚定、执着和期待。每一个民族都有代表本民族特征的文化，每一个民族成员都应该对自己的民族文化充满敬意、爱戴和守护，对自己民族文化的发展前景充满希望和信心。从狭义上讲，我们所说的文化自信就是指中国特色社会主义文化自信。

一、再议文化的本质

关于文化概念或文化内涵的讨论已经是老生常谈了，从历史考证看，现在有关文化的定义已经超过 200 种。美国学者克洛伯（A. L. Kroeber）和克拉克洪（Clyde Kluckhohn）在其《文化：关于概念和定义的评论》一书中共收集了166种有关文化定义的词条。[1]这一现象说明"文化"一词虽然常常被谈起,但每次谈论仍然显得很有必要。特别是对于文化自信来说,对文化的讨论依然是一个绕不开的话题。

许多学者认为,第一个对文化做出定义的是英国人类学家泰勒。他在《原始文化》一书中给文化下了这么一个定义:"所谓文化或文明乃是包括知识、信仰、艺术、道德、法律、习俗,以及包括作为社会成员的个人而获得的其他任何能力、习惯在内的一种综合体。"[2]泰勒对文化的定义对当时乃至后来的学者产生了深远的影响,以此为起点拉开了对文化概念研究的序幕。随后,文化学、人类学、文化人类学、民俗学、民族学等一大批与文化有关的学科相继兴起和发展,产生出许多文化研究领域的专家和学者。包括以狄尔泰、斯宾格勒、汤因比等为代表的人文传统派文化研究者,也包括以马林诺夫斯基、博厄斯、本尼迪克特等为代表的实证传统派文化研究者。

探讨文化的概念和内涵,一般都是引用西方学者的观点。实际上,从中国传统文化的角度去审视"文化"一词,其词源和语义历史远远早于西方国家。汉语中"文化"一词最早可以追溯到《论语》中的记载:"周监于二代,郁郁乎文哉。"其中的"文"字就有今天"文化"一词的含义。《周易》中对"文化"一词也有阐述:"观乎人文以化成天下,言圣人观察人文,则诗书礼乐之谓,当法此教而化成天下也。"把"文"和"化"两个字作为一词进行阐述的最早见于西汉刘向《说苑·指武》:"圣人之治天下,先文德而后武力。凡武之兴,为不服也;文化不改,然后加诛。"这里所说的"文化"就是指以文化人、以文育人的意思,属于当今"文化"内涵的一个重要内容。除此之外,汉代荀悦有"宣文教以张其化,立武备以秉其威"之说,南朝萧统有"言以文化辑和于内,用武德加于外远"之说,南齐王融有"设神理以景俗,敷文化以柔远"之说。在中国古代,"文化"一词具有与武治(法治)相对应的文治教化(仁政)或礼乐典章制度的内涵。事实上,中国传统文化中的"文化"一词,不论从词义上还是功能上,都远比西方的"Culture"要丰富得

---

[1] Alfred Louis Kroeber, Clyde Kluckhorn, *Culture: A Critical Review of Concepts and Definition*, New York: Kraus Reprint Corporation. 1952.

[2] [英]泰勒:《原始文化》,蔡江浓译,浙江人民出版社1988年版,第1页。

多，深刻得多。从中国传统文化中去发掘和发现"文化"的历史源流和社会价值，可能会改变对"文化"一词的思维定式，彰显出中国传统文化的时代魅力，这需要学术界和理论界对中国传统文化中的"文化"做出进一步的研究。

那么，文化到底是什么？目前社会普遍认同的是，文化具有广义和狭义之分。广义的文化就是人类创造的一切成果。它包括物质文化、制度文化和观念文化这三种基本形态。这种观点认为，文化是人创造的，没有人就没有文化。而人又生活在文化之中，人又是文化的人，如果一个人没有一定的文化就谈不上是一个真正的人。德国著名人类学家蓝德曼指出："人类生活的基础不是自然的安排，而是文化形成的形式和习惯。正如我们从历史中所探究的，没有自然的人，甚至最早的人也是生存于文化之中。"[1]他还说："我们是文化的生产者，但我们也是文化的创造物。"[2]同样是德国人类学家的舍勒也认为："每一个人首先为文化所塑造，只是其后，他或许也成为一个文化的塑造者。"[3]人和文化是一个相互作用的联合体，如果把人和文化割裂开来，既不能正确理解文化也不能正确理解人。广义的文化也可以理解成"人化"，是人的主体性或本质力量的对象化。狭义的文化是指人类创造的精神财富的总和，是人的精神生产能力或精神产品的展示，其主要包括风俗、习惯、观念、艺术、信仰、道德、价值、规范、宗教、哲学等。美国学者伯恩认为，文化是"作为一个特定社会或民族所持有的一切行为、观念和态度"。[4]我国学者胡适认为，文化是"一种文明所形成的生活的方式"。[5]梁漱溟认为，文化是"人类生活的样法"。[6]文化对于人的生活世界来说，的确是最深层的东西，是人的活动在历史长河中自觉或不自觉地留下的最具有人的品位的东西。

---

[1] [德]蓝德曼：《哲学人类学》，彭富春译，工人出版社1988年版，第261页。
[2] [德]蓝德曼：《哲学人类学》，彭富春译，工人出版社1988年版，第264页。
[3] [德]马克思·舍勒：《哲学人类学》，魏育青等译，北京师范大学出版社2014年版，第217页。
[4] [美]C.伯恩、M.伯恩：《文化的变异》，杜杉杉译，辽宁人民出版社1988年版，第29页。
[5] 《胡适选集》，天津人民出版社1991年版，第188页。
[6] 罗荣渠：《从"西化"到现代化》，北京大学出版社1990年版，第58页。

真正揭示出文化本质的是马克思主义。马克思主义认为，文化是人的社会实践的结果，也就是说文化的产生离不开人的社会实践。文化是人创造的观点无可厚非，但是要看到人是处在一定社会实践中的人，文化是人在社会实践中直接或间接、自觉或自发地为适应和改造自己生存的环境而进行的精神生产的产物。人在社会实践中受到物质资料生产方式的制约，同样文化也是如此。文化生产不仅依赖于人，更依赖于一定的物质资料生产方式，物质资料生产方式在文化生产中起到决定性的作用。马克思曾说："从物质生产的一定形式产生：第一，一定的社会结构；第二，人对自然的一定的关系。人们的国家制度和人们的精神方式由这两者决定，因而人们的精神生产性质也由这两者决定。"[1]文化不能脱离人的实践，也不能脱离人在实践中所形成的经济关系和政治关系，否则文化就成为纯粹的主观自生的东西。恩格斯也说："每一历史时期的观念和思想也可以极其简单地由这一时期的经济的生活条件以及由这些条件决定的社会关系和政治关系来说明。"[2]文化是相对于经济和政治而言的，有什么样的经济和政治就有什么样的文化。比如不了解古希腊的经济和政治，就很难理解古希腊文明；不了解近代欧洲的经济和政治状况，就对欧洲的文艺复兴感到匪夷所思；如果没有近代中国落后的经济和腐朽的政治，就没有近代中国文化之争和新文化运动。近代中国的文化变革不是单纯的文化运动和文化革新，而是包括经济和政治在内的整个中国社会大变革的深刻反映。一定社会的文化现象仅从文化自身不可能找到真正的答案。一定社会的文化一定是这个社会的生产方式、经济形态以及政治制度决定的。基于此，毛泽东对文化下了一个准确的定义："一定的文化（当作观念形态的文化）是一定社会的政治经济的反映，又给予伟大影响和作用于一定社会的政治和经济。"[3]

马克思主义文化观为我们认识文化的本质，以及坚持和发展什么样的文化，怎样坚持和发展文化提供了科学的方法论指导。党的十五大明确提出，我们要建设的文化就是"建设有中国特色社会主义的文化，就是以马克思主

---

[1]《马克思恩格斯全集》（第33卷），人民出版社2004年版，第346页。
[2]《马克思恩格斯选集》（第3卷），人民出版社1995年版，第335页。
[3]《毛泽东选集》（第2卷），人民出版社1991年版，第663页。

义为指导，以培养有理想、有道德、有文化、有纪律的公民为目标，发展面向现代化、面向世界、面向未来的，民族的科学的大众的社会主义文化"。[1]党的十九大再一次明确重申："发展中国特色社会主义文化，就是以马克思主义为指导……发展面向现代化、面向世界、面向未来的，民族的科学的大众的社会主义文化。"[2]中国特色社会主义文化与科学社会主义在本质上是一致的。实质上，中国特色社会主义文化就是以马克思主义为指导的，与社会主义基本经济制度和政治制度相适应的一种文化形态。

二、什么是自信

自信，在日常生活中是一个耳熟能详的词语。但是在实际生活中，有多少人能真正了解自信，真正树立自信，真正对自己的所作所为充满自信呢？自信，不论对于个人的茁壮成长，还是对于国家和民族的未来发展，都是非常重要的。哲学家克劳蒂娅曾说："自信对一个人一生的发展所起的作用，无论在智力上，还是在体力上，或是处世能力上，都有着基石性的作用，一个缺乏自信心的人，便缺乏在各种能力发展上的主动积极性。"[3]居里夫人也说："我们生活得都不容易，但是那有什么关系？我们必须有志向，尤其要有自信力！我们必须相信我们的天赋是用来做某种事情的，无论代价多大，这种事情必须做到。"[4]就是因为拥有坚定而执着的自信，才有毛遂自荐脱颖而出，布鲁诺视死如归，比尔·盖茨弃学从商，鲁迅弃医从文，发出了"我以我血荐轩辕"的誓言。就是因为拥有坚定而执着的自信，才有龚自珍的"青山处处埋忠骨，何须马革裹尸还"，李清照的"生当作人杰，死亦为鬼雄"，文天祥的"人生自古谁无死？留取丹心照汗青"，毛泽东的"红军不怕远征难，万水千山只等闲"等数不尽道不完的宏大诗篇，其所闪耀出的民族精神，一直激励着中华民族向着伟大复兴的目标前进。

---

[1] 江泽民：“高举邓小平理论伟大旗帜 把建设有中国特色社会主义事业全面推向二十一世纪”，载《人民日报》1997年9月13日。

[2] 习近平：《决胜全面建成小康社会 夺取新时代中国特色社会主义伟大胜利——在中国共产党第十九次全国代表大会上的报告》，人民出版社2017年版，第41页。

[3] 王志华、黄志能：《自信的力量》，中国言实出版社2012年版，第2页。

[4] 王志华、黄志能：《自信的力量》，中国言实出版社2012年版，第5页。

自信是当代中国人必须具有的一种心理品质。党的十八大以来，中国特色社会主义"四个自信"的提出和提升，中国人民更应该对"自信"一词进行准确的理解和把握。自信，从字词组合上讲，"自"是"自己，己身"[1]，"信"是"信从，信任"[2]，自信就是"自己相信自己"[3]。在英语中，自信有两个对应词，一是self-confidence，一是assertiveness。英语中的confidence来源于拉丁文的confidential，是指"信赖、相信"，"感到有把握的状态"，self-confidence就是"个体信赖自己或自己处境的一种情绪或自觉"[4]其近义词是self-assurance和self-trust。assertiveness是指"在人际交往过程中，向他人以直接的、诚实的方式表达自己的需要、欲求、情感、信念、观点，而无意伤害任何人的感情"[5]assertiveness的词义中含有一种过分自信的意思，常常作为一种沟通技巧来使用，特别是在高水平的人际交往和工作中，用这个词的效果可能会更好。

国外学者对"自信"的研究已有相当长的历史，所取得的成果也相当丰硕。但是出于不同的价值取向，研究者对"自信"概念的理解也不尽相同。以美国一些学者为例，其对自信的理解表现出各自不同的看法。美国著名社会心理学家马斯洛（Abraham Harold Maslow）认为，自信是"自尊需要的满足"，一旦自尊的需要受挫或得不到满足，"就会使人产生自卑感、软弱感、无能感，这些又会使人失去基本的信心"[6]美国加利福尼亚大学心理学家库珀斯密斯（Stanley Coopersmith）认为，自信是个体经常对自己保持一种好的评价状态，是对自己的能力、地位、成就及价值做出的一种具有肯定或赞赏性评价的心理表现。[7]美国学者杰克逊（Michael Richard Jackson）指出，自信既是人的内心深处稳定持久的一种人格倾向，也是人在善于处理周围环境

---

[1] 《辞海》，上海辞书出版社1979年版，第1893页。
[2] 《辞源》（第2册），商务印书馆1986年版，第211页。
[3] 《辞海》，上海辞书出版社1979年版，第1894页。
[4] 王同亿：《英汉辞海》，国防工业出版社1990年版，第1077~1078页。
[5] 毕重增：《自信品格的养成》，安徽教育出版社2009年版，第6页。
[6] [美] A. H. 马斯洛："人的动机理论（上）"，陈炳权、高文浩译，《经济管理》1981年第11期。
[7] S. Coopersmith, *The antecedents of Self-esteem*, San Francisco: Freeman, 1967.

时做出的一种自我评价状态。[1]美国著名心理学家罗森伯格（Morris Rosenberg）指出，自信是相信自己内心的愿望能够在实际行动中获得成功，是内心蕴藏的对自己行为活动能力的一种确信。[2]

国内也有一些学者对"自信"的概念及其内涵加以关注和研究。这其中最值得一提的就是我国著名心理学专家黄希庭教授提出的，自信是健全人格的重要组成部分[3]，他在主编的《简明心理学辞典》中将"自信"定义为："个体对自己的信任，表现为对自己的知识、能力、行为判断等有信心、不怀疑。"[4]在他的影响下，车丽萍秉承此研究取向，认为"自信是一个多维度概念，是自我意识的重要组成部分，它包含自我认知与评价、情感体验等成分，属于性格特征中个体对自己的态度范畴，与自我效能感、自尊等密切相关，并和自我概念中的能力、价值判断相关联"。[5]毕重增在秉承的基础上对"自信"做出系统的研究，他在《自信品格的养成》一书中认为："自信是一种自我之力，是肯定这种力量的意念，相信自己有力量，就可以用这种力量来捍卫自己的尊严。"[6]另外还有学者认为，自信就是指"一定主体对于自身的能力、价值等做出的肯定和确认，以及客观、积极的认知与评价"。[7]自信是"对自身能力与特点的肯定，意味着对自己的信任、欣赏和尊重，意味着胸有成竹，处事有把握。自信是最能展现气质由内而外发出信息的一种气场，是人们在实践中表现出来的一种自己相信自己的美好特征"。[8]

国内外学者对"自信"一词所持的不同观点，为我们今天对"自信"的研究提供了多维视域和丰富的素材。但是他们的贡献对于今天之于"自信"的诠释，特别之于中国人民在新时代对"四个自信"的掌握和提升是远远不

---

[1] M. R. Jackson, *Self-esteem and meaning: a life-historical investigation*, New York State University, 1984.

[2] M. Rosenberg, *Conveiving the self*, New York: Basic Books, 1979.

[3] 黄希庭："再谈人格研究的中国化"，载《西南师范大学学报》（人文社会科学版）2004年第6期。

[4] 黄希庭：《简明心理学辞典》，安徽人民出版社2004年版，第528页。

[5] 车丽萍：《自信心及其培养》，新华出版社2004年版，第6~7页。

[6] 毕重增：《自信品格的养成》，安徽教育出版社2009年版，第8页。

[7] 耿超：《中国特色社会主义文化自信论》，广西师范大学出版社2016年版，第21页。

[8] 于立志、辛怡：《交往八项修炼》，中国方正出版社2014年版，第31页。

够的。这其中需要重点挖掘的就是要从中华博大精深的传统文化中去寻找"自信"的源泉、内涵和力量。实际上在浩瀚的中华传统文化中,对"自信"一词的内涵和蕴意早就有过详细的记载和论述。在周代就曾有关于"自信"的记录。《文子》中有"中心其恬,不累其德,狗吠不惊,自信其情",《关尹子》中有"惟不诚之人,难于自信而易于信物"。虽然这两处的"自信"并非当今所指的"自信",但从词源上可以说明"自信"一词在中华传统文化中已经源远流长了。最早描述"自信"的是孔子所言:"吾心信其成,则无坚不摧;吾心信其不成,则反掌折枝之易亦不能。"这里的"信"寓有今天所指"自信"的基本含义,但严格地说还不具备今之"自信"的深刻内涵,它只是强调个体在从事某种活动时抱有必胜的信念。而真正具有今之"自信"之义的是《墨子·亲士》中的"君子进不败其志,内究其情;虽杂庸民,终无怨心,彼有自信者也"。这句话是说,君子在仕途上不论得志与不得志都不会改变自己的志向,如能达到此种境界,即使落魄为普通的民众,整天与民众为伍,也不会有自暴自弃之心,这是因为君子总是一个满怀信心之人。除此之外,与今之"自信"意义接近甚至等同的还有《〈战国策〉目录序》中的"则可谓惑于流俗,而不笃于自信者也"。《韩非子》中的"宁信度,无自信也"。三国曹操《举贤勿拘品行令》中的"吴起贪将,杀妻自信,散金求官,母死不归"。《旧唐书·卢承庆传》中的"朕今信卿,卿何不自信也"。清朝龚自珍《己亥杂诗》中的"勇于自信故英绝,胜彼优孟俯仰为"。特别是鲁迅在《中国人失掉自信力了吗》一文中认为,自信是一种能力和力量,它不仅为自我的成长带来精神动力,也能为民族带来觉醒和复兴。可以说鲁迅的这篇文章喊出了中国人骨子里"自信"的底气,也喊出了中华传统文化饱含"自信"的历史分量。

从马克思主义认识论讲,自信属于认识论的基本范畴。人的认识是后天形成的,同样,自信不是与生俱来的,而是在人的后天实践中逐渐形成的,是人的认识基于实践过程中对自身的能力、意志、品格、特长等整体性因素进行整合和考量所做出的积极性肯定的一种主观信念或心理定式。自信在人的生存和发展中起到非常重要的作用。人首先作为生物性的存在,在自然界中面对弱肉强食的自然选择时,必须要对自己的能力或力量做出积极的肯定,

第三章　文化自信的基本要义

这种对自我能力或力量的恰当评判和肯定，是构成自信的基本条件，同时也是人在成功挑战残酷的生存环境时产生的第一份自信。不仅如此，作为实践中的人，人对自己能力或力量等方面的自信是来自于在实践中的不断检验，并是在实践中不断地自我肯定的结果。人在社会实践中，伴随着对工具、语言，以及对他人、自我的认识和掌控，不但成为生物链上弱小生物的天敌，而且能把力量最大化成为一切生物的天敌，当然也包括人或人类自己。人在社会实践中必须对自我，以及对其他对象的能力做出准确的判断，这是人树立自信的动力之源。

自信是新时代中国人民精神风貌的强势回归。从近代鸦片战争以来，自信问题成为压在中国人民心头的一个重大的心理难题。近代中国人民自信的丧失，不是中国人民对自己作为"人"的自信的丧失，而是中国人民在道路、理论、制度和文化等的选择过程中对自身的能力和自身创造价值肯定性的一种丧失。然而对中国传统创造价值的全盘否定和对西方先进价值（中国人自以为是的）的全盘接纳，并没有改变近代以来中国人民自信问题的心理定式。直到马克思主义的传入，中国共产党的诞生，中国人民在马克思主义指导下，在中国共产党的领导下，成功地开辟了中国特色社会主义道路、理论、制度和文化等一整套新的民族复兴路径，才彻底解决了中国人民对自身的能力和自身创造价值的自信问题。今天，中国人民把中国特色社会主义伟大事业推进了新时代，这意味着"中华民族的面貌发生了前所未有的变化，中华民族正在以崭新姿态屹立于世界的东方"。[1]这深刻说明，今天，中国人民该是自信的时候了。今天中国人民的自信，不仅是对复兴中华民族曾经的历史辉煌，以及弘扬和践行中华民族精神的这种能力和成功的现实感到自信，而且是在此基础上激发出中国人民能沉着应对新时代背景下来自各方面严峻挑战的自信，是中国人民对建设一个富强民主文明和谐美丽的社会主义现代强国的自信。

自信能使人变得坚强、勇敢、积极向上，自信也能使民族和国家变得繁荣、富强、蒸蒸日上。自信的精神风貌对于个人来说，是人生成长道路上不

---

〔1〕 习近平：《决胜全面建成小康社会　夺取新时代中国特色社会主义伟大胜利——在中国共产党第十九次全国代表大会上的报告》，人民出版社2017年版，第10页。

可或缺的优秀品格，对一个民族来说，是体现这个民族骨气和志气的核心要素。一个民族的骨气和志气都是熔铸在这个民族的文化生命力中的。自信与文化的碰撞和结合是创造民族文化的内在驱动力。一个民族能够繁衍生息，就是因为它存在一个内在强大的文化自信，始终支撑和激励着这个民族的人民永不停歇地走下去。

三、文化自信

文化自信是具有深刻内涵的。它既不是一个简单的文化口号，也不是每个人、每个民族、每个国家都有资格去提，或都有能力去树立和坚定的。文化自信是一个民族在对自己民族的文化认识和发展的基础上所具有的一种积极的精神状态。文化自信是一个民族能够繁荣昌盛，走向并能屹立于世界民族之林的必备条件，同时也是一个民族能够保持自己的文化永不枯竭，始终处于创新与发展之中的根本动力。因为一个民族的文化与这个民族是密不可分的，民族是文化的主体和生命，文化是民族的灵魂和精神家园，民族的兴衰将伴随着民族文化的兴衰，民族文化的基本状态将深刻反映着这个民族的基本走势。

今天我们提出文化自信，既是反映中华民族伟大复兴史的一种自觉表现，又是推动中华民族伟大复兴的精神号角。如果不去了解中华民族伟大复兴的历史、现在和将来，就难以理解文化自信的深刻内涵，也难以树立和坚定高度的文化自信。中华民族拥有五千多年连续不断的文明，这是我们树立文化自信的底气所在。我们要知道，这个辉煌成就是来之不易的，它主要来自我们的先人在中华大地上经过世世代代的辛勤耕耘和不懈奋斗，逐步形成的民族大团结和中国大一统。在中国历史上，尽管某一个阶段出现过多个政权并存，或由不同民族统治的情况，但同属于一个中国的原则始终没有改变，同属于中华民族"美美与共"的理念始终没有改变。泱泱浩气的中国统一体和博大精深的民族精神造就了伟大的中华民族文化，同时也造就了中国人民的文化自信传统，使文化自信深深镌刻在中国人民的心坎里和骨子里。这一点就连最早来中国传播宗教的传教士利玛窦都看得非常清楚。他说："中国人认为所有各国中只有中国值得称羡。就国家的伟大、政治制度和学术的名气而论，他们不仅把所有别的民族都看成是野蛮人，而且看成是没有理性的动物。在他们看来，世上没有其他地方的国王、朝代或者文化是值得夸耀的。"[1]当然，这种自信在当时的情况下，是国家强大、民族昌盛的突出表现，也是那个时代中国人民应该坚定的一种信念。但是，我们要看到，文化自信必须是有辨识度的。文化自信不能脱离一定社会的经济和政治条件，更不能脱节于时代发展的步伐。如果故步自封于"天朝大国"的过去，不用联系的、发展的、开放的眼光去认识自己和对待自己，就会导致愚昧的、盲目的文化自信，这样的文化自信就容易变质为文化自负或文化自卑，其带来的后果是不堪设想的。近代中国民族危机所导致的文化危机，是盲目的文化自信的深刻教训。

正确认识和坚定文化自信是中华民族伟大复兴的重要一步。在中国历史上，从来不缺少坚定文化自信的人，即使在近代中国沦为半殖民地半封建时期，仍然有无数仁人志士自信满满地为民族复兴大业而鞠躬尽瘁。正如鲁迅所说："我们从古以来，就有埋头苦干的人，有拼命硬干的人，有为民请命的人，有舍身求法的人……虽是等于为帝王将相作家谱的所谓'正史'，也往往掩不住他们的光耀，这就是中国的脊梁。"文化自信就是民族的脊梁，只要坚定文化自信，民族脊梁就永不会被压垮变形。中华民族能在万般苦难中涅槃重生、再创辉煌，就是因为中国人民在马克思主义指导下，在中国共产党的领导下，能科学地认识和坚定文化自信，坚持用马克思主义方法论对中华民族传统文化进行科学的创新和发展，激活了原有文化中能让人自信的生命元素，并增添了许多新的、先进的文化元素（如革命文化、社会主义先进文化，国外优秀文化等），从而再次让中国人民树立并坚定了文化自信。

坚定文化自信绝不是将自信中的文化拿出来孤芳自赏或自我炫耀，也不是将自信中的文化封闭起来，与世隔绝起来，不求创新与发展，而是要把自信中的文化发扬出去，使其为世界人民所认知和共享，与世界其他民族文化一道把文化中蕴含的人类共同价值性的东西尽显出来，为推动世界和平与发展贡献力量。习近平总书记指出："强调承认和尊重本国本民族的文明成果，

---

[1] [意]利玛窦、[比]金尼阁：《利玛窦中国札记》，何高济等译，中华书局1983年版，第181页。

不是要搞自我封闭，更不是要搞唯我独尊、'只此一家，别无分店'。各国各民族都应该虚心学习、积极借鉴别国别民族思想文化的长处和精华，这是增强本国本民族思想文化自尊、自信、自立的重要条件。"[1]近年来，中国提出"一带一路"战略，这不仅是对历史上各国经济往来和发展的复兴，更是对历史上各国民族文化往来和发展的复兴。"一带一路"在各民族传统文化交流和发展中曾留下了许多珍贵的文化遗产和文化精神。这些文化遗产和文化精神的发掘和发现，不仅为我们寻找文化自信之源和根基提供了科学的历史依据，也为我们树立和坚定文化自信提供了方法论指导。在"一带一路"的历史中，世界人民是通过中国的"丝绸"认识到中国的传统文化的，那么在"一带一路"的今天，孔子学院将是世界人民认识中国当代文化的重要渠道。目前，"一带一路" 65 个国家中的 53 个国家已经建立了 137 所孔子学院和 130 个孔子学堂，以孔子学院为纽带的国外中文大赛、学术讲座、高端论坛、国际会议等汉语热在世界遍地开花。这一发展趋势说明，中华民族文化无论过去还是现在都是得到世界人民认同和欢迎的，中国人民有能力也有信心把我们今天的民族文化推到与民族传统文化同样的高度，为世界文明的进步与发展贡献自己应有的一份力量。

四、中国特色社会主义文化自信

当代中国人民的文化自信，实质上就是中国特色社会主义文化自信。中国特色社会主义是我们坚定文化自信的最本质性特征，中国特色社会主义文化是我们坚定文化自信的最本质性内容。习近平总书记在十九大报告中明确指出，坚定文化自信就是，"要坚持中国特色社会主义文化道路"，"中国特色社会主义文化，源自于中华民族五千多年文明历史所孕育的中华优秀传统文化，熔铸于党领导人民在革命、建设、改革中创造的革命文化和社会主义先进文化，植根于中国特色社会主义伟大实践"[2]这句话道出了中国特色社会

---

[1] 习近平：“在纪念孔子诞辰 2565 周年国际学术研讨会暨国际儒学联合会第五届会员大会开幕会上的讲话”，载《人民日报》2014 年 9 月 25 日。

[2] 习近平：《决胜全面建成小康社会 夺取新时代中国特色社会主义伟大胜利——在中国共产党第十九次全国代表大会上的报告》，人民出版社 2017 年版，第 41 页。

主义文化的深刻内涵，为当代中国人民坚定文化自信提供了非常清晰的思路。

文化自信"植根于中国特色社会主义实践"，没有中国特色社会主义实践就没有中国特色社会主义文化道路，也就没有我们今天的文化自信。坚定文化自信首先就是要坚定中国特色社会主义自信，对中国特色社会主义高度认同。我们要清楚地认识到，中国特色社会主义是在经历改革开放40多年考验和检验的实践中得来的，是在经历中华人民共和国70年独立自主、自力更生的实践中得来的，是在经历中国共产党90多年攻坚克难、执着追求的实践中得来的，是在经历中华民族170多年忍辱负重、顽强拼搏的实践中得来的，是在经历中华文明五千多年一脉传承、永续发展的实践中得来的。中国特色社会主义根植于中华文化的沃土，是反映中国人民意愿、适应中国发展进步要求的，是历史逻辑、理论逻辑、实践逻辑合乎中国社会发展规律的必然选择，是经过历史洗礼、人民选择、实践检验的"真金白银"。因此，文化自信根本上就是对中国特色社会主义发展道路充满坚定的信念和信心，既不走邪路也不走老路，就是要把中国特色社会主义这篇大文章写好、写实、写进老百姓的心坎里去，写出更加精彩的篇章。

文化自信涵养于中国特色社会主义文化。中国特色社会主义文化是在中国特色社会主义实践中，对中华民族优秀传统文化和革命文化的继承、弘扬、转化和提升，对社会主义先进文化的吸收、消化、运用和发展，形成了三位一体的文化统一整体。中华民族优秀传统文化、革命文化与社会主义先进文化既是中国特色社会主义文化的三个来源，又构成中国特色社会主义文化的三个基本内容。中国特色社会主义文化是中国人民坚定文化自信的根基和根本内容所在。也就是说，中国人民的文化自信就是对包括中华优秀传统文化、革命文化和社会主义先进文化在内的中国特色社会主义文化这一有机整体的自信。没有博大精深、灿烂辉煌的中华优秀传统文化，就没有中国人民追寻的"根"和"魂"。没有五四运动以来中国人民用生命和鲜血换来的革命文化，中国人民就不会抬起头来。没有改革开放以来社会主义先进文化的引领，中国人民就不可能在一穷二白的基础上富起来和强起来。只讲传统文化的自信，不讲革命文化和社会主义先进文化的自信，就容易掉进文化复古主义的窠臼，而只讲革命文化和社会主义先进文化的自信，丢掉中华优秀传统文化这一根脉，就会对我们的文化断章取义，对我们的文化自信讲不清道不明。这三种文化都是作为中国特色社会主义文化这一统一的整体展现出来的，任何时候、任何情况下把它们割裂开来，进行孤立的、片面的理解或解读都是一种错误的行为。丢掉这三种文化中的任何一种文化，我们的文化自信都是不完整的，也是不可能实现的。这三种文化深刻体现中国特色社会主义文化是传统文化与当代文化的完美结合，深刻说明中国特色社会主义文化是薪火相传、与时俱进的，与时代同步，与中华民族同步，贯通中华民族的过去、现在和将来。这三种文化共同筑起当代中国人民价值追求和精神力量的万里长城，是当代中国人民树立和坚定文化自信的根本。

中国特色社会主义文化自信与中国特色社会主义道路自信、理论自信和制度自信是密切联系在一起的。只讲中国特色社会主义文化自信，不讲中国特色社会主义道路自信、理论自信和制度自信也是不完整的。党的十八大以来，习近平总书记在强调文化自信的时候，总是把道路自信、理论自信、制度自信与文化自信放在一起。2014年3月全国"两会"期间，习近平总书记在参加贵州代表团审议时指出："我们要坚定理论自信、道路自信、制度自信，最根本的还要加一个文化自信。"[1]2014年10月，习近平总书记在文艺工作座谈会上指出："增强文化自觉和文化自信，是坚定道路自信、理论自信、制度自信的题中应有之义。"[2]2015年11月，习近平总书记会见第二届"读懂中国"国际会议外方代表时强调："中国有坚定的道路自信、理论自信、制度自信，其本质是建立在五千多年文明传承基础上的文化自信。"[3]2016年5月，习近平总书记在哲学社会科学工作座谈会上指出："我们说要坚定中国特色社会主义道路自信、理论自信、制度自信，说到底是要坚定文化自信。"[4]2016年7月，习近平总书记在庆祝中国共产党成立95周年大会上强调，"坚持不忘初心、继续前进，就要坚持中国特色社会主义道路自信、理论

---

[1] 万群、赵国梁："习近平总书记参加贵州代表团审议侧记"，载《贵州日报》2014年3月10日。
[2] 习近平："在文艺工作座谈会上的讲话"，载《人民日报》2015年10月15日。
[3] 杜尚泽："阔步走在中华民族伟大复兴的历史征程上"，载《人民日报》2016年1月5日。
[4] 习近平："在哲学社会科学工作座谈会上的讲话"，载《人民日报》2016年5月19日。

自信、制度自信、文化自信"，[1]从"三个自信"上升到"四个自信"，深刻体现出中国共产党人对中国特色社会主义这一总概念认识的进一步深化。其中，文化自信是"更基本、更广泛、更深沉的自信"，是贯穿于道路自信、理论自信和制度自信之中的，起到统领其他三个自信的作用。只有达到中国特色社会主义文化自信，才能更加自觉地坚定中国特色社会主义道路自信、理论自信、制度自信。没有中国特色社会主义文化自信，其他自信就会失去根基和灵魂。新时期只有坚定中国特色社会主义文化自信，才能为中国特色社会主义道路自信铺好路基，为理论自信提供思想资源，为制度自信注入创新活力。

第二节 文化自信的基本特征

由于文化和自信都具有一定的属性特征，这就决定了文化自信也具有一些与之相对应的属性特征。一般而言，人们谈论的文化主要是指在社会中占主导地位的文化，或者说在社会中具有主流价值导向的文化。新时代占据我国主流文化地位的是中国特色社会主义文化，所以这里所讲的文化就是特指中国特色社会主义文化，即包括中华优秀传统文化、革命文化和社会主义先进文化在内的符合中国特色社会主义建设总体要求的文化。自信中的"自"的原意是指个人或自己，而在这里讨论的是民族层面的自信，或在一个民族国家命运抉择中起到核心作用的人的自信。从我国的国情看，这里所说的自信就是指包括每一个中华儿女在内的中国人民，即中华民族的自信，从核心内容上看，这里的自信就是中国共产党人的自信。基于对文化和自信的认识，我国的文化自信具有独特的民族性特征、突出的时代性特征、鲜明的实践性特征、明确的价值指向性特征、宽广的开放包容性特征等。认识这些特征将有助于理解文化自信的时代价值，为我们树立和坚定文化自信提供正确的文化选择和价值观导向。

---

[1]《习近平谈治国理政》（第2卷），外文出版社2017年版，第36页。

一、民族性特征

每一个民族国家都有属于自己的文化和文化特性，否则这个民族就不具有与其他民族相区别的本质属性，那么这个民族就不是一个真正体现自己血统的民族。从历史长河中走来，是文化伴随着一个民族的成长，也是文化诉说着一个民族的故事。文化是民族的血脉，它时刻为民族的发展提供丰富的营养；文化也是民族的灵魂，它指引着民族不论走向何方，总会有一个家的存在。就是因为文化的存在和文化的生命力，一个民族的生命历史才值得后人去追忆和溯源。民族性是文化自信最为鲜明的特征。文化自信深刻体现的就是人民对本民族创造出的文化的自信心，对本民族的文化的一种自豪感和荣耀感。

文化自信中的文化是民族意义上的文化，因为文化是民族的符号，一个民族的文化深深印刻着这个民族的本质性特征。不同的民族文化是民族之间本质性区别的深刻体现，同时不同的民族的存在才造就出今天不同的文化成果和文化氛围。美国文化学家巴格比曾指出："正是在民族这一层次上的社会才具有最鲜明的文化差异。我们感到自己所属的是某个民族，我们试图仿效我们同胞的习俗和风度。而且我们非常方便地辨别出法国人、英国人和美国人，以及他们各自的言谈方式、风俗和服饰等等。"[1]文化的民族性不仅体现出文化的多样性和差异性，也体现出不同文化的民族对自己创造的文化所具有不同的自信状态。不同的民族构成了不同的文化自信的主体，不同的民族文化形成了不同的文化自信的客体。文化自信的主体来自于这个民族国家的每一个民族，每一个民族的每一个人。每个人都是在民族大家庭中成长的，其民族特有的文化熏陶，使每个人的身上都深深留下具有一些民族气息的民族属性。文化自信的主体一方面是在民族文化环境下生长和成熟，另一方面又在自己的生活、生产中不断地对自己的民族文化进行传承、吸收和发展，改造出新的民族文化。实际上，文化自信的主体就是在文化实践中不断地体验、检验、传承、吸收和创造着自己的民族文化。文化自信的主体与民族文

---

[1] [美] 菲利普·巴格比：《文化：历史的投影》，夏克等译，上海人民出版社1987年版，第123页。

化通过民族的特有属性和功能将两者紧紧地联系在一起，使得民族文化基因深深植根于文化自信的主体血液之中，影响着文化自信的主体。文化自信的主体之所以对自己的民族文化充满自信，是因为只有文化自信的主体才真正了解自己民族文化的历史底蕴，真正看到自己民族文化的独特价值，真正感悟到自己民族文化的生命力。可以说，只有本民族的文化主体才能真正拥有本民族的文化自信。

文化自信的客体就是能让文化主体对自身产生自信的文化。一种文化能不能让文化主体产生自信，主要看文化主体对自身文化的判断和评价。特别是对于民族文化来说，文化自信与民族存亡是共患难的。当民族繁荣时，人们就会对处于主导地位的民族文化充满自信，反之则相反。例如在鸦片战争以前，中国人民一直对以儒家为主导的民族文化充满信心。而鸦片战争之后，中国人民开始怀疑、否定自己的民族文化，甚至出现了五四运动时期打倒"孔家店"的现象。今天我们努力实现中华民族伟大复兴的中国梦。实质上，民族复兴就是民族文化复兴。深厚的民族文化底蕴是民族复兴的本源。中华民族能够复兴的原因就在于中国人民能够对自己的民族文化做出科学的判断和评价，把民族文化中的优秀部分充分地发挥出来了。新时代我们正在建设中国特色社会主义文化，我们对中国特色社会主义文化充满高度的自信。其原因就是，中国特色社会主义文化包括了中华民族优秀传统文化、革命文化和社会主义先进文化，这三种文化是近代以来中国人民在寻求民族复兴的过程中经过实践检验而得出的，是值得中华民族每一个儿女去尊重、自豪和自信的。这三种文化是我们文化自信的客体，可以说，这三种文化都与中华民族的兴衰沉浮休戚相关，也只有伟大的中华民族才拥有这样的文化。

二、时代性特征

文化自信是一个时代性的命题。文化自信是人们对一定时代的文化发展状态所呈现出来的一种积极的心理映射。由于不同历史时期的物质生产方式所产生的文化特质不同，使得不同时期的文化具有鲜明的时代性特征。准确把握文化的时代性特征，是对一定时代的文化价值做出科学评判和心理定位的重要依据。今天，我们提出文化自信，而且要树立高度的文化自信，这与今天我国文化发展的时代性特征是密不可分的。

从世界发展的总趋势看,全球化势不可挡,世界文化多样化是大势所趋。各民族文化通过全球化浪潮纷纷走向世界、融入世界,成为世界文化的一分子。各民族文化在与世界其他文化的交流和交融中,要不断地对其他文化做出评判和取舍,推动自身文化向前发展。文化走向世界,是当今文化时代性特征的一个重要表现。但是,文化走向世界,对各个民族文化来说都是一个重大的考验和检验。因为文化之间的相互碰撞和借鉴,不仅是一个相互成长的过程,还是一个相互趋同的过程。所以,民族文化要走向世界,就必须对自己的文化有清晰的认识和精准的把握,不然文化在走向世界的过程中不仅不能获得自身的完善和发展,而且可能被其他文化所同化,走向衰败。就中国文化而言,不论是在古代还是在今天,都是被世界人民所认可和接纳的。中国文化走向世界,不仅能够促进自身文化的发展壮大,而且还能促进世界各民族文化的良性循环和发展,达到一种双赢的效果。所以,我们坚定文化自信是对中国文化走向世界的一种充分肯定和十足信心。

从当代中国国情看,在中国共产党的坚强领导下,中国人民经过40多年的改革开放和社会主义现代化建设,取得了举世瞩目的伟大成就,中国人民的文化自信就是在这伟大成就的基础上建立起来的。回顾这一历史,中国人民实现了以前未能实现的目标,解决了以前未能解决的难题,完成了以前不敢想象的设想。历史证明,没有什么能够阻挡中国人民前进的步伐。今天,虽然全球化、市场化、信息化、网络化给中国特色社会主义伟大事业带来一些挑战,但是中国人民坚信,在中国共产党的领导下,中国的明天一定会变得更加美好。所以,我们坚定文化自信,实质上是对中国共产党引领文化建设的坚定,是对新时代中国特色社会主义文化前景的美好展望。

三、实践性特征

文化自信具有强大的实践指向性,首先,文化自信的树立来自于实践。从主客体来看,文化自信的主体和客体都是实践的对象。文化自信的主体是现实生活中的人。人之所以成为人的前提条件就在于人的实践活动。离开实践活动,文化自信的主体就是一个缺乏认知能力和自觉意识的主体,就谈不上自信与不自信的问题。文化自信的客体是人的实践活动的产物,是人的实践活动留下的最具有价值性的东西。人的实践活动成果不仅满足了自身的价值需要,还满足了他人的价值需要。文化是人的实践活动成果的深刻体现,必然具有实践性的基本特征。从中华民族的文化自信角度来说,无论是中华优秀传统文化、革命文化还是社会主义先进文化,都是中国人民在不同历史时期的社会实践中产生的,并且在实践中得到真正意义的检验,从而具有符合文化自信的主体价值需求的基本要素。只有坚持从实践出发,才能揭示出文化自信的主客体关系,真正理解文化之于文化主体的价值意义,从而在现实生活中树立高度的文化自信。

其次,文化自信的坚定来自于实践。改革开放以来,随着中国经济的巨大发展,中国人民对文化的需求变得越来越突出。文化自信的坚定在很大层面上是对当代文化发展状况所提出的一种实践性方案。党的十九大报告提出,当前我国社会主要矛盾已经发生了重大变化,新的矛盾主要体现在人民对美好生活的需要上,而不是简单的物质和文化需求的满足。美好生活的需要更多地体现在人的精神层面,要求社会创造出更多的精神财富,以满足人的精神需求。这时候,文化自信就显得尤其突出。文化自信既是一种精神和信仰的自信,同时更要在文化实践中真正体现自信的力度。坚定文化自信,就是要在中国特色社会主义伟大实践中寻求统摄经济基础和上层建筑的平衡点,在坚定中国特色社会主义经济发展的同时坚定中国特色社会主义文化发展方向。文化自信只有融入当代中国文化建设的大背景与大格局,才能更突出地展现它的实践指向和实践的价值意义。

四、价值指向性特征

所谓价值,就是客体的属性对于主体需要的满足关系。一个客体对主体的有用程度越高,满足主体需要的程度越高,其价值就越大。人们在社会生活中对各种事物和现象采取什么样的态度,做出什么样的反应都是以人们对该事物和现象的价值判断为基础的。文化自信具有明确的价值指向性特征。文化自信是文化主体对自身文化价值的一种高度肯定,是对自身文化的未来发展充满信心,而不是对他者的文化充满信心。主要原因就是只有从自身的文化中才能发现自身的生命价值，只有自身不断地进行价值创造才能永葆自身文化的生命力，彰显出自身的文化价值。文化与文化主体之间，实质上是通过实践活动完成了"主体文化"和"文化主体"的价值互动的双向统一。具体来说，文化主体在实践活动中需要文化的价值引导来创造更多的价值财富以便更好地满足自身的需求；同时，文化主体还要根据自身的价值实现状况需要创造出新的价值文化成果，从而使自身文化得到更新和发展。正如马克思所说："这是他们本身不停顿的过程，他们在这个过程中更新他们所创造的财富世界，同样的也更新他们自身。"[1]

在文化主体的实践活动中，不论是选择什么样的文化价值引领，还是创造什么样的价值文化，都不是随心所欲的，都具有一定的价值指向性。可以说，文化自信是文化主体在实践活动中对文化选择和文化创造所做出的一种价值诉求。文化主体对文化的选择和创造并非一件容易的事情，它体现了文化主体在文化选择和文化创造过程中的价值指向性。这一价值指向性一方面体现为文化主体通过文化实践活动，不断创造和丰富自身文化的涵养，挖掘自身文化的发展规律和作用机制，使文化自信这一文化现象更具科学性和引领性，另一方面表现为文化主体在文化实践活动中，不断深化对自身文化的理解与认知，自觉地接受自身文化的内在要求，去提升自身的精神境界，完成自身的人格超越。

五、开放包容性特征

文化自信既是在自己民族文化的历史发展长河中集聚起来的，也是在与其他民族文化的交往和比较中体现出来的。在对待自己民族文化的态度上既不妄自菲薄、崇洋媚外，也不妄自尊大、盲目排外。在理性地对待自身民族文化的同时也要理性地应对外来民族文化，这种对待文化的理性态度主要体现为文化自信的开放包容性。文化作为民族生命力的象征，不同的民族都有不同的文化。世界并非只有一个民族，世界也并非只有一种文化。民族存在差异，与之对应的民族文化也存在着差异，而且这种由民族差异所带来的民

---

[1]《马克思恩格斯全集》（第46卷下册），人民出版社1980年版，第226页。

族文化差异是无法弥合的。在全球化的多元文化背景下，不同民族文化之间建立起千丝万缕的联系，形成你中有我、我中有你的文化共同体。文化共同体给不同民族的文化发展提供了机遇，也带来了挑战。如果让每一个民族文化都能在文化共同体中获得自己充分发展的机会，这就需要不同民族文化敞开胸怀，以开放包容的态度去接纳和拥抱其他民族文化。因为每一个民族文化都为人类文明贡献了各自独特的智慧，每一个民族文化都值得向外开放，值得去包容别人和被别人包容。

开放包容是文化的活力和生命力之所在，是文化自信的基本点和着力点。文化自信的开放包容性就是要求在倡导和展现世界文化多样性的基础上，去兼纳百家之精华，融合百家之所长，为自己民族文化的长足发展提供源源不断的滋养。中华文化之所以生生不息、经久不衰，就在于它具有海纳百川、兼收并蓄的博大胸怀。历史证明，开放包容不仅没有改变中华优秀传统文化的本质性特征，反而在吸收借鉴其他文化的过程中不断地释放出自己的生命价值，获得世界人民的认同和称赞。在今天全球化不断深入和世界文化竞争日益激烈的环境下，中华民族文化更应该以开阔的视野、博大的胸怀对待外来文化，积极参与世界文化交流与合作，为世界各民族文化间的交流、交融、合作、进步提供中国方案和中国智慧。

第三节　文化自信与中华民族伟大复兴

习近平总书记指出："文化自信，是更基础、更广泛、更深厚的自信，是更基本、更深沉、更持久的力量。"[1]这句话鲜明地道出了文化自信的来龙去脉。文化自信是扎根于中华民族悠久的、雄厚的文化历史底蕴。如果没有辉煌的中华民族文化历史，文化自信无从谈起。文化自信又是实现中华民族伟大复兴的精神力量。近代以来中华儿女赴汤蹈火、前赴后继，为的就是中华民族的复兴。民族复兴需要民族精神和民族力量，正如习近平总书记所说："一个

---

[1]《习近平谈治国理政》（第 2 卷），外文出版社 2017 年版，第 349 页。

民族要实现复兴,既需要强大的物质力量,也需要强大的精神力量。"[1]而这种精神力量就来自于文化自信。

一、文化自信扎根于中华民族文化历史底蕴

中华民族作为一个勤劳智慧和有深厚历史底蕴的民族,曾经在人类文明发展史上创造出令每一个中华儿女为之骄傲和自豪的辉煌成就,"中华民族为人类文明进步作出了不可磨灭的贡献"。[2]尤其在近代西方工业文明尚未产生之前,中国一直是令世界人民心驰神往、倾心折服的精神圣地,中华文明一直是人类文明谱系中一颗最耀眼的"明星"。可以说在近代以前,中华民族文化的心理状态是自信满满的,根本不存在文化不自信的问题。纵观中华文化发展史,中华文化经历了春秋战国、秦汉、隋唐、宋元和明清等不同的发展阶段,每一个历史阶段都创造出令人叹为观止的文化成果,这些成果都是值得中华儿女去诉说和品味的。

春秋战国时期,正是我国社会形态从奴隶制向封建制过渡的时期,也是中华文明走向历史辉煌的第一个时期。这一时期,中国的生产力发展达到了当时世界上最先进的水平。有"铁器的制造和应用","大规模水利工程的兴修",哈雷彗星的记录,《甘石星经》中记载的恒星表,《周髀算经》中的"勾股定理",《扁鹊内经》记录的汤药、针灸等医学疗法,物理学中的《墨经》,文学中的《诗经》,散文中的《庄子》《韩非子》,"以及在艺术的发展方面,如绘画、雕塑、音乐、舞蹈等都达到了前所未有的水平"。[3]生产力的发展促进了思想文化的大发展。在中国的思想文化界产生了诸如孔、墨、老、庄等首批"学术专家",形成了"百家争鸣、百家齐放"的诸子百家思想体系,创造了中国文化的"轴心时代"。诸子百家思想内涵丰富,成为中国众多学术文脉之源头。"百家之学虽然源流、内涵、特点、长短得失各异,但在匡

---

[1] 中共中央宣传部:《习近平总书记系列重要讲话读本》,学习出版社、人民出版社2016年版,第187页。

[2] 中共中央宣传部:《习近平总书记系列重要讲话读本》,学习出版社、人民出版社2016年版,第201页。

[3] 余国瑞:《中国文化历程》,东南大学出版社2004年版,第61页。

世济时、矫弊救民、推动社会发展进步方面却是相同的。"[1]诸子百家之学中所体现出来的思想精髓和人格魅力深刻塑造了中华民族的精神风貌,孕育了中华民族文化的基本精神,成为中华民族"独特的精神标识",同时也铸就了中华民族文化自信的历史源头。

秦汉时期,中国实现了大一统,经济得到快速发展,社会长期趋于稳定,文化获得空前发展,成为中华民族文化自信的重要积累期。秦汉统治者通过"书同文、车同轨、形同伦","罢黜百家、独尊儒术"等一系列政策措施统一了文化,确立了儒学的正统地位。在科技、思想、文艺等方面均取得辉煌成就。在技术方面,铁犁、耧车、翻车、风车等在农业中得到广泛使用,洛下闳制造出浑天仪,张衡制造出地动仪;在数学方面,《九章算术》已经形成了完整的算术体系;在医学方面,《神农本草经》标志着具有中国特色的药学系统形成,张仲景的《伤寒杂病论》,以及华佗的麻沸散和五禽戏代表着当时临床医术的最高水平;"造纸术的发展更是体现中华文化建设成效对世界贡献的重要方面"。[2]在思想方面,"独尊儒术"这种定于一尊的文化政策影响了中国几千年的文化发展方向;在艺术方面,秦朝的乐府、秦始皇陵兵马俑,汉代的汉赋、百戏等,展现出这段时期艺术成就的最高水平。中外文化交流广泛而频繁,张骞出使西域,"与中亚、西亚北非及欧洲一些国家和地区建立了经常性的经济文化往来关系"。[3]随后,班超和甘英再次出使西域,进一步促进了中西方经济和文化的交流。海上丝绸之路也获得新进展,"中国的海外交通航线和丝绸贸易首先见于汉代历史文献"。[4]汉武帝统一东南沿海后,积极扩大与海外各国的经济和文化联系,形成了有中国文字记载以来的第一条印度洋远洋航路,"汉代印度洋远洋航路的开辟与东西方海上大动脉的形成,揭开了中外文化交流史的崭新篇章"。[5]

隋唐时期,疆域辽阔,国力强盛,中华民族文化的发展到达高峰。在科技方面,隋朝的刘焯制造出《皇极历》,唐朝产生了《戊寅历》《麟德历》《大

---

[1] 王瑞成、宋清秀:《中国文化简史》,上海文艺出版社2001年版,第38页。
[2] 余国瑞:《中国文化历程》,东南大学出版社2004年版,第132页。
[3] 王介南:《中外文化交流史》,书海出版社2004年版,第72页。
[4] 王介南:《中外文化交流史》,书海出版社2004年版,第73页。
[5] 王介南:《中外文化交流史》,书海出版社2004年版,第77页。

衍历》三大历法；唐朝的一行和尚首次发现恒星移动，比欧洲早一千多年。隋朝名医巢元方写出《诸病源候论》，这本医学专著是中国第一部详论病因、分类疫病、鉴别和诊断的著作。唐朝名医孙思邈著有《千金要方》《千金翼方》两部医学专著。孙思邈在医学上的突出贡献，被后人尊为"药王"。隋朝著名工匠李春设计出赵州桥，成为世界上最古老的单孔大拱桥。在文学艺术方面，唐朝是中国古典文化史上的黄金时代，涌现出一大批诸如李白、杜甫、白居易等杰出的诗人和文学家，为后人留下了48 000多首唐诗，成为中华民族文化的瑰宝。隋唐的艺术成就不凡。展子虔的《游春图》是现存最早的山水画卷，阎立本的《历代帝王图》和《步辇图》一直流传至今。雕塑方面有著名的唐三彩、龙门奉先寺、乐山大佛等。书法方面有欧阳询、颜真卿和柳公权等书法大家。对外文化交流十分活跃，"当时世界上有70余个国家与唐朝有政治交往和经济文化交流"。[1]世界各国文化汇集中国，形成了以中国本土为中心的"中华文化圈"。"南亚的佛学、历法、医学、语言学、音乐、美术；中亚的音乐、舞蹈；西亚和西方世界的祆教、景教、摩尼教、伊斯兰教、医术、建筑艺术及至马球运动等"[2]纷至沓来，形成中外文化交流的宏大场面。

宋元时期，文化建设取得很大成就。在技术方面，毕昇发明活字印刷术，指南针技术已经被掌握并运用到航海当中，火药得到大量生产并运用到军事当中。沈括著有《梦溪笔谈》，该书详细记载了天文、数学、物理、化学、生物、地理、医学、地质等各个领域的科学成就。郭守敬著有《授时历》，推算出一年有365.2425天，与今天测算的实际时间相差只有26秒，比现代通用的《格列高利历》早了300多年。在文学方面，宋词元曲成为主流。据唐圭璋所编《全宋词》介绍，宋朝词人数量高达1330多位，作品多达19 000余首，著名词人有柳永、苏轼、辛弃疾和李清照等。元代被称作是我国戏曲史上的黄金时代，有关汉卿、白朴、马致远、郑光祖"元曲四大家"。元杂剧作品见于文献著录的达500余种，流传至今的有160余种。史学成就空前繁荣，司马光的《资治通鉴》是我国古代一部杰出的编年体史著，另外还有郑樵的《通志》、马端临的《文献通考》、欧阳修的《新唐书》、薛居正的《旧五代史》，

---

[1] 王介南：《中外文化交流史》，书海出版社2004年版，第141页。
[2] 张岱年、方克立：《中国文化概论》，北京师范大学出版社2004年版，第75页。

以及《宋史》《辽史》等，都是一批极有价值的史学著作。对外文化交流上的发展也是空前的，宋代一改以前陆上丝绸之路的风格，转向以海上丝绸之路为主线的对外文化交流形式，成为"划时代的变化"。"宋代海外贸易所及地区东起高丽、日本，南至南洋群岛，西迄波斯湾及东非海岸。海外贸易活动地区之广、贸易之频繁是前所未及的。"[1]元代又开创对外交通新局面，达到所谓"古代中西交通史之极致"的境界。如马可·波罗经丝绸之路不远万里来到中国，写下了震撼中世纪欧洲的奇书《马可·波罗游记》，从而开阔了中世纪欧洲人的地理视野，对欧洲人走出中世纪、迈向近代文明起到非常大的促进作用。

明清时期（1840年以前），是中国社会由封建集权制逐步走向近现代的转折期。这一时期，中华民族文化在许多方面都取得了新的突破和成就。在科技方面，虽然中国科学技术的整体发展水平落后于欧洲，但在某些领域取得了巨大成就，诸如李时珍、徐光启、宋应星、徐霞客、朱载堉就是这一时期最杰出的科学家。李时珍著有《本草纲目》一书，全书共52卷，记载药物1892种，新增药物374种，使药物学研究进入到了一个新的阶段。徐光启著有《农政全书》，全书共60卷，是一部实用性很强的农业科学著作。宋应星著有《天工开物》一书，该书对纺织、染色、制盐、造纸、烧瓷、炼铁等生产过程和工序进行了详尽的介绍，而且还提出了一些对化学、物理变化的认识。徐霞客著有《徐霞客游记》一书，该书最杰出的贡献就是对西南广大石灰岩地区溶蚀地貌的考察，徐霞客因此成为世界上对石灰岩溶蚀地貌进行研究的第一人。朱载堉著有《乐律全书》，创建出十二平均律，比欧洲人提前了数十年，被后人誉为"钢琴理论的鼻祖"。明代建筑也取得新进展，其典型代表就是北京紫禁城。天文学领域，代表当时中国天文学最高成就的《仪象考成》一书问世，还有梅文鼎写成《中西算术通》一书，明安图著有《割圆密率捷法》等。地理学领域，康熙年间绘制出《康熙皇舆全览图》，乾隆年间绘制出《乾隆内府舆图》，这在当时地图绘制方面是走在世界前列的。在文学方面，我国著名的四大古典小说《三国演义》《水浒传》《西游记》《红楼梦》就产生于这一时期。除此之外，还有长篇小说《金瓶梅》《儒林外史》《镜花

---

[1] 王介南：《中外文化交流史》，书海出版社2004年版，第208页。

缘》，短篇小说"三言"和《聊斋志异》，戏剧《牡丹亭》《长生殿》《桃花扇》等。在艺术方面，明清时期涌现出一大批著名的画家，把古代的绘画发展到了一个新的高度。其中最著名的有"明四家"：沈周、文徵明、唐寅、仇英，"清初四王"：王时敏、王鉴、王翚、王原祁等，这些成就都是令后人为之骄傲和自豪的。在对外文化交流上也让后人叹为观止。明初郑和七下西洋，把以"输出"为主流的中外文化交流推向了顶峰。

可以看出，从春秋战国时期中华文化传统基本定型、大一统的中华民族形成以来，一直到鸦片战争以前，中华文化屹立于世界之林。可以说，在鸦片战争以前，没有哪一种文化能够与中华优秀传统文化相媲美和抗衡的，这正如孟子所说："吾闻用夏变夷者，未闻变于夷者也。"[1]就是因为中华文化的强大力量，锻造出中华民族强大的民族精神，使中华民族五千多年历经风风雨雨，却始终自强不息，薪火相传、屹立不倒。所以，习近平总书记说："中华优秀传统文化是中华民族的突出优势，是我们最深厚的文化软实力。"[2]文化自信就是深深扎根于中华民族五千多年文明历史所孕育的中华优秀传统文化。因为中华优秀传统文化饱含着中华民族的精神追求，是中华民族独有的精神标志。只有中华优秀传统文化才能体现出文化自信的本色和底气，也只有从中华优秀传统文化中才能汲取中华民族的民族精神，彰显中华民族的民族气派，为中华民族伟大复兴提供强大的自信和力量。

二、文化自信是中华民族伟大复兴的精神力量

文化自信不仅扎根于中华民族五千多年创造出的灿烂文化，而且还体现在当中华民族出现危机时，从中华文化中所凝聚出来的努力挣脱这一危机，奋力实现民族复兴的强大精神力量上。自鸦片战争以来，民族危机成为中国的一大问题，而如何挣脱民族危机，实现民族复兴是中华民族之大夙愿。民族危机最能考验一个民族的精神力量。一个民族能否从民族危机中走出来，再次实现民族复兴，主要看这个民族的文化精神中有没有蕴藏对自己文化的

---

[1] 张以文：《四书全译》，湖南大学出版社1989年版，第359页。
[2] "习近平在全国宣传思想工作会议上强调胸怀大局把握大势着眼大事，努力把宣传思想工作做得更好"，载《人民日报》2013年8月21日。

强大信心,也就是我们所说的文化自信。"文化自信既是基于我们民族苦难和奋斗史的文化自觉与自豪,又是我们民族寻找自身伟大复兴之路的文化史的历史展示。"[1]历史事实证明,民族危机就是民族文化的危机,民族复兴就是民族文化的复兴。而只有坚持民族文化精神,民族复兴才有前进的力量和希望。近代中华民族处于困境和危机时,是中华民族优秀文化给了革命者前赴后继、顽强拼搏的精神支撑,才使得中华民族获得民族独立和解放。今天,中华民族正走在伟大复兴的康庄大道上,中国人民更应该敬畏自己的民族文化,从中华文化中汲取精神力量,坚定文化自信。

文化自信是民族复兴的必要条件。民族复兴首先是民族文化的复兴。文化是民族生存和发展的重要力量,一个民族国家的兴盛,总是以民族文化的兴盛为支撑的。习近平总书记说:"实现中国梦,是物质文明和精神文明均衡发展、相互促进的结果。没有文明的继承和发展,没有文化的弘扬和繁荣,就没有中国梦的实现。"[2]古往今来,中华民族之所以为世界人民所敬仰,靠的不是穷兵黩武,靠的也不是殖民扩张,靠的是中华文化的强大感召力和吸引力。文化自信与民族复兴紧紧联系在一起。文化自信是对自身文化生命力的坚定信念,也是对民族复兴的坚定信念。习近平总书记在谈到民族复兴时一再强调:"没有文化的繁荣兴盛,就没有中华民族伟大复兴。"[3]这是因为"一个民族要实现复兴,既需要强大的物质力量,也需要强大的精神力量"。[4]对于一个民族的复兴,物质力量固然很重要,但物质力量只是民族复兴的基本需要,如果一个民族要想获得真正的复兴、彻底的复兴,精神力量是关键。"一个伟大民族的过去、现在和未来,都有文化的发展和繁荣相伴随。"[5]在几千年的发展历程中,中华民族遇到无数艰难险阻都能挺过来,靠的就是博大精深的

---

[1] 陈先达:《文化自信中的传统与当代》,北京师范大学出版社2017年版,第111页。
[2] 习近平:《第三届核安全峰会并访问欧洲四国和联合国教科文组织总部、欧盟总部时的讲话》,人民出版社2014年版,第16页。
[3] 中共中央文献研究室编:《十八大以来重要文献选编》(中),中央文献出版社2016年版,第121页。
[4] 中共中央宣传部:《习近平总书记系列重要讲话读本》,学习出版社、人民出版社2016年版,第187页。
[5] 中共中央宣传部:《习近平总书记在文艺工作座谈会上的重要讲话学习读本》,学习出版社2015年版,第6页。

民族文化。可以说，没有中华民族文化力量的支撑和引领，中华民族不可能有辉煌的过去，也不可能有美好的今天和灿烂的明天。中华文化已经成为中华民族在前进道路上战胜一切困难的力量源泉和精神支柱。今天，我们坚定文化自信，就是坚信"中华民族创造了源远流长的中华文化，中华民族也一定能够创造出中华文化新的辉煌"。[1]

文化自信是民族复兴的内在要求。一个民族的复兴，需要有共同的价值诉求和精神支撑。只有坚定文化自信，才能深刻领会民族复兴的价值内涵，坚定对中华民族价值遵循的坚守，为实现中华民族伟大复兴提供价值导向。中华文化"对中华文明形成并延续发展几千年而从未中断，对形成和维护中国团结统一的政治局面，对形成和巩固中国多民族和合一体的大家庭，对形成和丰富中华民族精神，对激励中华儿女维护民族独立、反抗外来侵略，对推动中国社会发展进步、促进中国社会利益和社会关系平衡，都发挥了十分重要的作用"。[2]文化自信是对中华文化价值的充分肯定。文化自信是中华民族伟大复兴的价值根基。我们对中华民族伟大复兴充满自信，这个自信就来自于中华民族长期积累的文化滋养以及拥有的价值源泉。今天，我们正在建设的中国特色社会主义伟大事业就是一项有价值诉求的伟大事业，这里的价值诉求就是对中华民族"天下为公""协和万邦"等中华民族文化价值的继承与发展，是民族复兴和民族文化复兴的生动写照。中华民族伟大复兴的中国梦是"意味着中国人民和中华民族的价值体认和价值追求"。[3]中华民族在中华民族文化的历史底蕴中建立起来的文化自信，是对中华民族文化的价值体认，是对中华民族伟大复兴的价值追求，深深指引着中华民族伟大复兴前进的道路。

文化自信是民族复兴的现实需要。早在1998年，联合国教科文组织在《文化政策促进发展行动计划》中就写道："未来世界的竞争也将是文化或文化生产力的竞争，文化将成为21世纪最核心的话题之一。"[4]如今进入21世

---

[1] 《习近平谈治国理政》，外文出版社2014年版，第156页。

[2] 习近平："在纪念孔子诞辰2565周年国际学术研讨会暨国际儒学联合会第五届会员大会开幕会上的讲话"，载《人民日报》2014年9月25日。

[3] "习近平在中共中央政治局第十二次集体学习时强调：建设社会主义文化强国 着力提高国家文化软实力"，载《人民日报》2014年1月1日。

[4] 戴茂林主编：《中国特色社会主义理论体系研究》，辽宁人民出版社2008年版，第374页。

纪，我们确实感受到了在当今世界舞台上，国家之间的综合国力竞争，在很大程度上就是文化领域的竞争。"文化要素构成了综合国力的半壁江山。"[1]实现中华民族伟大复兴，需要文化自信中的文化软实力来支撑。从大国的成长史来看，西方历史上所有大国的崛起几乎都是依靠军事扩张和殖民掠夺的这种硬实力实现的，如荷兰、英国、西班牙、葡萄牙等。但是这些大国的霸主地位并没有维持多久，最终被别的国家所摧毁或取代。这一现象表明，缺少软实力的支撑，硬实力在国家成长中是发挥不了持久效用的。历史上的中国能够延续几千年，除了依靠一定的硬实力外，还有强大的软实力。《周易》中提出："地势坤，君子以厚德载物。"《易经》中指出："德不配位，必有殃灾。"孔子也说："德薄而位尊，智小谋大，力小而任重，鲜不及矣。"事实证明，一个国家国力的强弱以及它在世界范围影响力的大小，与这个国家的文化软实力存在很大的关系。

中国通过改革开放和现代化建设，以经济实力为主导的硬实力已经达到一定的水准。而如何突破现有的经济发展态势，关键在于文化软实力的提升。中华文化虽然有数千年的历史，但是在参与全球化文化的竞争中，中华文化的主体性显得力不从心。文化主体性一旦削弱和丧失，就可能意味着民族历史被中断，民族精神和文化传统被淹没。在西方推行的文化霸权主义和文化孤立主义面前，必须重建中华文化的主体意识，积极展现具有主体性的文化形态和价值理念。这就需要树立和坚定文化自信，通过以文化自信为前提和引导的文化软实力建设，找到中华文化的根和魂，把中华优秀传统文化资源转化为今天的中国文化软实力。"中华民族素有文化自信的气度，正是有了对民族文化的自信心和自豪感，才在漫长的历史长河中保持自己、吸纳外来，形成了独具特色、辉煌灿烂的中华文明。"[2]我们坚信，在马克思主义的指导下、中国共产党领导中国人民齐心协力，中华文化一定会构筑起以中国道路、中国理论、中国制度、中国精神、中国方案、中国智慧等为内涵和标识的中国文化软实力，为中国的今天和明天领航和助力。

---

[1] 周向军：《代表中国先进文化的前进方向研究》，中国人民大学出版社2004年版，第129页。
[2] 云杉："文化自觉 文化自信 文化自强——对繁荣发展中国特色社会主义文化的思考（中）"，载《红旗文稿》2010年第16期。

第四章
文化自信的根基

文化是一个民族和国家最具魅力的符号,反映着整个民族的精神气质和文化底蕴。中华文化是世界上最古老的且从未中断过的文化。党的十八大以来,习近平总书记多次提及"文化自信"的概念,并在十九大报告中再次强调"文化自信是一个国家、一个民族发展中更基本、更深沉、更持久的力量"。[1] 经过中国人民的不懈奋斗,把中国特色社会主义推进到了新时代。新时代有新的目标和期盼,新时代的中国发展对文化自信提出了更高的要求。新时代的文化自信则是习近平总书记根据马克思恩格斯的文化观以及我国深厚的文化底蕴,结合中国革命、建设、改革开放等不同时期的社会实践不断形成和发展起来的文化成果。在中华文化的不断演进中,形成了以中华优秀传统文化为根基,不同时期结合不同的世情、国情又催生出的革命文化和社会主义先进文化。这三种文化是构成中华文化的重要组成部分,同样也是构建中华文化自信的三个基础性来源。习近平总书记指出:"在5000多年文明发展中孕育的中华优秀传统文化,在党和人民伟大斗争中孕育的革命文化和社会主义先进文化,积淀着中华民族最深层的精神追求,代表着中华民族最独特的精神标识。"[2] 这句话不仅肯定了这三种文化对于中华民族生存和发展的重要意义,也是在新时代要坚定文化自信的重要依据。

---

[1] 习近平:《决胜全面建成小康社会 夺取新时代中国特色社会主义伟大胜利——在中国共产党第十九次全国代表大会上的报告》,人民出版社2017年版,第23页。

[2] 习近平:"在庆祝中国共产党成立95周年大会上的讲话",载《人民日报》2016年7月2日。

第一节　中华优秀传统文化

　　几千年来，中华民族一直兴而不衰，这主要是因为中华民族在历史的长河中创造出了优秀的民族传统文化。文化是民族的根和魂。中华优秀传统文化所蕴含的民族精神、治世之道、理政之理和道义担当成为中华民族独特的精神标识。中华民族就是依靠本民族的文化力量铸成了文化自信的基石，指引着本民族勇往直前。而时过境迁，随着全球文化多样化的发展，中华传统文化如何形成主体自觉的合力，展现出自身的优势地位，以及随着传统社会同现代社会的转型，中华传统文化如何通过现代化转化，既保持原有本质又被赋予时代价值，就显得尤为重要。文化面临全球化和现代化问题，各国人民都在严谨地思考自己的传统文化，并力图做出科学合理的改善。今天，我们审视中华优秀传统文化，不仅可以发现和发掘更多更好的优秀资源，为推动优秀传统文化的传承与发展提供生命动力，也为提升中国人民的文化自信提供活水源头。

一、中华优秀传统文化的基本内涵

　　传统文化是一个民族得以延续的根本，是一个民族世代传承的具有自身特色的社会历史元素。传统文化是一个民族留下来的历史性产物，它并不是保存在博物馆中让人观看和欣赏的陈列品，而是留给后人的具有鲜活生命力的东西。中华传统文化指的是中华民族在进入现代社会以前长期的历史发展中形成的传统文化，是中华各民族所创造的文化的总和，这种文化是能够对人的思想和行为起到一定规范作用的。[1]中华传统文化对人们的价值判断和价值观念的选择起到一定的引导作用。在历史长河中，这种文化得以流传的原因在于其具有一种较为固定的结构，具有比较稳定的特征，表现较为鲜明的共同价值取向、心理倾向、思维方式等。中华传统文化是不同时代占统治地位的文化之间的碰撞和冲击，从根源上讲，不是一源分流，而是殊途同归，

---

[1] 刘先春、李睿：《中国共产党执政的文化基础研究》，中国社会科学出版社2013年版，第45页。

是不同历史时期文化的大融合。从远古文化为主体到新文化运动，中华传统文化就是在历史与近代的碰撞和融通之中，逐渐产生、传承，并影响着中华民族历史演变的宏大文化体系。

中华优秀传统文化属于中华传统文化的范畴，是中华民族在创造自己的民族文化历史中留下的具有强大生命力和持久力的精华和精髓部分。虽然中华传统文化都是中华民族的历史财富，但并不是所有的中华传统文化都值得今天去学习，值得学习的只是中华传统文化中的优秀部分，即我们所说的中华优秀传统文化。在中华民族的演变过程中，传统文化中优秀的部分会随着时代的变迁而与时俱进，具有永不褪色的时代价值，成为指引民族前进的精神旗帜流传至今。但有些传统文化只在历史上某一时期是优秀的，随着时代的发展就落伍了。跟不上社会进步发展的传统文化有一部分被人们所抛弃，永远留在历史的记忆中，而有一部分却依附于优秀的传统文化，与优秀的传统文化一起影响着人们的思想和行为。因此，我们要对中华传统文化进行鉴别和过滤，也就是要"去其糟粕，取其精华"，通过去粗取精、去伪存真的方式，汲取和发扬优秀的中华传统文化，即中华优秀传统文化。因为只有中华优秀传统文化才是深深埋藏在民族骨子里"基因"，代表着中华民族历代繁衍生息的"精神追求"和"精神标识"。

我国之所以提出"文化自信"就在于中国优秀传统文化的存在，这种文化不是一朝一夕形成的，而是在历经千年的发展中积淀下来的精华，这种时间上的优势是文化自信的历史依据。历史上的文明形态在发展进程中要么被其他文化同化，要么灭亡消失，唯有中华文明得以延续至今，是中华优秀传统文化具有其他文化不可企及的历史高度的有力表现。从深度上来看，中华优秀传统文化历经千年，朝代的更迭，历史的动荡，始终没有将这些优秀文化摒弃，足以证明这一文化的旺盛生命力和重要的价值。从广度上来看，中华优秀传统文化内容丰富，包含了天文、地理、文学、历史、哲学、艺术等方面，浩若烟海的内容为新时代的文化自信提供了充分的文化底蕴和科学的理论指导。

中华优秀传统文化是中华民族成长过程中产生和传承下来的文化精髓部分，它是代表中华民族价值观的正能量，是无形的精神财富。习近平总书记指出，中华优秀传统文化是一个国家、一个民族传承和发展的根，如果丢掉了这个"根",就如同"割断了自己的精神命脉"。[1]在新时代我们坚定的文化自信中,中华优秀传统文化仍然扮演着举足轻重的角色。迈入新时代,我们需要传承,走进新时代,我们更需要固本。新时代的文化自信必须要以中华优秀传统文化为切入点,与当代的文化相契合,与时俱进,推陈出新,才能保持更加持久的生命力。今天,我们发掘和弘扬中华优秀传统文化,一方面是为新时代的文化自信找到根和魂,另一方面是对实现中华民族伟大复兴的中国梦充满信心,并为之助力。

二、中华优秀传统文化的内容自信

传统并不意味着落后、僵化和保守,更多的是代表经典和智慧,是人类社会发展中留下的最宝贵的东西。中华优秀传统文化不仅经历了时代的变迁,更是诸多文化碰撞中唯一留存下来的精粹,是中华民族集体智慧的结晶,是经过了实践和时间检验的历史宝藏。这种历史宝藏不会随着时间的推移而改变其色彩,只会更加鲜艳。因而,中华优秀传统文化只会随着中华民族的进步而历久弥新。

中华优秀传统文化有着丰富的哲学思想和哲理性内容,构成中国传统哲学的重要组成部分。实践精神和主体精神就是中国传统哲学的核心内容,社会生活是中国哲学所研究的主要对象,对人的心理状态和精神面貌的塑造是其最高境界。中国传统哲学不仅是一种入世的哲学,更是一种出世的哲学,它深刻地展示出强烈的人文意识,追求"修身、齐家、治国、平天下",达到"大同社会"的理想状态,最终实现"天人合一"的美好景象。

在修身方面,孔子认为"三人行,必有我师焉,择其善者而从之,其不善者而改之",每个人都是独立的个体,都有不同于他人的地方,如果别人有比自己优秀的地方,我们要虚心学习,倘若别人有做得不正确的地方,就要反思自己是否也存在这样的不足,从而加以改进。《论语》中还指出"吾日三省吾身:为人谋而不忠乎?与朋友交而不信乎?传不习乎?"要求每个人要加强对自我的反省,检验自身待人处事是否做到真实无妄不自欺。通过对自身

---

[1]《习近平谈治国理政》,外文出版社2014年版,第164页。

的不断反省，不断地改正自己的错误，完善个体的道德修养，超越自我。中华优秀传统文化和传统哲学中的"修身"，已经成为新时期中国哲学的可贵借鉴资源，成为社会主义核心价值观个人层面的涵养，成为人的道德品质、道德意志、道德行为等方面的修养。

在齐家方面，中国传统哲学思想主要是以"孝"与"和"为中心。如"百善孝为先""老吾老以及人之老，幼吾幼以及人之幼""家和万事兴""以和为贵"等。在朝代的更迭中，逐渐形成了以儒家思想为主的"孝文化"与"和文化"。孝道是中国古代社会的基本道德规范，也是中华民族的传统美德。孝道的意思就是关爱父母长辈，尊老敬老，为父母养老送终。但是我们所提倡的孝从来就不是愚孝，是"孝"而非"顺"，这种孝也是互相的，是父母与子女之间亲情的传递，既包括父母对子女的养育，也包括子女对父母的赡养，从本质上来讲，孝文化是以感恩为核心的精神文化，在社会公德、家庭美德、个人品德等方面起到基础性的作用，是建设和谐社会重要的文化素材和哲学智慧。

在治国方面，中华优秀传统文化含有非常多的国家治理方案。如儒家思想中"水能载舟亦能覆舟""民为邦本，本固邦宁""敬德保民"的民本思想；以"仁"为核心和以"性善论"为基础的仁政思想；墨家指出的"兼爱、非攻、尚贤、尚同"的治国思想，主要是以"兼相爱、交相利"来维护人与人之间的关系，以求达到社会的稳定和谐；法家思想认为人们都有功利性，即"趋利避害"的本性，提倡采取"以法治国"，通过法律这种强制的方式管理国家；道家则是提倡"无为而治"，认为"治大国如烹小鲜"，以"以柔克刚""不争"为主要的治国理念。这些治国理念产生于动荡的春秋战国时期，这一时期，百家争鸣，各种思想相互碰撞，但是从根本上看，这些治国理念最终的目的都是一致的，都是为了维护各自的政治统治地位，以实现国家的稳定和谐，人民的安定团结。如今所提倡的社会主义核心价值观，其国家层面的要求与这些文化中的治国理念是基本一致的。

只有做好以上三个方面，才能最终达到"平天下"的效果。什么是平天下，简单来说就是使天下平定安康、人民安居乐业，具体来说主要是和个体、社会、国家相互融合，使得各个层面都能达到理想状态，即达到"大同社会"，实现"天人合一"。古语有云："古之欲明明德于天下者，先治其国；

欲治其国者，先齐其家；欲齐其家者，先修其身；欲修其身者，先正其心；欲正其心者，先诚其意；欲诚其意者，先致其知；致知在格物。物格而后知至；知至而后意诚；意诚而后心正；心正而后身修；身修而后家齐；家齐而后国治；国治而后天下平。"[1]这一治国理念涵盖了个体、社会、国家三个层面，对每个层面理想状态的实现给出了详细的依据，逻辑严谨，提及了德行、民心、用人对治理国家的重要性。我国社会主义核心价值观是从国家、社会、个人三个层面对这一优秀传统文化提炼出来的精华，但又不囿于这一优秀传统文化模式，是对这一优秀传统文化的传承、创新和升华而形成的传统与现代化相统一的文化成果。

马克思说："人们自己创造自己的历史，但是他们并不是随心所欲地创造，并不是在他们自己选定的条件下创造，而是在直接碰到的、既定的、从过去承继下来的条件下创造。"[2]这些优秀传统文化能够历经千年而保留至今，足以说明其价值和重要性。每一代中国共产党人所提出的战略主张和倡导的基本理念追根溯源都产生于优秀的传统文化当中，这些留存下来的精华无论在哪个时代依然熠熠生辉。

三、中华优秀传统文化的本质自信

中华民族能够历经千年而不衰，其根本就在于我国是一个"以和为贵"的国家，"和"是中华民族永恒的向往。"和"文化始终贯穿在中华优秀传统文化当中，是中华优秀传统文化最本质性的内容所在。对此，习近平总书记对"和"文化做出了重要论述。习近平总书记在中国国际友好大会上指出："中华民族历来是爱好和平的民族。中华文化崇尚和谐，中国'和'文化源远流长，蕴涵着天人合一的宇宙观、协和万邦的国际观、和而不同的社会观、人心和善的道德观。"[3]习近平总书记还认为爱好和平"在儒家思想中也有

---

[1]《礼记·大学》。
[2]《马克思恩格斯选集》（第1卷），人民出版社1995年版，第585页。
[3] 习近平："在中国国际友好大会暨中国人民对外友好协会成立60周年纪念活动上的讲话"，载《人民日报》2014年5月16日。

很深的渊源",〔1〕"我们中华民族传统文化的精神也正是在于这种伟大的和谐思想"。〔2〕在五千年的中华文化发展历程中,中华民族根据不同时代不同学派的思想观点,逐渐形成了以儒家"和"文化思想为核心,儒释道相互融合而生成的关于世界性发展的理论、规律、原则和方法的知识体系。中华优秀传统文化之所以能传承至今,就在于这种文化所具备的包容性和多样性,能够在不同文化碰撞的过程中,辨别、借鉴、吸收、融合、创新,成为中华民族世代生息的坚固根基。中华优秀传统文化中的"和"文化思想主要体现在以下几个方面。

首先,人与人的关系。人与人的关系是社会中最基本的关系,每个人都无法脱离他人而单独存在于社会中,这种人际交往是人生存所必要的方式。所谓"天时不如地利,地利不如人和",人际关系的和谐不仅需要自身具备高度的道德修养,做到"君子慎独",达到心诚、意诚,保持高度的理性自觉,不自欺欺人,更要对他人诚信。同时也要推己及人,做到"己欲立而立人,己欲达而达人",达到人我合一的境界,注重换位思考,做到"己所不欲,勿施于人"。儒家所谓的"仁者爱人",其本质就是将"人"与"仁"互为定义,即"仁者,人也",做到爱人之人才是仁,反之亦然。当然,这里的"仁"还体现了中庸思想,不仅表现为对他人仁爱,更强调人心和善,"喜怒哀乐之未发,谓之中;发而皆中节,谓之和"。个体能够调整好未发和已发的状态,达到身心的中和状态,才能够真正做到对他人仁爱和善,实现"与人和善",能够自觉承担个人的责任,从而保证个体以及家庭内部的和谐、安定和团结,真正实现整个社会人际关系的和谐。

其次,人与社会的关系。人与社会的关系是由个体之间的联系建立起来的,人际关系的和谐对人与社会关系的好坏起着至关重要的作用。人与人的和谐可以延伸出家庭内部和谐、邻里和睦、地区和睦,最终实现民族的团结和睦,形成民族的向心力和凝聚力,最终成为民族团结的精神力量。要使这个过程顺利进行,就需要个体意识到自身在社会发展中所处的地位,认清自

---

〔1〕 习近平:"在纪念孔子诞辰2565周年国际学术研讨会暨国际儒学联合会第五届会员大会开幕上的讲话",载《人民日报》2014年9月25日。
〔2〕 习近平:《之江新语》,浙江人民出版社2007年版,第150页。

己的历史定位,对自己的权利义务与责任有一个清晰的概念。"天下兴亡,匹夫有责""天行健君子以自强不息""苟利国家生死以,岂因祸福避趋之""人生自古谁无死,留取丹心照汗青",以爱国主义为核心的团结统一、爱好和平、勤劳勇敢、自强不息的民族精神,其本质上就是对人与社会之间"和"的表现,是个体精神自觉融入社会发展进程中的过程。整个民族之所以能够团结起来,就是因为每个人都认为自己是历史发展的重要推动力量,在历史进程中扮演着不可或缺的角色。将个体与社会、与国家、与民族融为一体,这种高度的理性自觉的文化表现,就是"和"文化的作用,但是这种融合并非简单的相加相融,而是"和而不同"。如今强调的"命运共同体""和谐社会""共商共建共享"等思想观点,正是吸取了中华优秀传统文化中"和"文化的思想和智慧。

最后,人与自然的关系。人与自然的关系在中国古代具体表现为"天人合一"的宇宙观,这种宇宙观本质上也是和文化的表现,其最终目的是实现人的身心合一。这种宇宙观认为世界是一个统一的整体,其内部是互相联系的,人与人、人与社会、人与自然,最后才能达到人的身心合一,从而实现天人合一。这几个关系是共生共存共荣的,从马克思主义哲学角度来看,天人合一的宇宙观是一种互相联系而非孤立静止片面看待世界的视角。[1]"天人合一"的本质,是"仁爱"在世界万物中的延伸,无论是人与人,还是人与社会,人与自然,其终极目标是实现身心合一,这是其他关系能否处理好的基础和保障,其最终实现的是"大同社会"。此外,"天人合一"的宇宙观,强调的是人对自然的正确态度,要求人们树立科学的生态文明理念观。这种对待自然的理念与我国的绿色发展理念和可持续的科学发展观、习近平总书记的生态环境理论有着共同之处,其基本思想都是从中国优秀传统文化中的"和"文化当中提炼出来的。

从以上三种关系看,中华优秀传统文化就是重在一个"和"字,其最终实现的是人与社会的和谐统一。在人与社会的关系建构的过程中,形成的"和"文化思想深深地烙印在每一个中国人的心中,并成为中华优秀传统文化

---

〔1〕 陈秉公:"'和合'理念具有重要价值",载《理论导报》2018年第11期。

的核心思想，深深地流淌在中华优秀传统文化的血脉中。正是因为和文化的存在，中国才有信心在中国特色社会主义建设过程中有底气、有魄力地进行大刀阔斧的改革，才能对中国特色社会主义理论体系不断深化，挖掘中华优秀传统文化的精髓，并提炼出社会主义核心价值观，成为我国文化软实力的重要体现，从而为新时代中国特色社会主义文化建设提供强大的信心。正是在这样的文化背景下，中华民族才历经磨难变得坚强，励精图治，走在民族复兴的康庄道路上。

四、中华优秀传统文化的价值自信

任何一种文化的存在都有其一定的价值。中华优秀传统文化是中华民族在数千年的成长历程中形成的稳定且持久的精神力量，是中华文化的精髓。习近平总书记说："博大精深的优秀传统文化是我们在世界文化激荡中站稳脚跟的根基。"[1]正确认识中华优秀传统文化的时代价值，不仅有助于优秀文化的传承和弘扬，更能有效地将优秀传统文化与社会发展有机结合，挖掘优秀传统文化的时代精华。无论是革命时期还是建设时期的文化建设，党的历代领导人都善于从优秀传统文化中寻找治国理政的方案。将传统与现代相结合是中华优秀传统文化的特色，也是它具有包容性和开放性的优秀一面。中华优秀传统文化内涵丰富、博大精深，既是我们树立和坚定文化自信的沃土，也是完善和发展新时代中国哲学的源泉所在。对此，习近平总书记提出："深入挖掘中华优秀传统文化价值内涵，进一步激发中华优秀传统文化的生机与活力。"[2]中华优秀传统文化的丰富就在于其不断因时而变，推陈出新，在创造的过程中被赋予新的时代价值。中华优秀传统文化凝聚着几千年的民族智慧和民族力量，是民族精神的集中展现，是新时代我国文化建设中潜藏的巨大精神资源。对中华优秀传统文化进行深度挖掘，能够为将其创造性地转化为新时代的社会发展需要的新文化提供重要的价值遵循和思想宝库。

首先，中华优秀传统文化是涵养社会主义核心价值观的土壤。人们在对

---

[1]《习近平谈治国理政》，外文出版社2014年版，第164页。
[2] 胡倩倩："学习习近平关于中华传统文化重要论述的几点思考"，载《学校党建与思想教育》2019年第6期。

自己的文化进行审视和发展创新时,必然要在保持自己特色的基础上,学习时代的有益成果,博采众长,才能客观全面地挖掘出传统优秀文化的时代价值。在马克思主义指导下,中国共产党人与时俱进,将传统与现代相融合,对中华优秀传统文化进行创造性的挖掘和转化,从中提炼并凝练出了社会主义核心价值观。古往今来,价值观是一个民族或一个人的灵魂所系。习近平总书记指出:"人类社会发展的历史表明,对一个民族、国家来说,最持久、最深层的力量是全社会共同认可的核心价值观。"[1]我们虽然在现代化的社会中凝练出社会主义核心价值观,但它并不完全是现代化的产物,而是中华优秀传统文化与中国现代化发展相结合产生的实践结果。社会主义核心价值观作为新时代我国文化的精髓,更是不断地从中华优秀传统文化当中汲取养分,结合新时代实践创造出的精神文化标识。

其次,中华优秀传统文化蕴藏着巨大的文化软实力。文化的功能之一就是能给人无穷的力量。文化所具有的能动力量就是文化软实力。文化软实力是文化所具有的精神感召力、社会凝聚力、价值吸引力、思想影响力等方面的文化力量,这是一个国家综合国力和民族精神的重要表现。一个民族的文化力量决定这个民族能否存在,是其能存在多久的重要支撑。中华民族能够延续至今,就是因为我们拥有蕴含强大软实力的中华优秀传统文化。在几千年的历史实践中,我们的文化软实力以独特的思想理念和道德规范的形式影响着中华民族。如"崇仁爱、重民本、守诚信、讲辩证、尚和合、求大同"等,无论在中国的哪个朝代,这些都是人们遵循的基本道德规范。中国人民在治世过程中积累了丰富的人生哲理、价值观念、行为规范等,在漫长岁月中逐渐构建了中华传统文化的主流体系,成为中华民族的精神基因,扎根在每一个中华儿女的心中。这些优秀的文化传统不仅锤炼了中华民族的品格和气魄,更在磨炼中逐渐成为中华民族的脊梁,是维系中华民族繁衍发展的精神血脉和精神支柱,更是中国文化软实力的力量源泉和坚固堡垒。

最后,中华优秀传统文化是中国人民树立和坚定文化自信的坚强后盾。文化自信并不是单纯的对本民族文化的认可和盲目的自满,而是在对本民族

---

[1]《习近平谈治国理政》,外文出版社2014年版,第168页。

优秀传统文化的正确认知基础上,结合时代特点和国内外形势对民族优秀传统文化具有创造性转化能力的信心。从春秋时期的百家争鸣到"罢黜百家,独尊儒术",从新文化运动到五四运动,从"三个自信"到"四个自信",从中国梦到构建人类命运共同体,等等,优秀传统文化在历史演变进程中因时而变、因势而变,从"古代传统"转向"与时俱进的传统",为中华民族提供了巨大的精神力量,指引着中华民族一直向前迈进。中华优秀传统文化所包含的哲理、人文和民族气节在维护民族团结统一、激励人心、鼓舞斗志、推动社会发展进步、维护国家利益和国际和平中都发挥着重要的作用。文化自信正是深深扎根于中华优秀传统文化当中,不仅强调对优秀文化的继承,更需要加强对文化的推陈出新,将文化传承和创新有机结合。文化自信不仅要求学习本民族优秀文化,更要注重接纳和借鉴外来优秀文化,将世界性的优秀文化融入中华优秀传统文化当中,博采众长,共同发展。

第二节　中国革命文化

文化自信的提出,不仅体现了我国几千年文化底蕴的深厚,更饱含了对中华民族几千年文化发展成果的高度肯定和赞扬,同时表达了对我国文化事业发展的极大认可。中华民族对文化价值的不断追求反映了整个民族对理想信念的执着与坚定。在新文化运动时期,中华优秀传统文化与我国革命斗争相结合,逐渐形成了以中华优秀传统文化为核心,以革命斗争为内容的中国革命文化。我们知道,人类历史上发生的革命何其多,但真正由革命创造出来的文化并不多。中国革命能创造出宏伟的革命文化,是中国共产党进行革命斗争的一个伟大创举,是中国革命事业的精神遗产和文化瑰宝。中国革命文化也被称作是红色文化,是融合了中华传统文化、马克思主义基本原理和地方文化于一体的优秀文化。中国革命文化集中体现了中国人民的优良传统和时代品格,是推进中华民族伟大复兴的强大精神动力。

一、中国革命文化的基本内涵

中国革命文化就是把马克思主义和中华优秀传统文化统一于人民革命实

践中形成和发展起来的一种先进的历史文化形态。[1]中国革命文化体现了中国共产党人的集体智慧和宽广的视野。中国共产党人坚持以辩证的唯物史观为指导，在继承中华优秀传统文化的基础上，积极吸收马克思主义"革命性与科学性相统一"的精神品格和价值取向，坚持"古为今用、洋为中用"的文化态度，借鉴世界优秀文明成果，在革命斗争实践中形成具有中华民族特色的先进文化。并非所有革命都能产生革命文化，中国革命文化的形成和发展是在中国特定历史条件下产生的，是构成中国特色社会主义文化的重要组成部分。中国革命文化处于传统与现代的过渡阶段，在一定程度上起着承前启后的历史作用，是连接过去与现在、历史与现实的纽带。中国革命文化的价值不仅在于其本身蕴藏的巨大能量，更体现出这一文化主体坚定的理想信念，这是中国革命文化的特殊之处。

中国特色社会主义已经进入了新时代，中国的巨大发展变化对文化建设也提出了新的要求，中国革命文化作为继往开来的精神枢纽，在新时代也被赋予新的历史使命。从中华优秀传统文化角度来说，中国革命文化是对中华传统文化的批判性继承，是对中华传统文化精华的吸收和借鉴，蕴藏着巨大的精神力量；从社会主义先进文化角度来说，中国革命文化是马克思主义基本原理同中国革命、建设、改革的实践理论成果，是我们坚持和发展社会主义先进文化的经验总结和科学依据。在新的发展时期，我们要加强对中国革命文化的弘扬、认知和认同，从中求得"不忘初心，牢记使命"的革命精神，在同新时代的各种困难做斗争中逐渐树立和坚定文化自信，使之成为走进新时代，创造新时代奇迹的不竭动力。

我们坚信，中国革命文化在革命时期扮演着重要的作用，在新时代同样也具有新的时代价值。中国能从站起来、富起来，逐步走向强起来，一定有中国革命文化力量的强大支撑。中国革命文化已经成为中国人民谋幸福的精神动力，文化自信的精神源泉，和平与发展的精神导向。中国革命文化所体现出来的价值理念是中华民族坚定理想信念的真实写照。习近平总书记多次强调要"不忘初心"，始终保持中国共产党人的"革命精神"和"革命斗志"

---

[1] 刘先春、李睿：《中国共产党执政的文化基础研究》，中国社会科学出版社2013年版，第37页。

文化自信视域下高校社会主义核心价值观培育研究

等,这就是理想信念,也是文化自信。中国革命文化内容丰富,内涵深刻,其鲜明的特征是坚持以马克思主义为指导,共产主义为崇高理想,集体主义为高尚的革命情操等,深刻展现了理想信念是构成中国革命文化的一大特色,并成为我国文化自信的主要内容。

二、中国革命文化为文化自信奠定理论基础

革命文化诞生于革命战争年代,承载了中华民族对于国家独立、民族解放和人民幸福的美好追求,是对传统优秀文化的继承和升华,是社会主义先进文化形成的重要内容,处在承前启后的重要地位。近代以来中国人民进行的各种革命斗争,为中国革命文化的创造提供了储备和契机。面对国家危亡、民族压迫、人民疾苦,一大批爱国人士展开了一系列不屈不挠的革命斗争。虽然这些革命斗争都没能完成救亡图存的历史使命,但是唤醒了中国人民自强不息的心声和为民族复兴而不懈奋斗的决心和信心。革命斗争的一次次失败,也为再次革命积累了经验教训和启示。中国人民看到,要想摆脱被奴役的命运,必须找到新的文化和力量。中国的五四运动,在马克思主义指导下,终于找到了革命的出路,从此中国革命的面貌焕然一新。

其实在五四运动以前发生的革命浪潮中也掀起过新文化运动。但由于没有先进文化的指导,这时候的新文化运动只是资产阶级领导的新文化运动。这种新文化运动所展开的文化斗争,只是资产阶级新文化与封建阶级旧文化之间的斗争,这种斗争并没有改变中国文化的性质和方向。中国革命文化是在新文化运动中孕育的,在中国共产党领导的革命和建设中形成的,在改革开放中不断发展和提升的。关于中国革命文化,毛泽东在《新民主主义论》中指出:"革命文化,对于人民大众,是革命的有力武器。革命文化,在革命前,是革命的思想准备;在革命中,是革命总战线中的一条必要和重要的战线。"[1]从鸦片战争之后,中华民族处于内忧外患之中,社会环境一片动荡,无数仁人志士觉醒,开始了救亡图存道路的探索。中国先进的知识分子在不断的尝试和探索中,逐渐打开了中国新思潮的大门,将西方先进的"科学和

---

〔1〕《毛泽东选集》(第2卷),人民出版社1991年版,第708页。

民主"两种文化引入中国，为中华民族文化的发展注入了新鲜血液。新文化运动的发展，为我国文化的发展提供了新的突破口，为中国革命文化提供了先进的理论指导。在新文化运动后期，学习和研究马克思主义的先进知识分子逐渐多起来，他们开始把苏俄改革成功的历史经验作为我国革命运动的主要实践内容。在当时思想混乱的中国，如何选择一条能挽救中国的道路尤为重要，而俄国十月革命给中国指出了一种可能的实践方案。在当时大多数知识分子眼中，信奉以共产主义为最崇高理想的马克思主义的社会正是中国所希望构建的理想社会。而其中有一部分先进知识分子坚定地认为，马克思主义正是中国未来发展的指路明灯，它可能会使中国的面貌焕然一新。但人们也知道，马克思主义是一种普遍的学说，如何把马克思主义的真理性价值发挥出来，唯一的做法就是把马克思主义具体化、民族化，与民族文化紧密结合起来，融为一体，才能发生化合作用。在中国革命斗争中，只有把马克思主义与中国革命实践相结合，才能形成革命斗争的武器，创造出中国革命独有的文化特征。

中国革命文化起源于五四新文化运动和中国共产党的成立，特别是中国共产党的诞生，为革命文化带来先进的领导阶级。新民主主义革命时期是中国革命文化形成的关键时期，新中国成立后的社会主义革命与建设在改革开放时期得到进一步丰富和发展。新文化运动是中国优秀传统文化与外来优秀文化的一次融合，它为中国文化的发展提供了新的方向和内容，同时加快了民族意识的觉醒，也为马克思主义思想在中国的传播提供了有利条件。当俄国十月革命爆发之后，社会主义的胜利使处于迷茫期的中国人民看到了希望。特别是中国的先进知识分子开始把俄国的命运与中国的命运联系起来，于是有了五四运动的爆发，马克思主义开始作为一种新文化被中国人民所认识、了解和接受。随着中国共产党的诞生，学习、研究和宣传马克思主义有了统一的组织和领导，而中国革命文化就是在中国共产党领导的革命运动和文化运动中逐渐形成和发展起来的。

因为文化具有一定的独立性，这种独立性突出的表现是一定的文化形态对一定社会的政治和经济具有能动的反作用。也就是说先进的文化往往是政治革命的先兆，对革命起到引领作用。所以，在中国近代的社会政治变革中，一定有文化的参与和角逐。可以说，中国革命文化是中国革命的前夜，是推进革命发展的重要力量，同时它又成为中国革命的一个重要内容，伴随着中国革命一起形成、成长和完善，直到走向成熟。在此过程中，一批先进的接受过先进文化的革命者逐渐登上历史舞台，他们在坚持中华优秀传统文化的基础之上，结合中国面临的实际问题，运用先进的理论，在实践的探索中走出了一条坚定的革命之路。中国共产党的诞生，为中国革命文化的发展指明了前进的道路。在这一道路中，中华各族人民同心同力、浴血奋战、勇往直前，创造出许多可歌可泣的民族精神，如五四精神、红船精神、井冈山精神、长征精神、抗战精神、延安精神、西柏坡精神等，还有新中国成立后的雷锋精神、"两弹一星"精神、载人航天精神、抗震救灾精神等，这些都是中国革命文化的一部分。中国革命文化产生于革命年代，依托先进的文化运动和中华优秀传统文化，在革命年代起到了至关重要的作用。

虽然文化属于上层建筑，但它作为一种精神力量也能对社会历史变革起到一定的推动作用。中国革命文化是中国共产党带领人民进行革命事业的内在动力。中国革命文化不仅是传统的，也是先进的，不仅包含了中华优秀传统文化，也吸取了世界各种先进的文化成果。中国革命文化所体现出来的革命精神与理想信念深深影响着后来人，成为后人不忘初心、敢于拼搏的坚强动力。中国革命文化蕴含的优秀文化思想和先进文化理论，为中国革命以后的文化发展奠定了一定的理论基础。中国革命文化是马克思主义与中华优秀传统文化相结合的时代精华，这种文化无论是在革命时期，还是在和平建设时期，其所蕴藏的精神力量和理论价值是永不过时的。中国革命文化与其他优秀文化一样，为中国革命、建设和改革开放提供了深厚的文化土壤和科学的理论指导，是我们树立和坚定文化自信的瑰宝。

三、中国革命文化为文化自信提供科学依据

马克思主义是科学，这是一个不争的事实。就是因为马克思主义来到中国，才给中国带来历史性巨变。而真正认识到马克思主义能改变中国的是中国共产党。中国共产党自成立之日起，就坚持运用马克思主义基本原理和科学方法论，用中国化的马克思主义解决中国现实问题。诚然，中国革命实践

和革命文化也是在马克思主义的指导下开展的，并不断形成具有中国特色的革命文化体系。当然，构成中国革命文化的关键要素源于马克思主义的指导和马克思主义理论基础。实际上，中国革命文化形成之初就已经确立了马克思主义指导思想的主导地位。

俄国十月革命的胜利，给中国人民坚持和发展马克思主义带来了许多启发，让中国人民看到了马克思主义所具有的一些科学性的理论品质。一是具有革命性。革命性主要是指马克思主义理论对现实社会的批判性和对现实世界的改造性。马克思主义的价值诉求不仅是认识世界，认识现实社会，更主要的是把马克思主义作为人民群众所掌握的一种武器，用以改变现实社会。二是具有民族性。民族性就是指马克思主义是属于世界的，必须与各民族文化结合，形成民族特色，才能集聚民族力量，激发出民族精神，为民族复兴指点迷津。比如马克思主义中国化的每一个理论成果，都不是马克思主义"本本"上的现成词，都运用了马克思主义科学方法论，既有马克思主义理论智慧，又体现最贴近中国现实的民族风格。三是具有大众性。大众性就是马克思主义是老百姓的学说。即使是中国革命的先进分子和知识分子，也宁愿抛开自身的优越生活与中国的劳苦大众一道，投身于民族救亡运动中。他们抛头颅洒热血，为的是绝大多数人的利益。就是因为他们的无畏付出，让中国广大人民群众看到了榜样的力量和中国革命的希望。中国革命锻造出来的革命文化鲜明地展现出"革命为了人民"的大众化特性。四是具有时代性。时代性是指马克思主义是与时代同步的学说，它不是金科玉律，而是随时代的发展不断更新自己的思想内容，在革命年代我们需要马克思主义，在和平年代我们仍然需要马克思主义。中国革命文化在革命时期发挥了重要作用，同样在和平时期还具有一定的积极指导作用。特别是它沉淀下来的革命精神，在和平时期我们仍要将其发扬光大，使其成为我们提升文化自信的思想源泉和精神动力。

马克思主义是我国主流意识形态的重要组成部分，而文化自信的一个重要内涵就是对我国意识形态的自信，就是要掌握意识形态的领导权，即坚持马克思主义意识形态的指导地位不动摇。文化的政治属性就在于它是一定社会阶级中，反映阶级意志的由该社会的政治经济环境决定的精神产物，其具有一定的意识形态性。以马克思主义为指导是我国的主流意识形态。中国革命文化则是在马克思主义科学指导下，将中华优秀传统文化运用到中国革命的实践中所形成的具有中国革命特色的一种传统文化。我们对中国革命文化的自信就在于中国革命文化是一种科学的文化，这种科学性则来源于马克思主义的科学性。马克思主义与中国革命具体实践的统一创造了新民主主义文化，就是因为马克思主义的科学指导，新民主主义文化成为中国革命文化的重要组成部分，也是文化自信的有机组成部分。

马克思主义所追求的人类理想状态是人人自由而全面发展的社会，是与高度发达的物质文明相适应的精神文明，其产生于西方的历史文化背景，是西方文化体系中的重要组成部分。由于中西文化背景的不同，在新文化运动初期，我们关于马克思主义的研究和宣传，更多的是侧重对"主义"的理解，而非对其主要内容的研究。我们把马克思主义更多当作一种主义、一种政治理论、一种美好的理想存在。大多数普通民众依然无法理解马克思主义的理论精髓，马克思主义在某段时期仍被误认为是西方的歪理邪说。从现在来看，马克思主义无疑是科学的理论。但是，马克思主义在中国的发展并不是一帆风顺的。由于多种原因，在中国革命的不同时期，党内对于马克思主义有着不同的争论。曾有一些人士将俄国革命的胜利经验和革命模式照搬到中国革命中来，还以此为标准衡量中国革命的是与非，不过他们忽略了中国的具体国情，只是一味地模仿，走了很多的弯路。

当中国共产党不再受制于国际共产主义时，毛泽东作为党的最高领导人，将中华优秀传统文化和马克思主义相融合，结合中国具体问题具体分析，带领党和人民用超前的思想，即科学的马克思主义理论，将中国从危难之中解救出来。中国共产党在经历了一次次的革命检验，无数次的理性判断，以及坚定的革命精神支撑下，最终证明了马克思主义是科学的。而且马克思主义这种科学的学说只有运用到具体的实践中才能起到科学的指导作用。从此，马克思主义不再是抽象、空洞的，而是符合我国实际，并能融合在我国优秀的文化传统当中，最终使马克思主义为中国广大人民群众所接受，打破了马克思主义原有的西方文化体系，使其转变成为东方社会文明的福星，成为中国人民变革现实社会的理论武器。正如毛泽东所说："马克思主义必须和我国的具体特点相结合","离开中国特点来谈马克思主义,只是抽象的空洞的马克思主义"。[1]

中国革命文化是一种集体主义的文化,是中国人民集体创造的文化结晶。集体主义是马克思主义理论指导思想的重要内容,就如同今天提倡的共享思想一样,以马克思主义为指导思想的中国革命文化无论处于何时何地,总是以集体主义为价值取向,其最终目的是实现整个社会的共产主义。在中国革命时期,中国共产党人在马克思主义指导下,对人民群众开展集体主义和共产主义的价值观教育,让中国广大人民群众逐渐理解什么是共产主义,为什么要坚持集体主义,怎样实现共产主义等。我们所谓的集体主义,根本不同于西方提倡的个人主义,两者在国家体制上是完全不同的,在资本主义国家,更侧重的是个人主义,在社会主义国家,集体主义则是共同的价值准则。集体主义坚持无产阶级的世界观,坚持少数服从多数,个人服从组织,下级服从上级的党性原则,认为个体的一切言行举止都要与人民群众的整体利益保持一致,具有高度的组织性、纪律性和自觉性,以社会的集体利益为最高标准,只有这样,才能保证党和人民取得革命的最终胜利,实现社会主义乃至实现共产主义。

四、中国革命文化为文化自信提供精神动力

文化与社会生产活动是联系在一起的,随社会生产的发展而发展。中国革命文化不仅是中国革命斗争的集中体现,也是中国革命者从事革命生产,充实革命生活的生动写照。随着革命形势的不断变化,革命文化也在改变它的形式,不断更新它的内容。毛泽东认为:"文化革命是在观念形态上反映政治革命和经济革命,并为它们服务的。"[2]对待中国革命文化与对待中国传统文化一样,要采取科学的态度,既要尊重历史,又要面向未来。既要看到传统文化的历史性,尊重历史的事实,又要继承和发展优秀的传统文化,这是对待传统文化、提高民族自信心的必要条件。同时,又要给历史上的传统文化一个准确的定位,结合时代需要有取有舍,更大程度上利用优秀传统文

---

[1]《毛泽东选集》(第2卷),人民出版社1991年版,第534页。
[2]《毛泽东选集》(第2卷),人民出版社1991年版,第699页。

化资源为现代化服务。近代以来的文化发展是在全球化文化多样性背景下展开的。如何对待、选择古今文化和中外文化，这是关系中华文化传承和发展的重大问题，也是关系文化变革和创新的重大问题。在这一问题上，我们坚持的是马克思主义的文化观，坚持具体问题具体分析的科学态度，既反对一成不变地固守中国传统文化，也反对一概而论地否定中国传统文化。我们是把对传统文化的批判、继承与对外国文化的借鉴、学习结合起来，在融汇中华优秀传统文化的基础上实现本民族文化的创新与发展，为我们树立和坚定文化自信提供新内容、新视野和新思维。

中国革命文化是中国共产党在峥嵘岁月中的生活缩影，是中国共产党精神风貌的真实特写。中国革命文化又是中国共产党带领人民共同创造的精神财富，是属于中华传统文化的重要组成部分。相较于和平时期，中国革命已成为历史，但中国革命文化依然留存下来，革命精神依然激励着不畏困难的奋斗者，成为我们建设文化强国的动力源泉，成为保持我们党纯洁性和先进性的铁证和启示，更成为我们坚定文化自信的重要内容。新时代我们要大力挖掘中国革命文化的时代资源，揭示中国革命文化的时代价值，把中国革命文化中所蕴含的智慧和力量运用到我们"四个自信"建设的实践中去，通过弘扬中国革命文化，彰显中国革命精神，使中国革命文化真正成为支撑中华民族走向繁荣昌盛的无尽力量。

中国革命文化在和平年代之所以还具有一定的价值，源于它的革命精神和革新力量与当代中国人民的文化诉求和价值遵循是一致的。中国革命文化能够破除中国人民的传统观念，指引中国人民敢于直面社会，勇于攻坚克难，以"初生牛犊不怕虎"的精神去推动社会的革新。中国革命文化虽然是在新民主主义革命时期形成的，文化内容和文化形态永远保留在那个时代，但文化中所蕴含的精神特质不会随着时代的变化而褪色，它依然符合当代中国人民的文化诉求和价值遵循，并始终激励着中国人民不忘初心，奋勇前进的决心和信心。正因为如此，我们每每走进革命先烈遗址、革命纪念馆、红色革命基地，那种敬仰之情油然而生，这就是中国革命文化的当代价值之所在。中国革命文化既是历史的也是现在的，既是传统的也是现代的，它永远指引着中国人民向着民族复兴的方向前进。

中国革命文化是在当时中国特殊的国情，特殊的革命斗争过程中形成的特殊的文化，这种特殊的文化在中国社会主义建设和改革开放中得到进一步的运用和深化，与中国特色社会主义伟大事业密切联系在一起，与中华民族伟大复兴密切联系在一起，成为我们坚定文化自信，建设文化强国的重要组成部分。我们要清晰地认识到，中国革命文化不仅具有继承中华传统文化的优秀品格，而且在此基础上又有了进一步的发展和超越，中国革命文化不仅与社会主义先进文化在价值原则上保持高度的一致，而且还给社会主义先进文化在中国的发展提供了丰富的内容和稳定的根基。传承、发扬和发展中国革命文化是新时代筑牢文化自信的必备文化资源，是助推中华民族伟大复兴难得的文化象征和精神力量。

第三节 社会主义先进文化

文化是时代前进的动力和标志。但文化有落后文化和先进文化之分，只有符合生产力发展方向，能够满足人民日益增长的精神需求的文化，才具备引领时代前进的能力和资格，这样的文化才是先进的文化。先进文化总是通过一定的思想体系和原则规范，指引人们的思想和行为，推动着人类文明向前发展。中国共产党成立以来，一直代表着中国先进文化的前进方向，坚持把马克思主义与中华传统文化相结合，创造出符合我国新时期社会发展要求的社会主义先进文化。到如今，社会主义先进文化已经成为我国文化建设的主要内容，成为我们坚定文化自信的基本精神来源。在改革开放40周年庆祝大会上，习近平总书记指出："40年来，我们始终坚持发展社会主义先进文化，加强社会主义精神文明建设。"[1]这深刻说明社会主义先进文化是撬动中国改革开放的强大动力，代表着时代进步潮流和发展要求，是指引中国走向繁荣富强的精神旗帜。

一、社会主义先进文化的基本内涵

文化是一个历史的范畴，是相对而非绝对的。我们对文化是先进的还是

---

[1] 习近平："在庆祝改革开放40周年大会上的讲话"，载《人民日报》2018年12月19日。

落后的判断，主要看它对社会发展和进步所起的作用。对社会发展和进步起阻碍作用的是落后文化，而对社会的发展和进步带来动力和希望的文化则是先进文化。有些文化在某一阶段是先进的，而有些文化对社会发展能产生持久的推动作用，在人类文明长河中一直保持先进性。那么，社会主义先进文化肯定是一种先进文化，而且是一种持久的先进文化。因为社会主义先进文化是"以马克思主义为指导，以培育有理想、有道德、有文化、有纪律的公民为目标，发展面向现代化、面向世界、面向未来的，民族的科学的大众的社会主义文化"。[1]社会主义先进文化是中国共产党在长期的社会实践中对文化的认识和发展所形成的集体智慧的结晶。

社会主义先进文化是代表和引领当代中国主流方向的文化。社会主义先进文化继续传承中国传统文化的优秀品质，结合新的时代需要，添加了新的时代元素，赋予中国传统文化鲜明的民族文化特征。社会主义先进文化是中国共产党在继续坚持马克思主义指导下，立足中国社会主义初级阶段的基本国情，在建设有中国特色社会主义的环境下所形成的一种先进文化。由于中国国情的特殊性，我们根据中国人民的现实需要，对社会主义文化体制进行了一系列的改革，取得了伟大成功，从而构成了社会主义先进文化的主要内容。中国共产党始终走在先进文化的前沿，高瞻远瞩地对社会主义本质有着深刻认识，对社会主义道路进行大胆的探索，走出了一条有别于资本主义的中国特色社会主义道路。中国特色社会主义道路是中国共产党发展社会主义先进文化的重要体现。如果没有社会主义先进文化的理论指导和精神动力，我们的改革开放就有可能走错方向。事实已经证明，社会主义先进文化体现了我们在和平年代对于文化发展以及世界文化走向的正确认知，体现了我们树立和坚定文化自信所采用的文化资源和所持的文化态度。

社会主义先进文化来源于对中华优秀传统文化和中国革命文化的深刻认识，它源于这两种文化，但又不同于二者。社会主义先进文化一个鲜明的特征就是，它是在改革开放的和平年代产生和发展起来的。社会主义先进文化以中华优秀传统文化和中国革命文化为基础，同时又在此基础上进一步改造

---

[1] 江泽民："高举邓小平理论伟大旗帜，把建设有中国特色社会主义事业全面推向二十一世纪"，载《求是》1997年第18期。

和升华。引领这三种文化传承与发展的核心主体是中国共产党。新中国成立之前,中国共产党人以马克思主义为指导思想,带领中国人民经过艰苦卓绝的革命斗争,以革命的胜利完成了中华民族复兴的第一步,形成了具有无比崇高的精神境界的中国革命文化。新中国成立之后,中国共产党人仍然努力探索,积极进取,对社会主义政治、经济、文化等方面进行一系列改革,创造出适合中国特色道路的社会主义先进文化,这是我们在改革开放之后文化建设的出发点和立足点。社会主义先进文化的形成,使我们意识到文化在国家和民族发展中的重要地位,文化不仅是政治经济的产物,也对政治经济的发展起着重要的反作用。社会主义先进文化作为中国共产党在社会主义探索中的智慧的结晶,对我国的经济和政治发展起到不可估量的推动作用。社会主义先进文化使我们拥有了自己的文化向导,在引领建设有中国特色社会主义伟大事业中,我们走的是最适合自身的文化发展道路,而且我们已经把这种文化作为文化自信的内容和基础,相信随着中国特色社会主义实践的步步深入,这种文化的力量将会越发坚不可摧,越发彰显出它的科学性,以及对人类文明进步的推动。

社会主义先进文化与其他文化一样,都是一定时代的产物。社会主义先进文化植根于中国特色社会主义的具体实践,紧跟我国现代化社会发展的基本要求而不断丰富它的思想内容,具有明显的时代性特征;以中华优秀传统文化为根基,凝结不同时期民族精神,是中华民族集体智慧的结晶,具有民族特征。社会主义先进文化以马克思主义指导思想为主要内容,主张真理的客观性,反对封建迷信,具有严谨的科学性特征。社会主义先进文化主动积极地与世界上其他民族的先进文化相互碰撞、融合,吸收其他民族先进的思想,取长补短,相互借鉴,使之为我所用,最终实现创造性的转化,具有包容性和开放性特征。社会主义先进文化坚持以人民为中心的发展思想,代表中国广大人民群众的意愿和利益,服务于人民大众,具有鲜明的群众性特征。社会主义先进文化揭示社会发展客观规律,能够反映社会未来的发展方向,具有一定指向性特征。社会主义先进文化对我国文化发展的统摄和引领作用,体现了我国文化发展的世界性和民族性的统一、科学性和主体性的统一、先进性和广泛性的统一、实践和理论的统一、继承性和创新性的统一、一元性和多样性的统一。

社会主义先进文化的一个突出特点就是这种文化一直保持着与时俱进的品格，其优点在于对本民族文化的传承和创新，对外来文化的批判性吸收和利用。社会主义先进文化在我国社会领域中具有先进性的具体表现是，它能根据我国人民的实际需要解决我国现实社会中的实际问题，实现我国现阶段的文化发展目标；它能把每个区域、民族和社会阶层的文化聚合或整合起来，凝聚成为社会主义核心价值观的文化涵养，发挥出凝聚力和向心力的作用；它能够处理和化解我国社会中的矛盾问题，全面协调各种文化的发展，创造出人民满意的精神文化，推动人类社会向着共同利益的文化方向迈进。先进的文化体系决定了我国文化建设的先进性，也显示出我国文化体制的优越性。党的十九大报告再一次强调了社会主义先进文化的基本内涵，就是"面向现代化、面向世界、面向未来的社会主义文化"。当前我国文化发展就是坚持以社会主义先进文化的先进性为导向，结合国内外文化发展态势，抓住有利时机，实现我国社会主义文化的繁荣昌盛。

二、社会主义先进文化的基本特点

不同文化具有不同的特点，社会主义先进文化除了具备文化的一般特点外，还有自己的一些优势特点。首先，社会主义先进文化最根本和最突出的特点在于它的"主体性"即"人民性"。社会主义先进文化代表的是满足广大人民群众精神需要的文化，其人民性十分突出。社会主义先进文化的发展以人的全面发展为出发点和落脚点，这是其与其他文化的本质区别。反映广大人民群众在政治、经济和文化上的愿望，从广大人民群众的根本利益出发，符合人类社会发展中所追求的理想信念和全面发展的基本要求，这是社会主义先进文化人民性的根本体现。人民群众是历史的创造者，是文化创造的主体，同时也享受自己创造的文化。社会主义先进文化坚持以人民为出发点，不断满足人民群众的精神生活需求和审美情趣。社会主义先进文化的宗旨决定了它必须从人民群众的实践中找寻文化创造和发展的动力和源泉，用人民群众的实践来检验自身发展的成效，同时通过文化的精神风貌和发展状态来反映人民群众的根本诉求。社会主义先进文化不只停留在人们需要的文化表层，更强调文化的综合功能以促进人的全面发展。社会主义先进文化深刻体现我党的党性原则，把"为人民服务"作为自身的发展方向，有着明确的目的性和方向性，这是我们对它充满自信的底气。随着我国社会主义市场经济的蓬勃发展和扩大，社会主义先进文化将引领我国文化产业与文化事业良性发展，推动我国的文化产业与文化事业不断完善和升级。同样，我国的文化产业和文化事业都是以人民为中心的，为人民服务的。在社会主义先进文化的导向下，我们的文化产业将生产出大量群众喜闻乐见、富有大众内涵的文化产品来提升我国人民的精神世界。这些文化产品都内含中华民族的文化符号，带有满满的正能量，且丰富的精神内涵将激起广大人民群众树立和坚定文化自信的强大动力。

其次，马克思主义与优秀传统文化的有机统一所展现出来的民族性和时代性特征是社会主义先进文化的鲜明特色。社会主义先进文化是在马克思主义普遍原理指导下，基于中华民族和谐文化的优秀传统，在符合中国国情的发展中对传统文化进行的创造性转化。它的民族性体现为文化创造中的独立自主性，是根据民族自身的现实的需要把本民族的优秀传统文化提取出来加上现代化元素，最终转变成为适合我国新时期发展的先进文化。文化在任何时候都是民族性的，这是民族独立性的重要标志。只有独立的民族文化走向世界，为世界人民所分享，才是属于全人类的。社会主义先进文化虽然是一种先进文化，但带有浓厚的民族特色和民族精神。就是因为社会主义先进文化具有一定的民族属性，它才被中国人民所接受和认同，用来照亮中华民族伟大复兴的道路。

社会主义先进文化不仅是历史的选择，人民的选择，也是时代的选择。社会主义先进文化是我国在进行社会主义现代化建设和改革开放的洪流中产生的符合我国时代发展需要的文化，也是我国传统文化走向世界舞台，在与世界各国文化产生碰撞、交流、合作的过程中产生的文化。社会主义先进文化既符合中华民族文化的优秀传统，又符合中华民族伟大复兴的未来走势。从唯物史观看，先进文化的时代性是对先进的经济基础和政治上层建筑的集中反映。从我国经济制度的优越性和政党制度的先进性就可以看出，社会主义先进文化一定是先进的、与时俱进的。因为马克思主义作为社会主义先进文化的指导思想，其本身就是先进的、与时俱进的。社会主义先进文化的时代性特征，将引领中国人民始终站在时代的前沿，做时代发展的引路人，做人类文明进步的使者。

最后，批判性和包容性是社会主义先进文化的重要特点。任何一种先进文化都是在旧的文化中孕育和发展的，都对旧文化进行了一定的批判性吸纳，显示出或明或暗的批判性特征。这种批判性可能引发强烈的文化风暴，甚至是文化革命，也可能引发不同层次的文化改革。社会主义先进文化是在我国社会主义制度下形成和发展的，它的批判性主要是引领我国文化体制的改革。它的批判不仅是针对我国传统文化和外来文化，还包含有对自身发展的批判。对自我问题意识的批判及转化是社会主义先进文化不同于其他文化的特别之处。强烈的自我批判能力和自我转化能力使得社会主义先进文化能够始终站在我国文化发展的顶端，帮助中国人民认清文化的清与浊，鉴出文化的优与劣，在千姿百态的文化中守住我们的文化阵地，坚定我们的文化自信。

社会主义先进文化的批判性决定了其强大的包容性，社会主义先进文化具有博大的胸怀，能够对各国文化海纳百川、博采众长。只有包容别人，才能被别人所包容。历史多次证明，故步自封、孤芳自赏的文化是难以向前发展的，其终究会成为一种落后文化被人们所抛弃。我们从社会主义先进文化的"三个面向"就能看出它的包容性特征。这种包容性主要体现为对世界优秀文明成果的批判性吸收和创造性转化。无论是哪个民族的优秀文化，最终都能在我国文化发展中实现新的创造性转变，或成为我国文化的有益补充，或与我国文化协同发展。文化是民族的也是世界的，先进文化凭着一颗包容之心走向世界，迎接世界的拥抱，那么世界多样性的文化也能给先进文化提供深厚的文化养分和活力，从而使先进文化的先进性保持得更加长久。

三、社会主义先进文化引领文化自信的方向

文化自信是人们对自身文化价值的一种肯定，对自身文化生命力持有的坚定信心，并积极承担自身文化赋予的使命和责任。近代以来，中华民族遭遇"数千年未有之变局"，中华文化也遭受前所未有的打击，中国人民一度对自己创造的民族文化失去信心。于是，破除文化传统，学习西方先进文化的

新文化运动在中国大地上蓬勃兴起。但是盲目地引进和借用外来文化，其结果并没有改变中国落后挨打的现实。只有中国共产党人把马克思主义这一西方文化与中国传统文化相结合，合理借鉴了西方文化中的先进思想，批判运用了中华传统文化的优秀成分，创造出气势恢宏的革命文化，激励中国人民取得中国革命的伟大胜利。在和平时期，中国共产党人仍然坚持马克思主义的指导，把中华优秀传统文化和革命文化进行现代化转化，形成适合我国现代化社会发展的社会主义先进文化。

社会主义先进文化不仅是对中华传统文化的进一步发展和深化，而且合理吸收了世界文明的优秀成果，具有鲜明的民族性、开放包容性、与时俱进性、科学性和大众化的特色和优势。社会主义先进文化正在紧随时代脚步，不断地发展和完善自己，以满足人民群众对美好生活的追求，从根本上提升中国人民对当前我国文化的认同与坚守。社会主义先进文化集优秀传统文化和现代文化于一体，蕴藏着中华民族深厚的文化软实力，支撑着中华民族深层的精神追求。在社会主义先进文化引领下，中国人民有足够的底气树立和坚定文化自信，为我们的民族复兴注入思想之光、精神之钙，为我们的人民创造出美好生活的图景。

"不失方向，方能引领未来。"中国共产党始终坚持代表先进文化的前进方向，与人民站在一起，坚定马克思主义信仰，用科学的理论和方法作指导，对社会主义先进文化进行不断地探索和创新，与世界人民共享文化发展成果，走出了一条和而不同的文化发展道路，在打造人类命运共同体的过程中，努力为世界文明和文化多样性贡献中国智慧和力量。在对社会主义先进文化的探索和发展中，形成了一系列具有中国特色的文化体制、文化产品和文化理念，这些是构建中国话语体系的有力支撑。党的十九届四中全会提出："必须坚定文化自信，牢牢把握社会主义先进文化前进方向，激发全民族文化创造活力，更好构筑中国精神、中国价值、中国力量。"[1]中国话语体系的构建必须有中国精神、中国价值、中国力量的体现和展示。有了中国话语体系，我们才有底气有信心为全人类展示更好的社会制度，当世界人民向我们投来赞

---

[1] "中国共产党第十九届中央委员会第四次全体会议公报"，载《人民法治》2019年第21期。

赏的目光时，我们向他们讲述生动的中国故事，他们也乐于倾听中国声音。有了中国话语体系，我们才有底气和信心打破西方对"中国崛起"的话语偏见，维护世界的长久和平与稳定，推动中华文化走向世界，促进世界各民族文化的和谐发展，为人类文明与进步贡献中国力量。

社会主义先进文化的先进性这一根本属性使它始终伴随时代前进的脚步不断实现自身的创新和发展。社会主义先进文化是动态的而不是静态的，是发展的而不是停滞不前的。每一个时代都有与之对应的文化特征，每一种文化都承载着一定的文化使命。只有以历史的尺度、辩证的思维方法和发展的眼光破除因循守旧的文化传统观念，以现代思维方式和开放视野去吸纳一切外来文化的优秀成果，吐故纳新、博采众长，以积极的心态主动参与到世界文化的交流和碰撞当中，才能提升文化的抗压抗腐能力，使社会主义先进文化永葆生命活力。也正是由于我们坚守科学的马克思主义文化观，立足本国的客观实际，辩证地处理文化之间的纷争，合理地吸收和利用文化中的优秀成分，才能树立和坚定我们的文化自信，在坚定文化自信的道路上建设我们的文化强国，实现民族复兴和文化复兴的伟业。

第五章
文化自信与价值观自信

文化自信是文化主体对自身文化价值的一种肯定。一种文化有没有价值，能不能带来自信，与文化主体的价值观存在很大关系。任何一种文化的创造都建立在主体一定的价值观基础之上，都体现出文化主体一定的价值诉求，是主体价值观的外部映射。对自身文化的自信，实质上就是对自身价值观的自信。习近平总书记在阐述中华优秀传统文化时强调要"增强文化自信和价值观自信"。[1]意在说明我们不仅要对历史上有如此辉煌的中华文化充满自信，更要对中华文化中所蕴藏的"思想精华和道德精髓"充满自信。刘云山同志指出，"价值观自信是保持民族精神独立性的重要支撑，自信才有执着的坚守和自觉的践行"。[2]坚定文化自信，从根本上讲是坚定价值观自信。价值观自信体现了中华民族对自身文化和精神内核的充分肯定和坚定信念，展现了中华民族对自身价值观的高度认同和执着坚守的强烈意识。厘清文化自信和价值观自信之间的辩证逻辑，将有助于我们在新时期进一步认识我们的文化，为我们的文化自信注入更深厚的内容和力量。

第一节 文化自信的核心是价值观自信

文化是人们在社会实践中创造的精神财富，这种精神财富寄托着人们在现实生活的价值取向、审美标准、道德原则等方面一系列的思想观念。人们就是通过这些思想观念来展现自己的内心世界，倾诉内心深处的价值诉求。

---

[1]《习近平谈治国理政》，外文出版社 2014 年版，第 164 页。
[2] "培育和践行社会主义核心价值观工作经验交流会在京召开"，载《人民日报》2014 年 9 月 14 日。

文化自信视域下高校社会主义核心价值观培育研究

任何一种文化的形成，都是价值观的表征。价值观在文化形成和发展中的核心作用决定了价值观自信在文化自信中也处于核心地位。如果没有价值观自信，人们就会缺乏自信的标尺，文化自信就不能深入人心，不能达到应有的高度和强度。

一、什么是价值观自信

从马克思主义价值哲学看，价值是"客体满足主体以及主体被客体满足这种特定关系的范畴，因为决定一种价值，用的是其本身又需要被决定的另一种价值"。[1]简单地说，价值就是客体能够满足主体需要的一些东西。而价值观是主客体之间的认识关系，是客体对于主体有没有价值所进行的一种主观评判，这种判断是基于主体需要的一种价值诉求的判断。《伦理学大词典》关于价值观的解释为："在一定社会条件下，人的全部生活实践对自我、他人和社会所产生的意义的自觉认识。其核心是对人生目的的认识、对社会的态度和对生活道路的选择。它可以是肯定的、积极的，也可以是否定的、消极的。"[2]价值观是人在一定的历史条件下经过自身的反复实践而产生的价值认识。价值观所涵盖的内容比较多，主要包括价值标准、价值取向、价值目标等。从哲学角度讲，价值观是一种意识形态，但不与政治、哲学、法律、道德、艺术等这些社会意识形态并列，却又渗透在一切社会意识的形式当中，是通过各种社会意识形式表现出来的、更深层的、带有一定倾向性的意识形态。概括地说，价值观是人们关于价值问题的一些看法。由于主体需要的不同，人们对于某一事物有没有价值的看法也是不同的。特别是关于人的价值的基本看法，将影响着一个人的人生目标的追求和理想信念的确立。价值观具有两种形式，即一般价值观和核心价值观，前者是对人们价值认识的一个总体概念，后者则在社会意识形态中占据着支配地位，对整个社会价值观起着引领的作用。

那么，何为价值观自信？国内学术界对价值观自信的讨论颇为丰富。沈壮海认为："价值观自信，是一个国家和民族在推进文化发展的进程中有所依

---

[1]《马克思恩格斯选集》（第2卷），人民出版社2012年版，第36页。
[2] 朱贻庭：《伦理学大辞典》，上海辞书出版社2002年版，第58页。

循、知所趋止、顽强进取的定力与韧性所在，也是一个国家和民族面对各种文明创造和文化滋养择善而纳、从容吞吐的气度与尺度所在。"〔1〕陈曙光认为，价值观自信"是指一个民族、国家对自身价值追求的坚定信仰、执着坚守和自觉实践"。〔2〕邱仁宗认为，价值观自信至少包括四方面内容：一是对自身价值观充满自信，二是对中国道路实践中的价值观充满自信，三是对实现中华民族伟大复兴所内含的价值观充满自信，四是对现实中所持的价值观充满自信。〔3〕陈化水认为，价值观自信不仅表现为一种复杂的心理现象，还表现为一种特定的践行方式，两者相辅相成，共同构成价值观自信的基础。〔4〕学者们从不同角度对价值观自信做出了多层面解读，这些解读无疑为我们进一步探讨价值观自信问题提供了许多思路。

　　从词义上讲，价值观自信分为"价值观"和"自信"两个词。简单地说，价值观是人们对价值问题（主要包括价值对象的属性、功能、作用、意义等）的根本看法，自信是相信自己，价值观自信就是人们对自己的价值观深信不疑。那么，什么样的价值观才能让自己充满自信，在什么情况下的价值观才能让自己充满自信。一般情况下，价值观作为人们内心深藏的"隐形物"，虽然每时每刻都在潜移默化地影响着人们的思想和行为，但人们很少注意到它，也很少认真地思考过它。只有在某些特殊情况下，人们才会深深地审视和反省自己的价值观，把价值观作为认识的对象，进而对自身的价值观产生一些思考和疑问：这种价值观是否具有价值，如果有价值，那该具有多大价值，在什么情况下才能实现最大价值等。诸如此类的思考和对其的回答就形成了对自身价值观的价值判断和评价。如果对这种价值观的判断和评价在现实生活中经检验是正确的，特别是获得了他人的肯定和认可，那么这种价值观对个人来说就会成为一种积极的、催人奋进的价值导向和精神力量，这样的价值观就能让自己的思想和行为充满自信，从而使人对自己的价值观充满自信。

---

〔1〕　沈壮海："文化自信之核是价值观自信"，载《求是》2014年第18期。
〔2〕　陈曙光："我们的价值观自信从何而来"，载《辽宁日报》2016年5月31日。
〔3〕　邱仁宗："价值观自信的基本问题辨析"，载《思想理论教育》2016年第11期。
〔4〕　陈化水："论价值观自信的构成要素及其相互关系"，载《思想教育研究》2019年第4期。

可见，对一种价值观有没有自信，取决于这种价值观能不能正确指导自己的思想和行为，或者这种价值观能不能得到别人的认可。基于此，我们可以得出结论，价值观自信，就是价值观主体认为自己的价值观合乎事物发展规律，对价值主体自身的发展具有积极作用，相信其对价值主体具有精神推动力和价值导向作用的思想观念。需要特别说明的是，由于价值观本身的一些属性（价值观有好坏之分），以及一定历史条件的制约，在践行价值观指导的过程中，价值观主体一定要对自身的价值观有充分的认识，在确信其价值观的优先性和优越性情况下，才能用于指导自己的思想和行为。所以说，价值观自信不是恒定不变的，只有那些经过社会实践长期检验，符合大多数人价值诉求的价值观才具有一定的持久性和稳定性，才能让人充满自信，这样的价值观自信才是长久的，才能激发出持久的精神力量。

二、文化自信实质上是价值观自信

在人类历史长河中，文化发展是一个动态过程，这是构成文化多样性的重要条件。中国的文化发展历程在不同时期有不同的表现形式，主要以传统文化和社会主义文化为主。但是我们所提倡的文化自信具有特定的时代指向，从古到今，中华文化有许多类型和内容。我们的文化自信并非对中国所有文化都充满自信，而特指那些能够引领中国未来发展方向的优秀文化和先进文化。只有这种文化才能代表中华民族的精神标识，代表中华文明的独特性和优越性，只有这样的文化才具有自信的资本。大部分学者认同这一观点，文化自信是"对自身文化价值的肯定，对自身文化生命力的坚定信念"。[1]对于中华文明来说，让我们自信的就是中华优秀传统文化，对于近代中国人民来说，让我们自信的就是中国伟大革命过程中创造的革命文化，对于中国特色社会主义伟大实践来说，让我们自信的就是社会主义先进文化。这三种文化通过创造性的改造和发展，构成当前我国文化建设和发展的主要内容。中国特色社会主义进入新时代，中国人民的文化自信，实质上是对中国特色社会主义的文化自信，它是我们树立文化自信的根本内容和精神力量。

---

[1] 云杉："文化自觉 文化自信 文化自强——对繁荣发展中国特色社会主义文化的思考（中）"，载《红旗文稿》2010年第16期。

第五章　文化自信与价值观自信

我们所提倡的文化自信，其内核是价值观自信，从文化与价值观的内在联系来看，两者是密不可分，互相渗透的。文化即"以文化人"，其最终目的是实现人的全面发展，文化与人有着千丝万缕的联系。文化是人们在长期的生活实践中产生的一种稳定的精神产品，体现了人的心理活动和行为方式。文化与人的从属关系决定了文化必须要通过人的一系列活动来体现。所以，文化产生于人类的实践活动，同时，人也是一定文化程度上的人。价值观则是文化与人在相互作用中的产物，价值观其本质的主体也是人，是人的世界观、人生观的问题。一定社会的价值观是该社会意识形态的一个组成部分，并体现出意识形态的本质特征。而人的世界观、人生观等意识形态都是一定社会的文化的表现形式。从本质上来看，价值观属于文化的范畴，是人们在实践活动中对意识形态的一种判断标准，是文化在人的思想观念中的体现。在实践中，一定的价值观决定了人要创造什么样的文化，也就是说人有什么样的价值观，在社会实践中就以什么样的文化呈现出来。所以，文化最本质性的东西就是它最有价值性的东西，价值观就是人创造自己文化的核心部分。

坚定文化自信的重要前提就是要坚定价值观自信。价值观自信决定着文化自信的主要内容。习近平总书记在谈到文化自信的时候，专门把这两个词放在一起，要求人们切实做到"文化自信和价值观自信"。[1]从两者的关系看，价值观自信是文化自信的核心要义。要想树立和坚定高度的文化自信，就必须抓住文化自信的核心要义，把核心价值观作为文化自信建设的一项长期战略任务，通过核心价值观的建构来夯实文化自信的基础。价值观是文化的核心，这是一个不争的事实，而文化又是价值观的载体，两者是互相联系的。但就内容而言，文化是多样多变的，不同时期有不同的文化，不同的阶级或阶层有不同的文化，但其深层次的价值观则是稳定的、具体的，一旦价值观确定下来就很难改变。只有以深层次的价值观构建出来的文化才具有一定的牢固性和持久性，这样的文化才具有凝聚力和感召力，在历史的长河中才能推动人类社会向前发展，这样的价值观才是文化的灵魂，深深地蕴藏在文化的精髓里面。习近平总书记指出："一个国家的文化软实力，从根本上

---

[1]《习近平谈治国理政》，外文出版社2014年版，第164页。

说，取决于其核心价值观的生命力、凝聚力、感召力。"[1]价值观也分为许多种类，在文化中真正起到根本作用的是核心价值观，因为核心价值观是从一般价值观中提炼出来的，具有很强的统摄功能，是文化的精髓所在。可以说，我们的文化自信来自于我们凝聚而成的核心价值观的支撑。"构建具有强大感召力的核心价值观，关系社会和谐稳定，关系国家长治久安。"[2]

2016年，习近平总书记在哲学社会科学工作座谈上指出，"坚定中国特色社会主义道路自信、理论自信、制度自信，说到底是要坚定文化自信"。[3]而同年在庆祝中国共产党成立95周年大会上，习近平总书记进一步强调："文化自信，是更基础、更广泛、更深厚的自信。"[4]习近平总书记的重要讲话对中国人民坚定文化自信给予了充分的肯定。习近平总书记坚定文化自信的观点，是中国共产党人从深入思考和认真总结古今中外各国发展的经验和教训中得来的，并在中国特色社会主义伟大实践中得到了充分的检验，是经得起时代拷问的。当今世界各国都以全球化来定位自己的角色。全球化随时代发展而不断改变。随着"软实力"概念的产生和"文明冲突论"的提出，全球化在文化领域中的交流、交融、交锋表现得尤为突出，中华文化在全球化的浪潮中也难免受到西方文化的冲击，中国人民正处于一个文化多元化的大环境中。如果我们想保持中华文化的独特性，留住我们的根和魂，就必须找准复兴中华文化发展的路向。始终坚持文化的核心是价值观的观点，加强我国的核心价值观建设，以核心价值观的构建筑牢我国的社会主义意识形态，真正将文化自信作为推动中华民族伟大复兴的文化软实力。对于文化软实力，习近平总书记指出，"提高国家文化软实力，要努力传播当代中国价值观念"，"不断丰富人民精神世界、增强人民精神力量"。[5]这说明，人民的精神状态依靠文化去滋养，依靠价值观去打气。在社会主义精神文化建设中，文化自信和价值观自信两者都不能缺少，我们要在坚定文化自信中突出价值观自信的地位和作用，把社会主义核心价值观作为人们勇于担当建设文化强国使命

---

[1]《习近平谈治国理政》，外文出版社2014年版，第163页。
[2]《习近平谈治国理政》，外文出版社2014年版，第163页。
[3]《习近平谈治国理政》（第2卷），外文出版社2017年版，第339页。
[4]《习近平谈治国理政》（第2卷），外文出版社2017年版，第36页。
[5]《习近平谈治国理政》，外文出版社2014年版，第160~161页。

的价值观导向，为中国人民的美好生活创造一片和谐美丽的精神家园。

三、我国的价值观自信就是社会主义核心价值观自信

文化兴则国运兴，国运兴则民族兴。一个国家和民族能否长久地发展是与其文化密不可分的。实际上，文化与一个民族国家是相互依存、共生共荣的。国家依靠文化的力量才能保持稳固和统一，文化依赖国家的存在才能延续和发展下去。文化是一个国家和民族的精神根基和思想引领，是国家和民族赖以生存和发展的内在精神动力，各国的文化都具有各自的民族特色，都有其内在的核心精神，这是区别于其他国家文化的重要符号特征。习近平总书记指出："核心价值观，承载着一个民族、一个国家的精神追求，体现着一个社会评判是非曲直的价值标准。"[1]改革开放之后，党带领中国人民一直致力于核心价值观的探索和建设，2006年，党的十六届六中全会首次提出社会主义核心价值体系，标志着党在核心价值观认识上的一次飞跃。2012年，党的十八大首次提出社会主义核心价值观的重大命题，这是党在核心价值观认识上的又一次飞跃。这两次飞跃标志着中国共产党在核心价值观认识上逐渐走向成熟，并实现了价值观从传统向现代的转型，为中国人民找到了适合自己社会发展的价值遵循。社会主义核心价值观既是中国人民价值观的最大公约数，也合乎人类社会发展方向，符合全世界人民遵循的价值观，它为世界人民达成价值共识提供了价值观参考。社会主义核心价值观是中华民族在长期的社会实践中积淀下来的价值观精华，是中华优秀传统文化涵养和孕育出的独具民族特色、时代精神和中国力量的核心价值观，是中华民族文化自信的历史缩影和生动写照。

文化的表现形式多种多样，涵盖了社会生活的方方面面，其内在核心即价值观也是面向大众、面向未来的，能够为社会的发展提供正确的导向，为社会的稳定保驾护航，体现出时代性和前瞻性特征。时代性和前瞻性正是社会主义核心价值观的独特优势。作为当今世界一种新型的价值观，社会主义核心价值观在国家、社会、个人三个层面的价值诉求不仅针对我国社会公民

---

[1]《习近平谈治国理政》，外文出版社2014年版，第168页。

具有普适性，即使面向世界人民也是普遍受欢迎的，因为社会主义核心价值观所体现出来的价值目标、价值指向和价值准则具有超越国界、超越民族的永恒价值和意义。从中国的具体情况来看，社会主义核心价值观中的内容表达了中国人民千百年以来梦寐以求的理想诉求，如国家层面体现的对大同社会、和谐社会的理想状态的向往，社会层面对自由社会的向往，个人层面对个体道德修养的要求，这些向往和追求同时也表达出了中华儿女在追求理想生活的过程中所透露出的文化自信。无论是哪个层面，社会主义核心价值观所涉及的内容都是这个国家或民族生存发展最深层次的精神诉求，从个体到社会，从社会到国家，每个人都是它的践行者。因为核心价值观是一个国家或民族不同时期的文化形态的稳定表现，并且在社会发展中具有引领时代思潮的价值导向作用，是这个时代发展呈现出来的思想精华。

价值观自信是人们对本国文化所具有的一定的价值涵养的高度认同和赞扬，对本国文化所具有的高尚道德情操的赞同，对自身拥有这样一种文化而感到的无比的自豪。对于一个国家、民族、政党来说，价值观自信是维系国家安定、民族繁荣、政党稳固的精神纽带，是国家、民族和政党生存发展的坚实思想基础。价值观自信不仅反映了一个社会群体对群体精神、民族精神、国家精神的不懈追求，更体现了个体的精神独立性。因为我们所提倡的文化自信并不是分离的个体和整体的自信，而是在整体中反映个体，在个体中体现整体的价值观自信。文化自信的逻辑起点是个体对自我价值实现的自信，其最终归宿是实现群体的、民族的、国家的自信，这就需要我们对文化自信有一个清晰的、整体性的认识，我们不能否认历史发展中的某个阶段的文化体系，也不能否认个体在文化发展中的重要作用，但是这些阶段性的，以及个体的自信并不是文化的核心价值观所在，真正的核心价值观建立在整个群体社会持久性和稳定性的文化体系当中。

所以，对核心价值观的认识要意识到个体与社会的价值关系。因为人离不开社会群体而独立存在，人的本质需要体现在社会价值中，在社会中体现自身的价值才是人实现自我发展的最终目的。人的自我价值与社会价值的统一只能在社会实践中获得实现。个体所体现出来的自信，是其在社会关系中表现出来的对个体在社会价值中的自信，其本质是个体价值在社会中的体现，是社会需要被自我满足的表现。个人在社会实践中，通过对社会的伦理道德、理想信念等的学习，将这些理论内涵通过社会实践转化为内在的行为准则和道德标准，从而进行价值选择和价值判断，继而形成自我的价值观。自我的价值观是人的最高层次的需求，人的最高需要就是要实现人的最大价值，也是人最理想的一种价值需求。这种价值需求只有与普适的道德标准相适应时才有可能实现。人的自我价值与社会价值相统一才能显示出人生意义、实现人生的价值内涵。而价值观自信就是个体价值需求与社会价值需求相统一的表现，是文化自信的集中反映。

在我国，当个体的价值需要上升到社会的价值需求时，就集中地体现在社会主义核心价值观的价值需求层面。社会主义核心价值观已经成为当代中国人的价值需求，成为中国人为美好生活奋斗的文化象征。社会主义核心价值观在我国文化建设中起到凝魂聚气、强基固本的重要作用。社会主义核心价值观所具有的凝聚力和感召力是构成我国文化软实力，彰显我国综合国力的主要力量来源。"历史和现实都表明，构建具有强大感召力的核心价值观，关系社会和谐稳定，关系国家长治久安。"[1]把社会主义核心价值观作为个体实现最大价值的精神寄托，就需要大力培育它，将它融入社会生活之中，成为个人的行为准则。把国家层面和社会层面的价值需求与个人层面的价值需求有机地统一起来，使每一个个体明白自己所肩负的历史使命和责任，意识到社会价值实现对个体价值实现的重要意义。在个体价值与社会价值相冲突的情况下，一定要以社会主义核心价值观的价值实现为前提，充分发挥出个体价值的独特优势，为实现社会价值做贡献。

社会主义核心价值观集社会价值与个体价值于一体，充分体现了中国共产党与中国人民在革命斗争年代、社会主义建设探索时期和改革开放时期的共同价值诉求。社会主义核心价值观是中国共产党立足中国近代国情、中国特色社会主义市场经济，以及全球文化多样化语境，结合中国文化的历史底蕴和发展方向，以及马克思主义中国化的理论成果提炼形成的国家主流价值观，是中国共产党致力于社会主义意识形态建设的一项伟大铸魂工程。

---

[1] 习近平："习近平论社会主义核心价值观——十八大以来重要论述选编"，载《党建》2014年第3期。

坚定文化自信，首先要坚定本国文化蕴含的主流价值观自信。只有坚定主流价值观自信，才能使本国文化的吸引力和感召力释放出来、彰显出来，使本国国民对本国的文化深信不疑，并因自身拥有这种文化而充满自豪。

价值观是一种信念，一种理想，一种理念。在这个系统内，价值观决定着人的价值取向，进而影响人的行为选择。从大的方面讲，一个国家、一个民族要靠核心价值观来维系，核心价值观对一个国家、民族的存在和发展起到凝聚和感召的作用。以"三个倡导"为主要内容的社会主义核心价值观体现了中华优秀传统文化中最深层次的思想内核，体现了对中国共产党领导中国人民不断追求美好生活的向往，指明了我国文化整体的发展方向，反映了个体价值与社会价值相统一的本质特征，涵盖了人民群众普遍认同的价值观和理想追求。这说明一个国家、一个民族只有找准价值观，坚定自己的价值观自信，这个国家和民族才有希望。

一个民族国家的文化精华都集中在核心价值观之中。古老的四大文明中，每一种文明都有一个核心价值观支撑和维系着这个民族的延续。社会主义核心价值观是中华民族的根和魂，蕴藏着中华文明体系中最深层次的思想内容，决定中华民族文化的根本性质，对整个民族的文化发展乃至民族的精神面貌起到决定性作用。文化反映民族生存和生活的真实面貌，民族的精神需求孕育文化内容的不断更新。只有繁荣兴盛的文化才是民族永葆活力、生生不息的源泉所在，是民族持久而深层次的思想力量。社会主义核心价值观正引领中国人民走在中华民族伟大复兴的道路上，正在激励中国人民满怀信心和斗志，众志成城实现两个百年目标。大力弘扬和培育社会主义核心价值观，是我们对自己的核心价值观充满自信的应有之义，是让我们树立和坚定文化自信的底气和支柱。

针对当前我国文化发展的现状，我们要立足中国特色社会主义伟大实践，坚持以人民为中心的艺术创作导向，不断深化文化体制改革，探索解决文化发展的瓶颈，力争为人民创造更多的优秀精神成果，以满足人民群众美好生活的需要。截至目前，我们在文化建设领域所取得的成就，以及我们的一切文化工作都是根据社会主义核心价值观的基本价值诉求进行的。只有牢牢抓住我国文化发展的主流方向，以社会主义核心价值观为引领，文化工作者的创造成果才能得到社会认可，文化工作者的创作欲望才能被点燃起来，对自己的文化创造才能充满自信。回望过去，在我们找到社会主义核心价值观之前，文化自信的立足点还只是一个庞大复杂的思想体系。但是在马克思主义指导下，在中国共产党人的带领下，我们的文化就有了明确的价值轴心。中国人民凭借着民族精神和时代精神克服艰难险阻，战胜一个个难以想象的困难，归根结底靠的就是我们文化自信中的核心价值观。如今，中国特色社会主义进入新时代，我们仍然要坚持"不忘初心，牢记使命"，把民族精神和时代精神作为社会主义核心价值观的内核，以坚定的文化自信和价值观自信助推新时期中国特色社会主义伟大实践阔步前行。

第二节　社会主义核心价值观与文化软实力

文化自信助推文化建设，文化建设铸就文化强国。而文化强国的建设绝非易事，文化作为国家综合实力竞争中的软实力，其重要地位越来越凸显，在当前我国处于大发展、大变革、大调整的时期，文化的繁荣与发展比以往任何时候都显得更加迫切。而核心价值观作为文化的精神内核和文化软实力的集中反映，在打造文化强国时就应被放在重中之重的位置。我国要提升作为社会主义意识形态国家的文化软实力，就必须把社会主义核心价值观放在文化建设的显要位置，用社会主义核心价值观夯实我国的文化软实力。自"提高国家文化软实力"写进党的十七大报告之后，以社会主义核心价值观为内核的文化建设日益成为打造我国文化软实力的重头戏，成为我国实施文化强国战略的重要内容。

一、什么是文化软实力

文化软实力是软实力的重要组成部分，而软实力的概念又建基在历史上"国力"的理论之上。对于"国力"，在我国古代就已经有了非常完整的诠释。孙子在两千多年前就提出："兵者，国之大事，死生之地，存亡之道，不可不察也。"[1]把军事力量作为一个国家的重要力量，这是历史上有关国力论的重要观点。这种国力论，用现代话语表示的话就是一个国家的硬实力。但以军事力量作为国家力量的国力论并不是中国的治国之道，"柔"才是中国自古以来的优良传统，是展现中国国力的重要象征。《道德经》中有"天下之至柔，驰骋天下之坚"的道理。老子拿"水"来作为例证，他认为水是柔弱的东西，但水能击穿最坚硬的石头。即使在战争上，中国人也是追求"不战而胜，不攻而得，甲兵不劳而天下服"的原则。孟子就曾提出"仁者无敌"，主张"以德服人"的思想。以军事家留名于世的孙子，在重视国家军事力量的同时，并不强调用军事战争来解决问题，而是期望在一定条件下制定正确的谋略，以外交的方式达到"不战而屈人之兵"的目的。中国人民历来都以崇尚和平、厌恶战争为价值诉求和遵循，这些价值诉求和遵循构成了中华优秀传统文化中以柔克刚的软实力内涵。古代中国软实力的展示在郑和下西洋的活动中表现得淋漓尽致，成为中国在世界范围代表大国风范，展现大国形象的典型例证。

到了近代，人们开始关注一个国家的综合国力。1890年，美国的马汉在《海权在历史的影响》一文中提出"海权论"。20世纪初，有学者提出"国家权力—国力"的概念，提出以军事实力为核心的国力论。1948年，美国学者汉斯·摩根索在出版《国际政治权力与和平》一书中提出"综合国力"一词。摩根索认为国际政治就是各国依托各自的"综合国力"所进行的利益博弈，主张把"综合国力"作为一个国家推进其对外政策的基础和手段。摩根索也被后人尊为现代综合国力理论研究的奠基人。[2]1965年，在德国物理学教授威廉·富克斯出版的《国力方程》一书中，依据物理学和生物学的科学方法提出计算国力的数学公式。1966年，法国学者在《和平与战争：国家关系理论》一书中提出国家权力就是"将自己的意志强加给其他政治单位的能力"。[3]1980年，美国学者克莱英出版《80年代世界权力趋势及美国对外政策》一书，书中认为各国在国际舞台上所展现出来的实力就是"一国之政府

---

[1] 吴九龙：《孙子校释》，军事科学出版社1991年版，第3页。
[2] 李方：《中国综合国力论》，安徽科学技术出版社2002年版，第4页。
[3] 李方：《中国综合国力论》，安徽科学技术出版社2002年版，第4页。

去影响他国政府去做本来不愿意为之的某一件事情之能力"。[1]克莱英在此书中也提出了"国力方程",认为一个国家的综合国力由物质要素和精神要素两部分构成,并突出"精神要素"在综合国力中的重要地位。随着国家竞争领域的不断扩大,"精神要素"在综合国力中的地位越来越重要,特别是文化日益成为衡量一个国家综合国力的重要指标之一,文化的力量日益成为国际力量平衡对比的重要因素。

"冷战"时代的结束,世界多极化的发展,以及美国在世界霸权地位的衰落,改变了人们对一个国家国力的看法,人们开始把视线转移到价值观和文化层面。这一新的世界焦点就是美国学者约瑟夫·奈(Joseph Nye)提出的"软实力"。1990年,为批驳保罗·肯尼迪(Paul Kennedy)等人关于美国衰落的观点,哈佛大学教授约瑟夫·奈在《外交政策》杂志发表了《软实力》一文,并提出了"软实力"(Soft Power)概念。"软实力就是通过吸引力(attraction)而不是强制力(coercion)或惩罚(payments)得到你想要的东西的能力。"[2]约瑟夫·奈指出,如果一国能使本国权力在他国眼里具有合法性,则它可能不会遭到较多的抵制就能实现愿望。如果该国的文化和意识形态具有吸引力,则其他国家更愿意追随其左右。如果它建立的国际规范与其他社会一致,它就无需做太多改变。如果它主导国家建立的国际制度,并据之鼓励其他国家限制行为,那么它在谈判进程中就无需诉诸代价颇高的强制权力或硬权力。换句话说,软实力往往来源于文化和意识形态的吸引力、制定国际规则和制度的能力以及控制国际行为领域的能力等。[3]此外,约瑟夫·奈还认为,一国政府在国内捍卫的价值(如民主)、在国际组织中倾听他者的心声、在外交政策中促进和平与人权等都有助于吸引他者,提升自身的软实力。[4]

软实力引起热议之后,人们从不同层面对其进行了深入而又全面的研究。

---

[1] 黄硕风:《综合国力新论:兼论新中国综合国力》,中国社会科学出版社1999年版,第3页。
[2] Joseph S. Nye, Jr., *Soft Power: The Mean to Success in World Politics*, New York: Public Affairs, 2004, P x.
[3] [美]约瑟夫·奈:《硬权力与软权力》,门洪华译,北京大学出版社2005年版,第118页。
[4] Joseph S. Nye, Jr., *The Paradox of American Power: Why the World's Only Superpower Can't Go It Alone*, New York: Oxford University Press, 2002, P11.

约瑟夫·奈认为，软实力主要来自三种资源：文化、政治价值观和外交政策。[1]美国学者多丽丝·格拉巴认为，软实力由三样东西构成：价值体系、对内外政策和文化。[2]南希·斯诺认为一国软实力由三个维度来衡量：该国的文化观念是否符合全球标准；该国的新闻是否有掌控全球报道和传播的能力；该国的国内外行为是否具有公信力。[3]1993年，时为复旦大学教授的王沪宁发表的《作为国家实力的文化——软权力》一文中指出，文化要素是构成一国软实力的重要因素，是国家对外交往的基本力量。[4]随后，文化作为软实力在国家综合国力中的地位和作用逐渐得到中国共产党人的高度重视。党的十五大报告中就提出："有中国特色社会主义的文化，是凝聚和激励全国各族人民的力量，是综合国力的重要标志。"[5]党的十六大指出："当今世界，文化与经济和政治相互交融，在综合国力竞争中的地位和作用越来越突出。"[6]而党的十七大进一步指出："当今世界，文化越来越成为民族凝聚力和创造力的重要源泉，越来越成为综合国力竞争的重要因素，"并明确提出"提高国家文化软实力"的战略构想。[7]党的十八大提出："文化实力和竞争力是国家富强、民族振兴的重要标志。"[8]党的十九大再次强调："文化兴国运兴，文化强民族强。"[9]这深刻说明，文化软实力已经提升到国家战略高

---

[1] [美] 约瑟夫·奈：《软力量：世界政坛成功之道》，吴晓辉、钱程译，东方出版社2005年版，第11页。

[2] Doris A. *Graber Mass Media and American Politics*, Washington, D. C: CQ PIress. 2002.

[3] Nancy Snow, Philip M. Taylor. *Routledge Handbook of Public Diplomacy*, New York & London: Routledge, 2008.

[4] 王沪宁："作为国家实力的文化——软权力"，载《复旦学报》（社会科学版）1993年第3期。

[5] 中共中央文献研究室编：《十五大以来重要文献选编》（上），人民出版社2000年版，第35页。

[6] 江泽民："全面建设小康社会，开创中国特色社会主义事业新局面"，载《人民日报》2002年11月18日。

[7] 胡锦涛："高举中国特色社会主义伟大旗帜，为夺取全面建设小康社会新胜利而奋斗"，载《人民日报》2007年10月25日。

[8] 胡锦涛："坚定不移沿着中国特色社会主义道路前进，为全面建成小康社会而奋斗"，载《人民日报》2012年11月18日。

[9] 习近平：《决胜全面建成小康社会 夺取新时代中国特色社会主义伟大胜利——在中国共产党第十九次全国代表大会上的报告》，人民出版社2017年版，第41页。

度，成为一个国家综合国力的象征，成为国与国之间一个新的竞争领域。

中国的发展是在全球化大背景下展开的，中国在与外界的交往中逐渐认识到文化、价值观、道德准则等无形的软实力正代表着一种新型的社会发展推动力影响着我们的现代生活。作为综合国力的一个重要组成部分，"文化软实力集中体现了一个国家基于文化而具有的凝聚力和生命力，以及由此产生的吸引力和影响力"。[1]我们清楚地看到，一个民族的复兴或振兴单靠科技、经济、军事等硬实力的发展是远远不够的，提升本国文化软实力是必不可少的条件。2013 年，习近平总书记在中共中央政治局第十二次集体学习时指出："提高国家文化软实力，关系'两个一百年'奋斗目标和中华民族伟大复兴中国梦的实现。"[2]文化的命运与民族的命运紧紧连在一起，民族的复兴必须有文化的复兴做支撑。中华民族文化博大精深、源远流长，是我国文化软实力的宝藏，是民族复兴的保障。我们要充分发掘中华优秀传统文化资源，实现民族文化的现代化转化，使其成为提升我国文化软实力的丰厚资本。

二、核心价值观是文化软实力的灵魂

习近平总书记指出："核心价值观是文化软实力的灵魂、文化软实力建设的重点。"[3]社会主义核心价值观在我国文化软实力中的地位不证自明。由于不同的民族有着不同的民族文化，不同的民族文化所内含的价值观也不同。价值观的不同决定了西方的文化软实力与中国建设的文化软实力有着本质的区别。历史证明，真正强大、长久的国家，除了具有经济、军事等雄厚的硬实力外，一定具有符合那个时代发展要求的核心价值观，而一个国家文化软实力的主要力量就来自于这个国家核心价值观的构建。要真正提升一个国家的文化软实力，最为首要的就是拥有一个稳固的核心价值观，去引领这个国家的文化发展。

文化的发展总是由一定的价值观引领，一个国家主导文化的发展也必须由

---

〔1〕 中共中央宣传部：《习近平总书记系列重要讲话读本》，学习出版社、人民出版社 2014 年版，第 102 页。

〔2〕《习近平谈治国理政》，外文出版社 2014 年版，第 160 页。

〔3〕《习近平谈治国理政》，外文出版社 2014 年版，第 163 页。

文化自信视域下高校社会主义核心价值观培育研究

这个国家占主导地位的核心价值观引领。美国学者拉兹洛指出："文化是受价值引导的体系"，"文化满足的不是躯体的需要，而是价值标准的需要"。[1]文化的发展都是符合文化主体的价值诉求，满足文化主体一定的价值遵循的。核心价值观左右着一个国家主流文化的发展方向，其他文化只有围绕主流文化运行，才能得到核心价值观的包容和认同，成为这个国家文化软实力的动力要素。核心价值观与文化软实力之间，就相当于磁场与磁力的关系。如果核心价值观的磁场作用强，文化软实力的磁力就强，反之则弱。

核心价值观对文化软实力产生的强大作用体现在：一是核心价值观能够为文化发展提供稳定而又坚实的根基。核心价值观的核心就在于它处于所有价值观的核心层，在所有价值观中居统治地位、支配作用，是社会成员必须普遍遵循的基本价值准则。核心价值观具有很强的整合功能，通过整合的价值观能够紧紧围绕在核心价值观周围，共同产生一种积极的团结效应，形成一种强烈的亲和力、感召力和凝聚力。由核心价值观构建起来的文化具有很强的抗剧变性、抗干扰性。这样的文化对国民来说具有很强的吸引力和感召力，它会深深影响国民的思想和行为，大大提高国民的综合素质和文化水平，成为这个国家文化软实力的坚强后盾。二是核心价值观能为文化发展提供明确的导向。世界纷繁复杂的文化环境，造成价值观乱象横生，而核心价值观能够对各种价值观进行整合，为人们提供一个明确的价值选择标准，为人们选择什么样的文化提供价值观依据。中国人民自从找到马克思主义的科学理论和科学方法论指导以后，逐渐找到了适合中国国情的核心价值观，从此中华民族文化的生命力被激活，中华民族文化再也不畏惧走向世界大舞台，与世界各民族文化同舟共济，充分展示中华民族文化的感召力、凝聚力、影响力和辐射力，从而形成与我国国际地位相称的文化软实力。

一个社会的发展与进步离不开一定的社会文化，而一定的社会文化发展又离不开核心价值观。培育一种符合社会发展规律、能够反映一定社会主流文化的核心价值观，才能产生并转化为强大的文化软实力。如果一个民族国家不能顺应时代潮流，始终固守落后的核心价值观，而不去对其进行革新和

---

〔1〕［美］E. 拉兹洛："文化与价值"，闵家胤译，载《哲学译丛》1986年第1期。

改造，通过吐故纳新的方式，建设同经济社会发展相适应的核心价值观，那么这个民族的文化软实力就不会得到提升，原有的文化软实力也不会持久，这个民族必将走向衰败。文化要源源不断地转变成为文化软实力，必须要有一种与文化发展相匹配的核心价值观。一定社会的文化革新实质上是这种文化内部核心价值观的更新。当一定社会的文化发展不能满足广大人民的共同需求时，势必通过核心价值观的更新来促成文化的革新。文化停滞不前往往是由于价值观的一成不变和因循守旧造成的。通过价值观的整合与重构，从而形成新的核心价值观，或原有的核心价值观得到进一步完善，能够再次赋予文化新的生命力，促进文化继续向前发展。早在新中国成立前，毛泽东就认识到中国共产党"不但为中国的政治革命和经济革命而奋斗，而且为中国的文化革命而奋斗"。[1]这主要是毛泽东看到中国共产党已经找到了新的价值观，在这种新的价值观引领下，中国共产党一定有信心带领中国人民建设"一个被新文化统治因而文明先进的中国"。[2]

果然，中国革命的胜利，给中国人民带来一个全新的中国，这不仅使中国的文化发生了彻底变化，更使中国人民的价值观发生了根本性改变。"中国人在精神上就由被动转入主动。从这时起，近代世界历史上那种看不起中国人，看不起中国文化的时代应当完结了。"[3]中国人民价值观的更新扭转了中国文化的命运。如此看来，文化要成为真正的软实力，成为指导广大人民群众开展物质资料生产的思想武器，就必须找到或构建一个先进的价值观作为支撑。从近代中国文化发展的经验与教训可以看出，坚持马克思主义和中国化马克思主义的指导地位不动摇，"是我们立党立国的根本，也是社会主义文化建设的根本，决定着我国文化事业的性质和方向"。[4]有科学理论的指导，有先进价值观的力量支撑，我国文化发展就有了主心骨，我国文化软实力就日渐增强。今天，有了社会主义核心价值观，时不我待，我们必须牢牢抓住社会主义核心价值观这个支撑点，大力发展我国的文化事业，不断壮大文化

---

[1]《毛泽东选集》（第2卷），人民出版社1991年版，第663页。
[2]《毛泽东选集》（第2卷），人民出版社1991年版，第663页。
[3]《毛泽东选集》（第4卷），人民出版社1991年版，第1516页。
[4] 中央宣传部、中央文献研究室组织选编：《论文化建设——重要论述摘编》，中央文献出版社2012年版，第21页。

软实力,以彰显我国的大国形象,提升我国的国际地位。

三、用社会主义核心价值观夯实中国文化软实力

我国文化的发展已经形成了以社会主义核心价值观为输出的文化软实力。强大的文化软实力成为铸就文化强国的重要条件。可以看出,民族的繁荣和国家的强大需要有文化软实力的支撑,需要高度的文化自信,以及文化自信背后的核心价值观的引领。郑永年认为:"世界历史发展表明,制度崛起尤其是国家政治制度的崛起才是一个国家的真正崛起。"[1]实际上,郑永年所说的"制度崛起"中的"制度"就是国家的一种软实力。因为构成国家软实力的因素很多,政治上的领导能力、文化的吸引力、社会的治理能力、价值观的统摄力、道德的约束力和外交政策的影响力都是软实力。由于国情不同,不同国家运用的软实力资源也不尽相同。软实力既体现在一个国家的政治层面和制度层面,更渗透在一个国家的思想层面和文化层面。但不管是政治、制度还是思想、文化,其最深层次仍是价值观,特别是核心价值观,它是一个国家政治、制度、思想、文化的本质体现,是一个国家软实力的集中体现。因此,软实力的提升不仅需要政治、制度、思想、文化方面的建设,更需要核心价值观的构建和培育。

古往今来,一个国家的崛起不仅是经济、军事等硬实力的崛起,更是基于核心价值观基础上的政治、制度、思想、文化等软实力的崛起。法国资产阶级提出自由、平等、博爱的政治思想,于是法国大革命爆发,法国资产阶级革命取得胜利,从此法国走向强国之路。当英国政府把自由贸易作为自己的国策时,英国打破了它之前的欧洲强国如西班牙、葡萄牙和荷兰对贸易的垄断,为英国的崛起提供了经济基础。而美国的崛起与美国政府提出的民主、人权和世界秩序的价值观念存在很大关系。日本在安倍晋三内阁时期曾两次提出"价值观外交"战略,用"价值观外交"作为"积极的和平主义"的包装,旨在提升日本国家形象乃至为修宪铺平道路。2005 年,德国总理默克尔上台后也在推行"价值观外交",其主要表现就是联合美、欧、日,疏远中、

---

[1] 郑永年:"中国需要的是制度崛起",载《联合早报》2008 年 3 月 4 日。

俄，旨在西方普遍利益中定位德国在世界上的大国地位。

中国正在崛起，作为世界仅存的唯一一个社会主义大国，中国的崛起将会改变世界大格局。正因如此，西方列强们一直致力于采取各种手段来阻挠中国的崛起，经常诉诸于软实力的渗透。正如习近平总书记所说："冷战结束以来，在西方价值观念鼓捣下，一些国家被折腾得不成样子了，有的四分五裂，有的战火纷飞，有的整天乱哄哄的。如果我们用西方资本主义价值体系来剪裁我们的实践，用西方资本主义评价体系来衡量我国发展，符合西方标准就行，不符合西方标准就是落后的陈旧的，就要批判、攻击，那后果不堪设想！"[1]中国改革开放之后，西方价值观不可避免地对中国人民产生了一些影响。但中国人民已经认识到西方价值观的危害性，如何抵制西方价值观的利诱，中国人民正在做出积极的回应。中国人民已经清楚地认识到，中国要想和平崛起，实现中华民族伟大复兴，不仅要在经济基础方面实现发展和飞跃，更要在政治、制度、思想、文化等上层建筑方面提升自己的竞争能力。上层建筑建设就是要在国家软实力上下功夫，这就需要我们大力提升国家软实力，以社会主义核心价值观为凝魂聚气、强基固本的基础工程，加快推进我国价值观建设力度，让全国人民同心同力，共建美丽中国。

首先，建设社会主义核心价值观，必须不忘本，从传统中寻根，把中华优秀传统文化作为文化的生命源泉再次释放出来。从当前社会上流行的文化、思想、时尚、话语看，太多的东西都来自国外发达国家，我们自身的东西似乎患了失语症。在国际上一谈论中国文化，大家知道的只有孔子、老子、孟子，《诗经》《论语》《道德经》，以及四大名著等古代的东西，我们对当代国际社会的交流、掌控和支配缺乏一定的话语权，似乎博大精深的中华传统文化只是文化和思想的活化石。西方发达国家控制着世界舆论的导向，拥有较多的世界话语权，我们只能"跟在人家后面亦步亦趋"，按照人家的话语逻辑行事。鉴于此，中国必须改变在世界话语体系中的这一被动局面，重视国家核心利益的价值观建设。习近平总书记说："中华优秀传统文化是中华民族的

---

[1]《习近平谈治国理政》（第2卷），外文出版社2017年版，第327页。

精神命脉，是涵养社会主义核心价值观的重要源泉，也是我们在世界文化激荡中站稳脚跟的坚实根基。"[1]人类历史上的每一次进步都有文化力量的推动。既然人类是靠强大的文化力量站立起来的，那么中华民族也要用自己的民族文化力量去分享人类文明的一杯羹。我们不能只会咀嚼别人的文化思想，还要学会创造原本属于自己民族的文化思想；我们不能被西方核心价值观所绑架，要创造出具有自己民族特色的核心价值观，成为新的核心价值观的提出者和引领者。

其次，建设社会主义核心价值观，必须面向时代潮流的思想和文化制高点。从世界历史演变看，历史上的价值观之争，不只是概念之争，而是谁掌控历史发展的总方向，谁拥有思想观念的话语权，谁拥有文化软实力的所有权，以及谁位于利益至上的道德制高点的争夺。谁有了代表先进文化发展方向的核心价值，就能够创造出代表那个时代水平的文化软实力，激发出人民群众强大的生产力和创造力，推动着历史滚滚前进。实际上，西方资本主义制度的兴起是以文艺复兴和新价值观念的确立为前提的。民主、自由、平等、人性的解放等价值观念唤醒了中世纪黑暗时代欧洲人的心灵，是他们的首创精神使整个欧洲社会的文化和价值观发生了革命性的彻底改变。与西方形成鲜明对比的是，近代中国统治者只满足于传统的经济和政治制度，在价值观上盲目自信、夜郎自大，使其文化软实力失去了竞争力。封建主义思想的长期禁锢，中国人民被明哲保身、畏惧权威、崇尚权势的价值观所束缚，失去了对现实社会的怀疑精神和批判精神，缺乏革新上进的精神动力。近代中国衰落的历史教训告诉我们，没有先进的社会制度，特别是没有支撑先进社会制度的文化软实力，这个民族这个国家就无法强盛起来。正如习近平总书记所说："如果一个民族、一个国家没有共同的核心价值观，莫衷一是，行无依归，那这个民族、这个国家就无法前进。"[2]近代中国新文化运动所形成的以马克思主义为指导的新价值观，以及新中国成立后逐渐成形的社会主义核心价值观，鲜明地体现出中国人民在思想和文化解放中的价值观革新。

再次，建设社会主义核心价值观，必须遵循一种普遍意义上的共同价值

---

[1] 习近平："在文艺工作座谈会上的讲话"，载《人民日报》2015年10月25日。
[2] 《习近平谈治国理政》，外文出版社2014年版，第167页。

原则。对于西方抽象的普世价值，马克思主义一直持批判的态度，但马克思主义从不否认世界上存在一种具有普遍意义的共同价值。而对于目前来说，只有更具普遍意义的价值观，才能被世界人民所认同和接受，成为动员广大人民群众的精神旗帜。虽然某一个民族国家在现有的条件下不可能拥有全世界普遍遵循的价值观，但是可以拥有某种在当时和未来近乎具有普遍适用性的价值观。这样的价值观不仅对内可以激发全体成员的精神活力并将其转化为创造自己民族历史的荣耀感和自豪感，而且对外可以成为其他民族人民效仿的典范，从而提升这个民族这个国家在世界人民心中的形象。这样的价值观才能使这个国家在与世界其他国家的博弈中站稳脚跟。正如学者公方彬所说："核心价值观逐渐发展为大国博弈的新支点"，"大国博弈由政治制度为中心向以核心价值观为支点迁移，是世界发展到一定历史阶段的必然产物"[1]。着力加强核心价值观建设，把核心价值观上升为具有普遍意义的价值遵循，是提升国家文化软实力的重要一步。党的十八大提出社会主义核心价值观，这是对社会主义核心价值体系的凝练和提升。2015年，习近平总书记在联合国大会上提出以"和平、发展、公平、正义、民主、自由"为内容的"共同价值"，这是对社会主义核心价值观的进一步提升。新加坡《联合早报》指出："在全球化的今天，不仅物质利益相互依赖，构筑物质利益相互依赖的机制走向一致"，"价值观的很多方面也越来越趋同"。一个国家要发展自己的核心价值，必须要与世界人民普遍接受的共同价值相接近。有学者认为："社会主义核心价值观体现了对全人类共同价值的对接。"[2]社会主义核心价值观作为人类历史上的新型价值观，只有继承和发展人类文明的一切优秀成果，才能同世界人民一道共享世界话题，用自己的话语体系去发声，力争在世界范围获得更多的话语权。

最后，建设社会主义核心价值观，必须面向人类社会发展规律的文化导向。人类历史上没有超阶级、超现实的、抽象的普世价值，只有具体的、历史的共同价值。任何价值观的背后都有一定的社会背景和历史背景作为其产生的条件。不是价值观创造社会历史，而是价值观深深映射着社会历史。价

---

[1] 公方彬："大国博弈：以核心价值观为支点"，载《中国青年报》2008年2月3日。
[2] 公方彬："大国博弈：以核心价值观为支点"，载《中国青年报》2008年2月3日。

值观必须以历史为基础，顺应着历史的发展而发展。所谓具有普遍意义的价值观无非是其符合历史发展的要求，反映一定的社会历史发展的趋势而已。一些看似普适的价值观无非是代表或体现了某一历史发展阶段的方向而已。诸如封建主义等级制和血统制的价值观只能存在于封建主义社会，随着人类社会的不断进步，这种价值观就逐渐有悖于历史发展的潮流，终将被历史的洪流所淘汰。资产阶级提出的以自由、平等和博爱为主导的价值观代表的是资本主义阶段性发展的方向和要求，对于资本主义而言是具有普世价值的，而对于社会主义来说就是落后的、腐朽的，需要对它进行革新。因此，我们不能把民主、自由、博爱这样的价值观作为资本主义社会的专利，而是要把这些被资产阶级抽象化、虚无化、碎片化的价值观交给广大人民群众去打理，让它成为真正代表广大人民群众根本利益的价值观。如果价值观脱离了人民群众这个底层根基，"就会变成无根的浮萍、无病的呻吟、无魂的躯壳"。[1]面向人类社会的崇高理想，面向人类历史的美好未来，全世界人民要高举"和平、发展、公平、正义、民主、自由"的共同价值的精神旗帜，使之成为世界上所有民族国家或地区设定价值观的源泉和标准，成为各民族对待世界其他文化的基本准则，成为各民族文化交流与合作的参考标准。

第三节　大力推进社会主义核心价值观认同最大化

用社会主义核心价值观夯实我国文化软实力，就必须坚定社会主义核心价值观自信。社会主义核心价值观自信是我国价值观自信的集中体现，是引领我国文化建设的基本遵循，是提升我国文化软实力建设的内在力量。当前，我国在价值观建设领域还不够成熟，广大人民群众对社会主义核心价值观的认知度和认同度还有待进一步提高。这需要社会主义核心价值观更加贴近百姓生活，实现大众化，加大社会主义核心价值观的认同度。

推进社会主义核心价值观的认同，争取认同最大化，必须树立一定的问题意识。从哲学角度讲，树立问题意识能够有效处理重大疑难问题，找到解

---

[1] 习近平："在文艺工作座谈会上的讲话"，载《人民日报》2015年10月25日。

决问题的真正出路。党的十八大提出"社会主义核心价值观"重大命题，这不仅是中国人民在价值探索历程中的历史性飞跃，也是马克思主义中国化在价值层面上的重大理论创新。社会主义核心价值观成功解决了中国人民在寻求民族独立和国家统一过程中的价值诉求问题，也成功解决了中国人民在文化传承和发展道路上的价值遵循问题。可以说，社会主义核心价值观从深层次上解决了我国在建设有中国特色社会主义实践中遇到的诸多疑难问题，成为提升我国文化软实力的坚强助手，推动中华民族伟大复兴的动力引擎。诚然，如何把社会主义核心价值观落到实处，用到细处，惠泽千家万户，需要我们具有强烈的"问题意识"，积极推动社会主义核心价值观的培育工作，建立广泛的社会认同基础，不断提高它的影响力和凝聚力。

一、问题意识的哲学命题

问题意识是一种具有理性思维的哲学概念，它主要是指对问题所产生的一种意识能动反映，做出对问题本质的理性思考。爱因斯坦曾对自己的科学生涯有感而发："提出一个问题往往比解决一个问题更重要，因为解决问题也许是一个教学上或实验上的技能而已。而提出新的问题，从新的角度去看旧的问题，却需要有创造性的想象力，而且标志着科学的真正进步。"[1]这道出了科学研究离不开"科学问题"，能提出"科学问题"就是对科学研究的一大发现，能解决"科学问题"就是科学的一大进步。爱因斯坦之所以能成为伟大的科学家，就是因为他对"问题"的思考已经上升到了一种"问题意识"。古往今来，如此看待问题意识者不止爱因斯坦一人。英国哲学家培根也说："如果你从肯定开始，必将以问题告终；如果你从问题开始，必将以肯定结束。"[2]这说明问题是事物发展的先导，只有将对"问题"的认识上升成为问题意识，才能把事情做成功，甚至事半功倍。马克思主义经典作家也曾指出："问题就是公开的、无谓的、左右一切个人的时代声音。问题就是时代的口号，是它表现自己精神状态的最实际的呼声。"[3]从马克思主义角度看，

---

[1] [美]爱因斯坦：《物理学的进化》，上海科学技术出版社1962年版，第69页。
[2] [英]培根：《培根论说文集》，商务印书馆2008年版，第2页。
[3] 《马克思恩格斯全集》（第40卷），人民出版社1982年版，第289~290页。

问题意识就是人类社会实践的时代缩影，是推动人类社会不断向前发展的不竭动力。每个时代都有自己的问题，每个时代问题都直击人类社会的本质，人类就是要不断解决时代问题，在问题意识中创造出自己的智慧、精神和价值等。

进而言之，"问题"又属于矛盾范畴，问题意识就是一种矛盾观。矛盾无处不在，问题就无处不在，矛盾无时不有，问题就无时不有。毛泽东说过："什么叫问题？问题就是事物的矛盾。哪里有没有解决的矛盾，哪里就有问题。"[1]把问题意识视为矛盾观，就是为事物发展中的各种"问题"提供辩证的思维角度，为最终解决"问题"找到"良药"。如果我们具有问题意识，我们就不畏"问题"的存在，不畏"问题"的产生。如果我们树立问题意识，我们就会在"问题"面前做到有的放矢和从容不迫。可以说，问题意识如同充满智慧的双眸和聪颖的大脑，是人类赖以存在和发展的一种特殊技能。正如刘云山所说："树立问题意识非常重要，这是我们认识世界，改造世界的一把钥匙，也是弘扬良好学风的应有之义。"[2]因此，有学者认为，问题意识就是"人们对存在问题的能动性、探索性和前瞻性反应，它不仅是一种面向本体和前提的思考，更是面向现实生活世界的思索"。[3]就是因为人类拥有问题意识，才使得社会生活五彩缤纷，社会发展千姿百态，整个社会始终蕴含着无限的生命力和创造力。一言以蔽之，问题意识就是一种不畏"问题"的批判精神，一种勇于探寻人类真谛的永恒动力。

问题意识一直贯穿于马克思主义中国化过程，马克思主义在中国发展的每一次理论结晶，都是运用马克思主义理论智慧解决中国重大问题的具体表现，都蕴藏着深刻的问题意识。对"什么是马克思主义，怎样对待马克思主义"的思考，解决了我们处理马克思主义的态度，让我们明白"马克思主义不是教条"，不是"本本"，而是"行动的指南"，解决问题的"方法"；对"什么是社会主义，怎样建设社会主义"的思考，诠释了社会主义的本质内涵，让我们明白社会主义不是"平均主义"和"吃大锅饭"，而是生产力的

---

[1] 《毛泽东选集》（第3卷），人民出版社1991年版，第839页。
[2] 刘云山："谈谈端正学风"，载《学习时报》2013年4月8日。
[3] 李小三：《领导思想方法要略》，中央文献出版社2012年版，第176页。

一种解放和发展等；对"建设一个什么样的党，怎样建设党"的思考，确定了中国共产党的性质和宗旨，让我们明白中国共产党始终代表中国最广大人民的利益要求，是中国人民唯一可信赖的执政党；对"实现什么样的发展、怎样发展"的思考，找到了人与社会之间和谐发展的真正出路，让我们明白社会发展的科学规律以及人本思想。党的十八大提出："我们党将举什么旗、走什么路、以什么样的精神状态、朝着什么样的目标继续前进。"[1]这是新时期面对国内外严峻形势党和人民提出的重大问题。在对于这一重大问题的思考中，我们始终把马克思主义基本原理与中国当代实际相结合，提出了明确的奋斗目标——中国梦，以及支撑中国梦的精神力量——社会主义核心价值观。社会主义核心价值观是党和人民在长期革命斗争和社会建设中总结出来的适合中国人民价值遵循的主流价值观。社会主义核心价值观具有鲜明的问题意识，它深刻反映出党和人民在新的时代所持有的立场和原则。

二、社会主义核心价值观中的问题意识

基于问题意识视角，我国提出社会主义核心价值观，实际上是解决我国价值领域"问题"所表现出来的一种强烈的问题意识。

首先，从国外方面看，社会主义核心价值观是应对西方"普世价值"观的干扰而做出的强烈回应，是西方"普世价值"观的"克星"。我国价值领域建设中一个最大的隐患就是来自西方"普世价值"观的干扰。改革开放以后，特别是中国加入WTO以后，一些人士认为，中国要与国际接轨，就必须认同"普世价值"，否则就会失去"作为人类社会正常成员的资格"。不过也有一些人士认为西方"普世价值"如同埋藏在党和国家内的一颗毒瘤，必须毫不留情地全部铲除。按照马克思主义价值观点，每一种价值观都是主体社会实践的历史反映，都具有一定的时代性、民族性和阶级性特征。很显然，西方宣扬的所谓"普世"的价值观念只是西方社会的价值追求，并不代表"人类共同的价值追求"。世界上也没有永恒不变的所谓"普世价值"，从目前来看，西方"普世价值"观实则是西方大国推行霸权主义的意识形态工具。

---

[1] 胡锦涛："坚定不移沿着中国特色社会主义道路前进为全面建成小康社会而奋斗"，载《人民日报》2012年11月18日。

而我国提出社会主义核心价值观是在价值领域建设中体现出马克思主义与当代中国发展相结合的又一次理论创新，是代表我国人民价值追求的社会主义意识形态的本质反映，这与西方"普世价值"观有着本质性的区别。因此，在面对两种价值观的抉择时，我们必须树立强烈的问题意识，正确认识西方"普世价值"观的本质特征，坚决运用社会主义核心价值观去揭开西方"普世价值"观的面纱，来捍卫我们自己价值观的核心地位。不仅如此，我们还要善于抓住各种优势资源，巧妙利用社会主义核心价值观去消化和同化西方"普世价值"观，变被动为主动，化干戈为玉帛，使其为我所用，成为社会主义核心价值观培育与践行的有生力量。

其次，从国内方面看，社会主义核心价值观是党和人民在探索中国特色新民主主义革命道路和中国特色社会主义建设道路上伟大实践的智慧结晶，是解决我国长期以来价值观困境的"救星"。我国近代以来发生的几次大的社会转型，每一次都强烈需要一种核心价值观去凝聚社会力量，整合多元价值，形成统一的价值信念。然而，在中国近代史上并没有真正形成具有中华民族凝聚力的核心价值观。历史告诉我们，一种核心价值观的产生并不是一蹴而就的，它既是历史长期积淀的产物，又是顺应时代发展的结果。社会主义核心价值观的确立也并非一帆风顺。从马克思主义传入到新中国成立再到改革开放，我国社会发生了跨越式转变，但在核心价值观遵循上却走了许多弯路，甚至出现过多元价值观冲突，给我国社会主义意识形态带来严峻挑战。改革开放以后，通过体制结构调整和工作重心转移，我国经济、政治和文化方面的发展都令人叹为观止，但是在核心价值观方面仍然扑朔迷离，以致各种庸俗价值观滋生和蔓延，严重破坏了我国改革开放的形象。社会主义核心价值观的产生正是解决我国改革开放关键时期这一"价值观泥潭"的"灵药"，填补了近代以来中国人民一直探寻"中国梦"的"价值真空"。因此，对于社会主义核心价值观的巨大作用，我们更要树立强烈的"问题意识"，要紧紧抓住时代赋予的重大机遇，牢记时代赋予的重要使命，用社会主义核心价值观来展现改革开放以来中华民族的民族精神和时代精神，提升中国大国形象；用社会主义核心价值观来诠释"中国和平崛起"意识框架下的中国发展道路，树立我们对中国特色社会主义前景的"四个自信"；用社会主义核心价值观来整合我国价值领域中的多元结构，把多元整合成一个最大公约数——社会主义核心价值观，并使之成为撬动"中国梦"起航的最强杠杆。

再次，从自身方面看，社会主义核心价值观是不断自我完善，逐步融入我国人民内心世界，指导我国人民日常生活的"精神食粮"。不可否认的是，以"三个倡导"为主要内容的社会主义核心价值观已经传遍祖国大地，获得广泛的社会认同和践行。但是，从人民群众的反映来看，社会主义核心价值观还存在诸多问题。比如，在提炼上还可以进一步精简，社会主义核心价值观还没能达到像中国传统价值观"仁、义、礼、智、信"和西方普世价值观"自由、平等、博爱"那样言简意赅的程度；在词义上，有些词语可能存在重叠现象，如"诚信"与"敬业"等；在功效上，对社会主义核心价值观的领会大多停留在感性认识上，没有真正转化为个人稳定的内心信念和自觉行为等。因此，对于社会主义核心价值观的现状，我们也要树立强烈的问题意识，一定要用一种发展的眼光来对待它，不仅把它看成是一个不断创新和完善，与时代接轨、与时俱进，解决时代问题的价值契约，更要将其看作是一个理论逐渐被群众接纳理解，不断融入人民群众生活，解决民生价值问题的最大公约数。

三、树立问题意识，积极推进社会主义核心价值观认同最大化

树立问题意识，坚持以问题导向为原则，是全面推进社会主义核心价值观认同的关键所在。首先，要认清两种价值观的本质区别，提升对社会主义核心价值观的本质认同。西方"普世价值"观是对价值观念和价值事实的"偷梁换柱"，是以抽象的"普世"性作为幌子，宣扬的却是统治阶级"共同利益的幻想"，其实质就是资本主义制度和价值观念。按照马克思主义的说法，"在资产阶级统治时期占统治地位的概念则是自由、平等，等等"，"将是越来越抽象的思想，即越来越普遍形式的思想"。[1]不得不说，西方"普世价值"观就是建立在抽象人性论基础上的一种对"价值的虚幻"，脱离了人的本质属性，实则是资产阶级的"护符"，无产阶级的"袈裟"。而社会主义核

---

[1]《马克思恩格斯选集》（第1卷），人民出版社1995年版，第100页。

心价值观是从具体的、现实的对象出发，深刻体现马克思主义经典作家对社会主义价值理想的基本诉求，在继承和发扬马克思主义价值观的理念基础上，又赋予马克思主义价值观创新的时代性特征和民族性特质。这一价值观的突出特征就是以"现实的人"作为价值主体，坚持"以人为本"，把人创造价值最大化作为核心观念。其实质就是"现实的人"的价值观，它既能体现每一个公民的主体地位，并以实现人的"自由全面发展"和人类社会的"自由人联合体"为最终目的；又能体现人民管理者的民本思想，使其真正做到"立党为公、执政为民"。因此，社会主义核心价值观是代表整个人类进步的价值追求，符合时代潮流，真正引领社会思潮的先进价值观。作为社会主义成功典范的中国，正代表着人类社会发展的前进方向。但是在社会主义初级阶段建设有中国特色社会主义道路过程中，我们只有坚持社会主义核心价值观，坚持以马克思主义为指导的社会主义意识形态，才能有效防止西方"普世价值"观的干扰，维护好我们自己的主流价值和主流意识形态。

其次，要认清中国国情，坚持中国道路，提升对社会主义核心价值观的内涵认同。从理论上分析，社会主义核心价值观包括两层含义，一是对社会主义本质的全面揭示，二是对我国核心价值观内涵的整体透视。首先，作为马克思主义价值创新层面上的社会主义核心价值观深刻阐释了"什么是社会主义"的本质问题。社会主义能在我国生根发芽，茁壮成长，这不仅是由中国特殊国情决定的，也与中国传统文化有很大关系。中国走社会主义道路是符合中国文化传统取向的，是中国人民对自己文化传统的一次深刻变革。社会主义核心价值观向世界展示了中国人民选择社会主义制度和坚定不移地走有中国特色社会主义道路是正确的，是实现中华民族伟大复兴的唯一出路。

不仅如此，社会主义核心价值观又是对近代以来中华民族寻梦途中多元价值的整合。从"泱泱大国"到"东亚病夫"再到"中国梦"的跌宕起伏，深刻体现了中华民族核心价值观在风霜雪雨中的蜕变与整合。中国人民在血腥风雨的上下求索中把"社会主义"与"核心价值观"有机地结合起来，彻底解决了一直困扰中国人民的价值难题，它犹如春风化雨般滋润着中国大地，从此照亮了中国前进的方向。从内容上看，"三个倡导"是社会主义核心价值观的具体体现。"三个倡导"既有中国传统价值观元素，又有马克思主义价值观元素。以"三个倡导"为主要内容的社会主义核心价值观是马克思主义价值观中国化与中华传统美德的统一，是中国先进价值理念与社会主义先进文化的统一。它既符合人类社会发展规律，又满足中国人民特殊需要。从功能上看，社会主义价值观强烈地反映出主客体之间在实践基础上的一种能动力量。有了社会主义核心价值观，中华民族就有了向心力和凝聚力，各族人民就能团结一心，众志成城，去实现自己的伟大梦想。

最后，要认清理论与人民群众之间的密切关系，提高对社会主义核心价值观的大众化认同。理论发展永无止境，实践发展也永无止境，理论只有深入实践，才能指导人民群众，成为人民群众改造社会的力量源泉。人民群众是历史的主人，人民群众就是在改造历史过程中把理论和实践有机地结合起来，使理论和实践在人民群众中发酵，成为人民群众"批判的武器"和"武器的批判"。社会主义核心价值观是我国在探索社会主义建设道路中的理论结晶，是人民群众实践的经验总结，它必将是人民群众积极投入中国特色社会主义伟大事业的共同价值信仰和精神反映。从群众观点和群众路线就能反映出，社会主义核心价值观的根基必须是人民群众，大众化就是它坚持的基本原则和最终归宿。因此，实现广大人民群众的心理认同和文化认同是社会主义核心价值观大众化的关键所在。毕竟社会主义价值观不是自发产生的，它是人民群众心理层面的情感透视。"心若在，梦就在"，只有扎根于人民群众内心深处，成为人民群众的"心灵鸡汤"，才会具有心理认同感。同时，社会主义核心价值观又是中华优秀传统文化和社会主义先进文化的结合体，既有"中国气派"，又有时代文化元素。社会主义核心价值观只有把民族文化和时代文化充分地展现出来，人民群众才能感受到自身存在感和国家归属感，在建设中国特色社会主道路上才会充满强大的文化自信，共同为实现中华民族伟大复兴的中国梦而砥砺奋进。

第六章
文化自信在高校社会主义核心价值观培育之体现

习近平总书记在全国高校思想政治工作会议上指出："我们的高校是党领导下的高校，是中国特色社会主义高校。"〔1〕这句话高屋建瓴地道出了我国高校的办学原则和办学宗旨。我国的高校就是要为中国特色社会主义事业培养建设者和接班人，这就决定了我国高校要把"立德树人"作为教育之本，不断增强对"立德树人"的紧迫感、责任感和使命感。"立德"强调的是道德养成，"树人"强调的是能力培养。道德养成主要依靠文化的涵养，能力培养主要依靠价值观的培育。没有一定的文化自信和价值观自信，就很难在"立德树人"上有所建树。习近平总书记多次强调要树立高度的文化自信，要大力弘扬社会主义核心价值观，"引导广大师生做社会主义核心价值观的坚定信仰者、积极传播者、模范践行者"。〔2〕站在新的历史起点上，我国高校教育也迎来了新的时代机遇。新时期，我国高校开展文化自信和价值观自信培育，就是要更好地构筑起中国精神、中国价值、中国力量，为实现中华民族伟大复兴提供源源不断的精神动力和道德滋养。在立德树人的时代要求下，加强高校文化自信培育以及价值观自信培育是一项凝思想、聚精神的伟大工程，是我国高校的新使命、新要求。

第一节　高校文化自信培育与高校文化育人之维

"四个自信"是中国人民对中国特色社会主义伟大实践取得成功的肯定性

---

〔1〕 习近平："把思想政治工作贯穿教育教学全过程"，载《杭州》（周刊）2016年第24期。
〔2〕 习近平："在北京大学师生座谈会上的讲话"，载《人民日报》2018年5月3日。

第六章　文化自信在高校社会主义核心价值观培育之体现

评价。其中文化自信是"四个自信"中最具有深层力量的自信。坚定文化自信有利于增强中国特色社会主义文化的自信,增强中华民族文化的优越性和深厚感,增强对中华民族的自豪感和认同感,从而进一步彰显中华民族的价值诉求,增强对社会主义核心价值观的自信。高校历来是思想文化传承和创新的主要阵地,培育好社会主义核心价值观,提升对中华文化的认知感和自信心,是高校在促进高校师生成长成才过程中义不容辞的责任和义务。新时期高校教育工作应把"立德树人"作为当前的根本任务。习近平总书记指出:"育人的根本在于立德","要把立德树人的成效作为检验学校一切工作的根本标准"。[1]这就要求当前高校教育工作特别是高校思想政治教育工作必须以立德树人为一切工作的中心,将文化自信和社会主义核心价值观贯穿于立德树人的全过程。通过文化自信的教育和培育使高校师生具有民族文化自豪感和国家认同感,特别是唤起新时代大学生自觉担当建设社会主义文化强国的重任,为实现中华民族伟大复兴的中国梦而不懈奋斗。

一、高校文化自信培育的内涵

中国特色社会主义进入新时代,我国高等教育也正进入一个新的发展机遇期。在此过程中,全球化文化多样化带来的价值观碰撞和冲击给当前高校教育带来一系列问题,其中一个根本性问题就位于价值观和文化领域。而从高校办学的根本宗旨来看,高校是一个教育机构,它的根本出发点和落脚点就是立德树人,即以文化人和以德育人;从高校的育人路径上来看,高校是一个培育基地,它的任务就是培育和涵养人文精神,传承和发展优秀文化和先进文化。那么,高校中的文化自信培育就是发掘和运用中华文化中的优势资源,对大学生进行文化疏导和教育,增强大学生对中华文化的认知和认同,自觉树立对中华文化生命力和未来发展前途的信念和信心。高校文化自信培育主要体现在以下两个方面。

（一）培育大学生对中华文化的自信

高校文化自信的培育首先体现在高校对大学生的民族文化教育上,通过

---

[1] 习近平:"在北京大学师生座谈会上的讲话",载《人民日报》2018年5月3日。

民族文化的内涵、价值、功能，以及民族文化发展史的教育和灌输，增强大学生对中华文化价值的认知，文化生命力的洞察，文化未来前景的把握，以形成对中华文化的高度自信。高校文化自信培育要求高等教育应当以民族文化教育为主阵地，引导大学生了解中华文化的来龙去脉，充分肯定中华文化的时代价值，对中华文化的过去、现在和将来都一如既往地充满信心。通过对中华文化的现代化解读，让大学生充分认识到中华优秀传统文化是中华民族的根和魂，中国共产党领导和建设的革命文化传承并弘扬了中华优秀传统文化，汇集了中国共产党和中国人民的优良精神传统，社会主义先进文化是引领中国特色社会主义发展的主流文化，是中国特色社会主义制度优越性的重要体现。这三种文化构成中华文化的主要内容，这三种文化组成的有机体——中华文化是中华民族最独特的精神标识。新时代大学生既要充分认识中华文化的原貌又要充分把握中华文化的新质，深刻把握中华文化的发展脉络和未来走向，进而为中华文化的传承和创新，为中华文化的自信奠定坚实的基础。

（二）培育大学生对文化传承与创新的实践动力

文化传承与创新是高校教育的基本功能和历史使命。高校作为文化传承和创新的重要阵地，在文化传承和创新中具有重要的地位和作用。人才的培养和辈出来自于高校对文化的传承和创新。因为文化的传承和创新需要有卓越的人才作为载体，而新时代高校的本职工作就是为文化的传承和创新培养人才。高校文化自信培育就是激励大学生投身于中华文化的传承与创新实践中，努力打造中华文化品牌，成为中华文化的形象代言人，肩负起中华文化复兴的使命。这就需要高校积极搭建宣传和弘扬中华文化的公共平台，以中华文化的博大精神和价值导向激励和引导大学生在文化传承和创新中肩负起责任和使命，并在现实生活中坚定走文化自信之路，将中华优秀传统文化内化于心，外化于行，用自己的实际行动为中华文化的传承和创新发展贡献力量。

二、高校文化育人之维

高校的主要职能是育人，而育人的主要方式是文化育人，这是高校的主要价值体现。虽然以现代化设施作为教育手段，但现代化高校一般都具有深厚的历史底蕴和文化氛围。随着高校的不断发展，每一所高校都在积淀和创造着深厚的文化底蕴，形成了自身特有的文化特征。高校深厚的文化底蕴造就了文化传承、文化研究、文化融合与文化创新等一些文化表达方式。其中，文化育人是高校的主要职能和功能。

（一）文化育人是高校教育不可缺少的重要考量

人才培养是现代高校的根本任务和基本工作，其他一切工作都围绕这个工作而展开。马克思主义指出，人有自然属性和社会属性，而社会属性是人的主要属性。人的社会属性就是人属于社会中的人，人生活在一定的社会关系中，受到社会的影响和制约。人的这种社会属性并非天然具有的，而是通过后天不同社会形式的教育和影响来形成的。由此，"使个体社会化"，即，使个体成为一个具有社会属性的个体，就成为包括大学教育在内的一切教育活动的主要内容。个体社会化过程就是个体从自然人成为社会人的过程，也是个体与社会之间双向互动的过程。也就是说个体社会化过程是社会不断给予个体教育进而滋养，以及个体不断接受学习社会知识的过程。现代高校属于教育机构，它的教育内容来自于长期积淀的社会文化，教育对象来自于有血有肉的社会化的人，教育目标是改造人继而改造人类社会。高校的本质就是在积淀和创新深厚文化底蕴的基础上培养更多更优秀的人才。高校从建立之初就把文化育人作为高校教育不可缺少的重要考量内容。

（二）文化育人的价值导向是引领高校人才成长的必要条件

高校教育的独特性不仅在于能让大学生学到专业的知识，掌握专业性的本领，更在于着眼开发人性的潜力，通过人性的塑造，来促进人的全面发展，为人实现生命的最大价值创造条件。以人的全面发展为基本目标，把对人的价值导向和理想追求的引导放在高校教育的首要地位。文化育人体现着高校超越物质性利益的最高价值追求，以及个体对于超越功利性的最高价值诉求。坚持文化育人，用科学的价值观去培育人才，乃是高校对人才诉求的终极关怀。一切科学的东西，其出发点都是为善的，都是帮助人类去认识世界和改造世界。人才最杰出的特性之一便是它是人类社会走向科学发展的塑造者和指引者。人才可以不是政治家和科学家,但是他能树立科学的价值观,能正确引领人类命运的走向,对人类社会有着更深切的把握和关怀。对人才的培养,不仅要注重他们对专业能力的掌控,更要注重他们对社会问题保持的高度的敏感性,从对自己人生观的关照必须走向对世界观和价值观的关切的境界。人才只有遵循科学的价值导向,才能赋予具体的专业研究以现实的社会意义,形成实现人的社会价值的崇高目标。

(三)文化育人的资源是一种特殊的高校教育资本

文化既能转化为一种实体资源,也可以转化为一种精神资源。文化在高校中能够转化成为一种特殊的教育资本。人是文化的主体,也是文化的对象,同时也是文化的凝聚物。文化育人的作用过程就是把文化中的思想、信念、价值观等隐性的文化内涵赋予自己塑造和激励的对象,通过对人的外在塑造达到一种显性的文化内涵的效果。这种育人方式能够使高校教育从单纯的工具理性的束缚中解脱出来。在强调育人"技术支持系统"的背景下,精神文化的育人价值常常是外在的,达不到对其本身的文化反省。而文化资源就是通过对人的思想、精神、价值观的作用来展现文化自身存在的价值,使其成为人的精神力量的外部形态。在现实生活中,高校教育的文化资源已经成为体现社会经济生活运行的基本特征。比如说,高校的诚实守信教育是交易行为中所体现出来的文化资源,勤劳节俭是资本积累中所体现的文化资源,社会道义是经济管理中的文化资源等。文化资源能够给社会经济增加价值,也能给社会经济活动减少价值。这就需要高校教育加大对文化资源的充分利用,通过高校的文化育人,将文化资源中的人文精神转化成为统一向上的社会心理和科学信仰。通过高校文化育人这一途径对社会所有成员形成辐射和渗透,使社会所有成员在思想观念层面形成统一的社会心理状态。高校在合理使用文化资源的过程中更加体现出高校教育的文化意义,并进一步发挥高校文化育人的文化资本作用。

(四)文化育人的人文关怀是高校以人为本的基本教育方针

文化育人是文化的内在精神力量作用于人身上所形成的一种精神驱动与思想引领。文化的内在力量不仅可以成为人的价值追求的激励方式,使人的精神世界走向健康和完美的状态，而且也是高校教育坚持"以人为本"，彰显人文关怀的重要象征。长期以来，由于科学技术的飞速发展和社会物质财富的极大丰富，高校为了满足社会需要和人的需要，学科门类不断增多，学科专业分工日趋细化，于是学科专业教育的模式走向单一化和程式化，导致一些学科过度地专业化和过度地功利主义。学科专业的功利主义倾向的实质就是"见物不见人"，将人视为一种学习技术和掌握技能的工具，完全忽视了人的情感世界，这是对高校文化育人的严重背弃。因为高校的办学方针就在于对人的美德的开发和人格的塑造，而不是打造具有一技之长的工具。高校教育的设计必须考虑到对人的精神关怀，坚持以人为本的育人思想。高校培养出来的个体应该是有血有肉的个体，是德智体全面发展的个体，而不能是知识的奴隶和专业的工具。

（五）文化育人是道德意义与价值意义的有机统一

育人是现代高校的根本任务和主导方向，高校育人的宗旨就是促进人的全面发展与塑造人的完美人格。我国古代教育理念就有"大学之道，在明明德，在亲民，在止于至善"。[1]德国著名教育学家洪堡也指出："大学是社会的道德灵魂。"[2]高校是"立德树人"的地方，是建立社会良知的地方。高校造就和培养人才成功与否，在很大程度上取决于高校文化育人背后的道德意义和价值意义；取决于社会成员能否从高校的文化育人中感受到崇高的人格魅力和高尚的道德情操；取决于教育对象能否洞察学习和掌握科学知识里面所深藏的道德准则和价值遵循，能否从现实世界中把与自己专业似乎无关的思想、价值和精神，纳入到高校的文化育人之中，连同高校的育人途径，一并内化为自身的道德和价值体悟。对高校文化育人价值的探究，其本身也是对高校文化育人的道德意义与价值意义相统一的探问。

三、以文育人提升高校教育的文化涵养

文化的基本功能就是以文育人、以文化人和以文树人，通过文化教育和

---

[1]《礼记·大学》。
[2] 眭亦凡：《大学校长的治校理念与治校》，人民教育出版社2001年版，第101页。

文化素养的培育，能够培养出符合社会发展进步需要的有用人才。高校不仅是文化传承和创新的基地，也是文化育人的基地。高校在推进文化传承和创新中，要积极利用高校蕴藏的文化资源去探索文化育人之路，为大学生树立科学的文化观和价值观，坚定文化自信和价值观自信，在关注自身前途和发展中勇于担当社会责任，尽可能地为国家和社会多做贡献。高校通过文化育人，不但基于马克思主义辩证观，接纳世界各国的新思想、新文化，也基于中国立场、中国特色、中国精神，大力弘扬中华优秀传统文化、革命文化和社会主义先进文化。对高校中各种文化进行科学化治理，使最先进、最优秀的文化进入到文化育人当中，以社会主义核心价值观引领文化育人方向，把高校的文化底蕴，文化育人理念传承和传播下去。

（一）打造高校人文精神气质

高校文化育人就是要把前人留下来的文化资源进行挖掘和研究，使沉淀下来的文化走出历史的窠臼，焕发出新的时代光彩，基于民族文化基因，培养文化继承者和发展者。文化具有鲜明的历史积累性和代际继承性，深刻反映民族属性的传统文化是一个民族的精神家园，是一个民族对自己文化认同和文化自信的源泉。高校中的"大学精神"就是以民族文化中的思想内涵和精神实质为基础，是民族文化生命力和民族特性促进了高校文化中的"人文精神"的形成，这是大学文化育人的灵魂。高校的校训一般是该校的育人理念的体现。高校的校训一般都是该校的历史办学传统和民族文化的悠久传统的凝炼，结合现实世情、国情和党情，体现社会主义核心价值观，体现该校的办学理念和治校精神，并把它贯穿于该校教育教学的每一个领域、每一个环节，时时处处予以彰显。高校文化育人是对民族文化传统遗存的保护与承继，是对学校文化历史底蕴的展示。高校文化育人要把高校的自然环境涵养与人文环境涵养有机地结合起来，努力打造能够体现校园独特风格的文化品牌，把自己独特的文化涵养与大学精神融为一体，汇聚成高校的人文精神，使大学生在浓郁的人文环境下得到熏陶，去积极培育社会主义核心价值观，增强对自己民族文化的文化自觉和文化自信。

（二）优化高校文化的生态环境

高校文化由多个要素共同构成，如果把高校文化比喻成一个有机的生态系统，那么教师和学生就是最活跃的生态因子，学术活动就是维系这个生态系统良好循环的主要途径。具有一定的共同价值观，符合一定的共同利益和有着共同的理想信念的学术文化是凝聚高校文化主体的强大力量，是维持高校文化生态平衡的重要保障。高校的文化育人，以及高校文化的传承与发展都需要高校文化生态环境的不断优化。维护好高校文化的生态平衡，除了强化文化主体以外，还要加强高校文化资源的整合与建设。在高校文化的类别中，精神文化是主导文化，学术文化是主要形式。高校文化生态环境建设要建立宽容的学术环境，以非功利的价值追求形成多元、平等、自由的学术氛围。此外，还要健全科学民主的现代高校制度，让文化的传承和创新，学术活动的有效开展得以顺利进行。良好的高校文化生态环境能够使高校文化主体树立人文与科学两种文化融洽的理念，使文化主体在参与社会实践中能更好地把高校文化中的人文精神传播出去。

（三）实现高校文化多元化发展的和谐统一

高校文化的传承与创新，以及文化育人的展开，都是在全球化文化背景和现代化文化多元背景下进行的。不论是文化传承与创新，还是高校的文化育人理念，都要以社会主义核心价值观为引领，去辩证地对待不同民族间的文化差异，以兼容并包的态度积极吸收和借鉴人类文明的一切优秀成果。高校作为文化荟萃的地方也同样要采取科学的方法和积极的态度，大力开展文化交流，增进国内外文化合作，大力推进多元文化交流与教育，特别是跨文化间的学术交流与教育。高校要大力培育社会主义核心价值观，增强国家的文化软实力，推进民族文化走出去战略，提升中华文化的国际影响力。高校要通过各种途径和方法，让各种优秀的异质性文化得到健康的交流、合作与融合，丰富高校校园文化内容，提高文化间竞争意识，为高校文化的良性发展提供丰厚的滋养。高校要着眼于世界和自身的未来发展前景，坚持不同文化间的包容性和多样性，以及不同文化发展的不平衡性和前瞻性，将高校文化发展成为传统与现代、本土与国际相统一的文化综合体，努力为民族文化发展乃至全人类的文明做贡献。

第二节　高校文化传承与创新

　　文化传承与创新是一个民族赖以生存和发展的必要条件。如果一个民族文化失去传承的载体，或者一个民族不思进取，缺少开拓创新的文化精神，那这个民族必将走向灭亡。现代高校是文化传承和创新的重要基地，高校教育就是积淀并实现文化的传承和创新，使民族文化得以延续的重要方式。高校文化应在中华优秀传统文化、革命文化和社会主义先进文化的沃土中吸取营养，铸就高校文化坚实的文化基础，展现高校文化强大的生命力和感染力的文化源泉。

一、高校在文化传承与创新中的地位

　　传承是前提，创新是动力，两者皆不可少。高校是科技生产力和人才资源的汇聚地，其独特地位决定了高校在文化传承和创新中的重要地位。高校是知识汇聚的殿堂，人才培养的摇篮，文明传播的土壤。高校的本职任务就是为人类社会创造丰富多彩的文化资源，为社会培养有崇高信仰和崇高价值追求的各类人才，让他们在不同的领域为人类社会的发展与进步做出更大的贡献。

　　（一）高校是文化荟萃的聚集地

　　我国高校作为培养人才、传承和创新文化的场所，也是培育社会主义核心价值观，弘扬中国正气，传播中国正能量，树立和坚定文化自信的场所。高校在中国特色社会主义文化发展的背景下有着"古与今、中与西、文与理、雅与俗"的文化气度，应做"文化自觉的倡导者、文化多样性的推动者、文化创新的实践者、文化引领的先行者"。[1]高校教育与研究是推进文化发展的重要力量。一种文化的发展，单靠自身的内在动力是远远不够的，必须借助于一定的外部环境，内外动力结合才能让文化的生命力得以迸发，并长久地持续下去。高校有追求科学和民主的知识精英，有传承和创新民族文化的文

---

　　[1] 纪宝成："发挥好大学文化交融与创新的功能"，载《中国高等教育》2011年第24期。

化积淀，有彰显民族思想和精神的民族力量，有追求自由而奔放、平等而积极向上的学术氛围。高校是文化精英、尖端人才的聚集地，这些文化主导者不仅在传播和弘扬本民族优秀文化，也在广纳外来文化，把本土文化与外来文化合理地融为一体，实现中西文化的合璧。中西文化的有效结合，拓展了本土文化的领域，开阔了文化主体的视野，促进了文化理念的更新，提升了本民族文化的品质。高校文化就是各种优秀文化的聚合，在这里它们各展所长、各显神采。

（二）高校通过文化传承与创新实现文化引领

文化引领就是要继承并发扬本民族优秀的传统文化思想，在此基础上，对各民族的不同文化取其精华，弃其糟粕，与时俱进，创新出社会主义先进的文化思想。未来的高等教育，发挥文化传承创新功能时，必须要体现时代性、科学性和真理性。高校有学识渊博的文化精英和尖端人才，有思维活跃、富有创新精神和创造能力的高素质群体，这使高校成为社会先进文化思想的主要发源地之一。所以，作为先进文化思想大熔炉的高校，除了发挥好优秀传统文化的传播功能外，还要注重培养师生的人文素养与道德情操，为新时代社会主义现代化建设事业培养先进文化的中坚力量，以高校文化力量去引领整个社会文化的发展方向。在此过程中，高校可以利用其人才优势和资源优势，传承创新优秀传统文化，并反哺具有高度经济价值的文化产业，实现文化生产力的转化。因此，文化推动了高校的发展，高校也推动了文化的传承与创新，从而引领社会各个方面的发展。

（三）高校是造就和传播先进文化的人才摇篮

高校作为社会先进文化思想的主要发源地之一，潜移默化地发挥着先进文化的传播功能。高校在传承传统文化、先进文化和高雅文化的过程中，诠释和弘扬真善美，完成对受众群体的价值观培育。通过价值观塑造，创造性地培养社会主义现代化建设事业的合格建设者和可靠接班人。步入社会，这些高素质人才将成为传承和弘扬民族优秀文化、革命文化，传播和发展社会主义先进文化的主力军，践行社会主义核心价值观的主导力量。融入社会，他们的文化素养将直接影响大众的文化认知、文化素养、文化自觉、文化认同，进而提升文化自信的层次。国民文化整体素养的提高是推动社会健康持续全面发展的强大动力。高校通过文化传播、学术研究，创造新知识、新思想、新文化，不断实现教育量的积累、质的飞跃，充分发挥文化育人功能，从而为社会全面健康发展提供更多有文化、有理想、有道德的高素质人才。

二、高校文化传承与创新的重要作用

文化传承与创新是高校教育的主要内容，是高校建设与发展的基本需求，也是高校义不容辞的责任与使命。高校在整个文化传承与创新中发挥着极其重要的作用。

（一）营造校园文化良好氛围的主要基础

习近平总书记指出："教育是民族振兴和社会进步的基石，事关国家未来。"[1]高校教育是国民教育的重头戏，高校在国家整个教育系统中占有十分重要的地位。高校教育主要体现在文化育人上，高校是先进文化思想的大熔炉，是建设社会主义文化事业的重要阵地。高校是知识的海洋，孕育着新的思想，更新着新的观念，也创新出符合时代特征的理论。高校的持续发展，需要紧跟时代步伐，研究新情况，培育新思想，解决新问题，不断丰富社会主义文化体系，主动适应社会主义文化发展，切实发挥文化引领作用。高校在发挥文化传承与创新功能的过程中，不仅补充了社会主义文化建设的新内容，也加快了高层次、高质量的文化精英和高素质文化人才的培养，为社会主义文化大发展大繁荣提供了强有力的人才支撑。同时，通过文化传承与创新，塑造了先进的校园文化，为高校师生的文化养成和高校的人文蕴涵提供了良好的校园文化环境，为更多优秀文化成果的产生提供了优质的文化资源，为中国人民的文化自信提供了精神动力。

（二）推动高校教育创新与发展的重要力量

文化是民族得以传承与发展的精神力量，教育则是一个民族得以振兴和繁荣的重要途径。从中国近现代社会的发展历史看，1840年鸦片战争以后，

---

[1] 中共中央宣传部：《习近平总书记系列重要讲话读本》，学习出版社、人民出版社2014年版，第113页。

中国逐步沦为半殖民地半封建社会的一个重要原因，就是中国教育的落后导致优秀的传统文化精髓没有被发掘出来，民族文化精神没有被激发出来，民族自信心没有被树立起来，致使国民走向愚昧无知、麻木不仁，国家任人宰割的地步。伴随洋务运动而兴起的现代高等教育，使沉睡的优秀传统文化找到了传播载体，中国人民被文化教育唤醒，重新看到了民族的力量和未来。近代兴起的中国高等教育不仅继承了中华优秀传统文化的衣钵，还为其注入了外来的优秀文化，推动了传统文化的创新和现代化转化。新时代的中国高等教育，必须一如既往地发挥好文化传承与创新功能，通过文化育人功能培养出更多具有高层次、高水平文化素养的精英人才。这些高层次人才在为社会做贡献的同时，又在反哺推进高校教育发展的潜力，使高校更具有竞争力和号召力，为中华民族的崛起夯实国家软实力的基石。

(三) 培育社会主义核心价值观的重要阵地

高校是育人、树人的地方，高校如何育人，育成什么样的人，这是高校必须思考的问题，也是必须要回答的问题。育人、树人实际上是做人的工作，高校育人、树人就是以大学生为中心，关注大学生的健康成长，努力把大学生培养成为德才兼备、全面发展的人才，为中华民族伟大复兴服务。这就决定了我国高校必须全面贯彻党的教育方针，用马克思主义科学理论和价值观教育大学生，为大学生的成长奠定崇高的理想信念和价值遵循基础。我们知道，中国共产党始终代表中国先进文化的前进方向。文化先不先进，就看这种文化能不能引领时代发展潮流，能不能满足人们日益增长的精神文化需求，丰富人们的精神世界，增强人们的精神力量。当前，中国先进文化主要包括社会主义先进文化、中华优秀传统文化和革命文化，它们共同主导中国先进文化的前进方向，涵养中国人民共同的价值诉求和价值遵循。党的十八大提出的社会主义核心价值观是对中国人民价值诉求和价值遵循的高度凝练和形象表达，代表中国人民的价值共识，是中华民族的精神标识，也是当前中国文化的核心部分和精神力量。我国高校的育人和树人，就是坚持以社会主义核心价值观为价值引领，发挥好三种文化的传承与创新功能，把社会主义核心价值观的基本内容和精神实质渗透到全程育人和全方位育人之中，做好"三进"工作，让社会主义核心价值观在大学生心中生根发芽，成为实现自身全面发展的价值坐标和精神动力。

（四）提升我国国家文化软实力的重要途径

高校不仅是为国家和社会输送高素质人才的地方，也扮演着为社会传承文明，提升国家文化软实力的重要角色。高校的发展不是只停留在规模的扩大，硬件设施的提升上，还必须走向内涵式发展，注重提升校园文化软实力，为国家文化软实力的提升提供源源不断的动力。古往今来，历史上的大国或强国没有单靠硬实力的支撑而维持长久的，真正起到稳定作用的是这个国家的文化软实力。因为文化软实力是一个国家赖以存在的生命力，是体现这个民族凝聚力和向心力的精神定力。文化软实力对于高校文化育人来说，是高校教育的灵魂所在，精神所在。高校文化软实力是高校教育过程中所展现出来的特有的核心价值观和核心竞争力。事实上，国家的命运与高校的命运是紧密联系在一起的，要提高国家文化软实力，高校的文化担当责无旁贷。高校要把传承文化、创新文化，做好文化育人工作作为自己的主要职责和使命。通过发扬高校的人文精神，突出自身的办学特色，努力打造校园文化环境，不断增强高校的文化凝聚力和感染力，把高校文化软实力融入整个国民教育全过程和社会主义精神文明建设当中，为提升国家文化软实力的内在驱动力和国际竞争力打下坚实的基础。

三、增强高校文化的传承与创新意识

文化传承与创新是高校教育的基本任务，也是高校教育发展的基本体现。高校文化传承与创新要以培养文化自觉、文化自信和文化自强为策略，通过增强文化自觉、文化自信和文化自强意识，来丰富高校文化的思想内涵，促进高校文化育人功能的发挥，从而挖掘高校文化的优质资源，推进高校文化与时俱进。

（一）增强高校文化自觉意识

推进高校文化与时俱进，首先要实现文化自觉。当今时代是一个空前发展的时代。这个时代科技进步日新月异，互联网、云计算、大数据等现代信息技术深刻影响着人们的思维、生产、生活和学习方式。在这样的大环境下，高校文化的发展既面临新的机遇，也迎来新的挑战。一方面，网络新媒体、新平台使各种文化的传播更便捷、更广泛、更高速，极大地满足了人们日益增长的精神文化需求；另一方面，各种不良信息也通过网络新媒体、新平台蜂拥而至，扰乱民众的思维。特别是一些居心叵测的国内外敌对势力和敌对分子，利用网络新媒体、新平台散布反党、反政府、反社会主义的言论和信息，通过思想渗透煽动民族仇恨和对政府的不满情绪。而处于青春期的大学生，思想不成熟、缺乏判断力、易冲动，很容易受到舆论的影响，人云亦云，这不仅影响了大学生的健康成长，也给社会的和谐稳定造成了巨大的压力。增强高校文化自觉意识，就是要正确认识这种大环境所带来的文化多样化变化，抓住机遇，积极应对挑战。纷繁复杂的网络言论需要正确的思想引导，网络舆论的引导需要激浊扬清，弘扬正气。高校应增强中华优秀传统文化的传播，摒弃不良信息，廓清模糊认识，培养大学生独立思考的判断能力，发挥好育人功能，提高大学生的文化自觉意识，不断推动高校文化建设与发展，为中国特色社会主义文化建设提供后备力量。

（二）增强高校文化自信意识

伴随着经济全球化，以及影响经济发展的因素增多，经济与文化的联系日益密切，文化对经济的影响日益显著，文化发展成为推动经济发展的重要力量，成为增强国家核心竞争力的重要因素，许多国家已把文化软实力作为衡量国家综合实力的重要指标。文化领域的竞争使得世界范围内的各种文化交流、交融、交锋更加频繁。在这种背景下，如何看待我们自己的文化，如何发展自己的文化，已成为保持自己文化独立性和竞争性的重要因素。在四大文明古国的演变中，只有中国的文明经历了几千年一直流传至今。这与中国文明中所蕴藏的巨大文化优势资源是分不开的。我们有古人的"不义而富且贵，于我如浮云"，强调"道德当身，故不以物惑"，崇尚"一箪食，一瓢饮，在陋巷，人不堪其忧，回也不改其乐"的精神追求，也有"为天地立心，为生民立命，为往圣继绝学，为万世开太平"的道德理想，还有"君子""圣人""真人""至人""新民"等对高尚人生境界的尊崇和追求。可以说，当我们沐浴在文明之光中时，西方国家还在文明的黑暗中徘徊。作为全世界唯一延续至今的文明古国，我们有理由为孕育于中华民族悠久辉煌历史文化之中伟大的中国精神而自豪。高校在文化与时俱进发展的过程中,不仅要把优秀传统文化融入高等教育的方方面面中去,更要将优秀传统文化与现代科学技术结合起来,创新出符合时代发展要求的先进文化,发挥好文化育人功能,培养出既有传统文化底蕴又有跨文化交流能力的高素质文化人才。在此过程中,挖掘和发挥中华民族悠久辉煌的历史文化魅力,能够强化学生的民族自豪感和文化自信心。

(三)增强高校文化自强意识

增强文化自觉和文化自信的最高目标就是要达到文化自强。文化自强是国家富强、民族强盛的必要条件。习近平总书记指出:"一个国家、一个民族的强盛,总是以文化兴盛为支撑的,中华民族伟大复兴需要以中华文化发展繁荣为条件。"[1]文化自强就是要立足自己的文化本分,走自己的文化发展道路,建设具有本民族特色的文化强国。我们正在建设的文化是中国特色社会主义文化,其内含中华民族的精神标识,符合中国人民的文化需求,是建设文化强国的重要保障。高校大学生代表国家的未来,是民族的希望,他们对当前我国文化的认知和认同,将关系到他们参与我国文化强国建设的自觉、自信和自强意识的发挥。建设社会主义文化强国,必须要有高度的文化自强意识。文化自强是文化具有强大的吸引力、创造力和竞争力的重要体现。一个国家的文化具有了吸引力、创造力和竞争力,这个国家才能强大起来。对于高校教育来说,就是要在继承、弘扬和发展中国特色社会主义文化上下功夫。大学生要在高校文化教育下,展现出强烈的爱国热情和创新精神,把文化自强作为推动中国特色社会主义文化发展的动力,从学习和领会中国特色社会主义文化的丰富涵养中提升自己的文化素养,不断推进高校文化与时俱进,把高校文化育人的强大生命力和影响力展现出来。

第三节 文化自信与高校立德树人的价值导向

立德树人是我国教育的优良传统,是高校的立身之本,也是高等教育的

---

[1] 习近平:"民族复兴需要文化繁荣——习近平在山东曲阜考察时的讲话",载《群众》2015年第5期。

根本任务。"德"与人的文化水平和素养程度有很大关系。我们经常说某个人有没有文化,有没有素养,实际上就是指这个人有没有某种"德"。所以,立德树人是高校文化建设的本质体现,是大学生文化自信培育的重要内容。大学生文化自信树立起来了、坚定起来了,才能为高校立德树人提供深厚的文化资源和精神动力,帮助高校立德树人的有效开展,进一步推动高校文化的传承和创新工作。

一、高校立德树人主导大学生文化自信的培育

高校立德树人对于大学生文化自信的培育主要体现在两个方面。一方面,立德树人主导大学生文化自信培育的基本方向。培养什么人,为谁培养人,这是教育需要回答的首要问题。立德树人为大学生文化自信的培育提供了价值遵循,指明大学生文化自信的培育应当秉承和追求的终极目标:一是实现潜在自信向现实自信的转化,即高校通过文化传承与创新,利用文化育人功能,强调"德"在大学生成长成才过程中的根本性和引领性作用,平衡大学生在德和智的发展之间的优化配置,避免重智轻德,通过社会主义核心价值观的影响和感化,做到明大德、守公德、严私德,做有大爱、大德、大情怀的人。通过对中华优秀传统文化中蕴含的"德"的认知的提升,增强大学生对当前我国文化现状和发展的自信。二是提升民族自豪感和文化自信心,即高校通过文化传承与创新,加强中华优秀传统文化、革命文化和社会主义先进文化的普及和教育,并将其中的传统美德教育和现代化教育相结合,增强大学生对当前我国文化现状的认同和自信,并以此为荣,自觉地从当前我国文化中汲取丰富的文化涵养来提升自己的文化素质和道德修养。

另一方面,立德树人主导大学生文化自信培育的主要内容。高校的立德树人从根本上回答了高校教育的首要问题,即培养什么人,为谁培养人的问题,为高校教书育人的使命与责任,高等教育文化传承与创新的功能以及终极目标做出了根本性的规定,为大学生文化自信的培育提供了价值遵循。在大学生文化自信的培育过程中,存在许多可以培育的文化种类。但就我国目前的主导文化看,可培育的主要包括三种文化:一是博大精深、源远流长的传统文化,二是攻坚克难、永不言败的革命文化,三是与时俱进、激励奋进

的社会主义先进文化，这三种文化都含有凝聚人心、鼓舞斗志的精神力量，应当理所当然地被纳入高校立德树人的主要内容当中。此外，还有自由追求、始于真理的学术文化，以及积极进取、敢于争锋的创新文化等，这些文化在高校立德树人中都是不可或缺的一部分，同时也是大学生文化自信培育的有益补充。

二、大学生文化自信的培育助力高校立德树人

大学生文化自信的培育能够推进高校立德树人的有效开展。首先，大学生文化自信的培育是立德树人的必然要求。高校是培养国家人才的主要阵地，立德树人提供了高校教书育人的价值遵循，高校在发挥文化传承与创新功能的过程中，急需解决的一个重要难题就是如何通过文化的力量去激励大学生勇攀高峰的斗志和毅力，也就是如何借助文化自信的培育，来提升大学生的人文素养，塑造大学生高尚的道德情操，培养大学生爱国主义的使命感和责任感，使大学生踏入社会后能真正为社会创造最大价值。实际上，高校立德树人是高校教育自信的深刻体现。高校教育自信的底气主要来自于高校对自身文化的生命力和影响力所持有的肯定和坚定信念。高校立德树人是高校教育自信与文化自信辩证统一的过程，把立德树人处理好了，高校的文化育人工作才能做好。

其次，大学生文化自信的培育是立德树人的重要环节。中华民族伟大复兴事业需要的是全面发展的人。这要求高校应研究教育规律，更新教育理念，变革教育模式，转变教育培养目标，把对大学生的培养期望由原来的"社会合格人才"转向"全面发展人才"。高校在文化传承与创新过程中，用文化的感召力凸显道德的塑造力，把"德"的教育和培育融入高校教育的各门学科、各个环节中，真正达到全方位地立德树人。"德"是文化的精髓部分，通过对大学生文化自信的培育，可以提高大学生的文化素养，增强大学生的文化认知能力。大学生对高校的立德树人有了文化层面的深刻理解，将更加彰显高校立德树人在文化自信培育中的地位和作用。

最后，大学生文化自信的培育为高校立德树人提供了契机。高校的文化传承与创新，是传播和弘扬优秀传统文化，创新符合时代特征的社会主义先

进文化，这是大学生文化自信培育内容的重要来源。文化承载着深厚的价值理念，大学生文化自信的培育过程，体现了文化蕴含的道德价值观，为立德树人提供了契机。不难发现，大学生文化自信的培育与高校立德树人是一致的，比如育人方式、育人立场、人才培养目标等。高校若将二者有机地结合起来，就既能促进大学生的全面发展，又能为国家和社会培养出高质量的人才。

三、文化自信在高校立德树人中的具体表现

文化自信是价值观培育的重要条件，大学生树立什么样的文化自信，将会影响大学生形成什么样的价值观。当前我国文化发展所表现出来的文化自信是大学生社会主义核心价值观培育的活水源头。文化自信的培养能够提升大学生对我国文化的历史、现状和未来发展前景的认知和感悟能力，有利于增强大学生对我国文化的认同，提高高校思想政治教育效率，促进高校教育工作的与时俱进。

（一）增强大学生的文化认同感

习近平总书记指出："没有高度的文化自信，没有文化的繁荣兴盛，就没有中华民族伟大复兴。"[1]我国高校对文化的传承与创新，既是弘扬优秀传统文化，又是继承和创新社会主义先进文化。我国高校所做的文化工作是我们树立和坚定文化自信的主要内容。我国高校正是把我们对文化自信的核心部分融入教育和教学全过程中，通过这些自信的文化力量培养大学生的文化自觉，增强大学生的文化认同。同时，文化所蕴涵的道德准则和价值观念，能够直接作用于大学生的道德意识和道德养成，通过道德的感化作用推动大学生社会主义核心价值观的培育，从而有效提升大学生的思想道德觉悟，自觉地将社会主义核心价值观内化于心外化于行。

（二）增进高校思想政治教育效率

高校是培养中国特色社会主义现代化建设人才的主阵地，而思想政治教

---

[1] 习近平：《决胜全面建成小康社会 夺取新时代中国特色社会主义伟大胜利——在中国共产党第十九次全国代表大会上的报告》，人民出版社2017年版，第41页。

育是实现这一人才培养目标的重要内容。中国高校发展的现实路径说明,"高校抓住了、抓好了思想政治工作,就能沿着正确方向前进;放松了、丢弃了思想政治工作,就会迷失方向"。[1]由于我国的国情决定了在我国高校育人功能的发挥过程中,思想政治教育工作是重中之重。而高校思想政治教育工作能够踵事增华的源泉,就是要树立和坚定文化自信,把我们的自信文化融入高等教育和教学中,以培养和增强大学生对于文化传承和创新的自觉性。我国高校的思想政治教育工作离不开对我国文化自信的认知和教育,只有加强文化自信的宣传和教育,推进大学生对我国文化的了解,让他们掌握其中的精髓和精神,把文化育人工作与思想政治教育工作融为一体,才能发挥出高校思想政治教育的效果。

(三) 促进高校教育工作的与时俱进

马克思主义中国化是马克思主义与时俱进的重要体现,而我们对自己文化所产生的自信也是在马克思主义中国化过程中形成的,是马克思主义与中国文化相结合的产物。文化自信体现了马克思主义和中国文化融合发展的时代性特征和创造性特征,深刻体现了中国共产党对我国文化发展与时俱进的品格。新时期高校教育工作也要紧跟时代步伐,在传播和弘扬优秀传统文化和社会主义先进文化的过程中,要把党的最新理论贯穿其中,让大学生用最新的理论武装头脑,真正成为面向现代化、面向世界、面向未来的时代新人,完成立德树人的目标。树立和坚定文化自信是高校教育工作与时俱进的重要体现,它为高校的文化发展"始终代表先进文化的前进方向"提供了深厚的文化基础。

四、把文化自信贯穿到高校立德树人全过程

高校教育工作要通过文化自信的宣传与教育,实现立德树人的目的。大学生文化自信教育是新时期高校教育工作,特别是高校思想政治教育工作的一个重要环节。高校思想政治教育工作的各个领域都应该渗入一些我国文化的思想内容和精神力量,力求把文化自信贯穿到立德树人的全过程中。

---

[1] "坚持走自己的高等教育发展之路",载《人民日报》2016年12月9日。

(一) 将文化自信融入课堂教学全过程之中

目前,思想政治教育在高校教育中占据着十分重要的位置。在2016年12月召开的全国高校思想政治工作会议上,习近平总书记特别强调要把思想政治工作贯穿到教育教学全过程。课堂教学是高校教育教学的主渠道。这说明课堂教学既是高校立德树人的主阵地,也是高校抓好思想政治工作的重点领域。所以,高校在开展思想政治教育工作的整个过程中,要充分发挥好课堂教学这个主渠道的作用。首先,注重课程资源的开发。可以结合文化自信的宣传教育内容,有针对性地开设相关文化课程,满足不同专业大学生的兴趣爱好和需求。其次,注重课程内容的研究。理清文化脉络,讲深讲透其中蕴含的理论、理念,提高大学生的文化素养和理论水平。最后,搭建传统文化科研项目平台。研究优秀传统文化,创新社会主义先进文化,在此过程中为文化自信深入高校文化育人工作提供良好的文化载体。

(二) 用文化自信建设美丽校园文化

营造具有一定文化氛围的校园环境对于高校思想政治教育工作的开展,以及立德树人目标的实现都有一定的影响。首先,我们可以将自己自信的文化彰显出来,把优秀传统文化和社会主义先进文化融入校园文化建设之中,构建符合学校实际和有利于实现人才培养目标的校园文化,用自己优秀的先进的文化熏陶大学生,使大学生形成正确的价值观,以达到立德树人教育的目的。其次,可以开展丰富多样的校园文化活动,把文化自信作为活动主题,或作为其中的一个环节,以此吸引大学生的关注,提升他们对文化课和思想政治课的兴趣,发挥好第三课堂的作用。最后,利用互联网、校园公开课等网络信息平台,开展自媒体文化自信教育,这既可以营造健康的网络环境,又能使大学生方便快捷地获取自己需要的文化知识。

(三) 围绕文化自信开展社会实践活动

在高校文化育人过程中,社会实践活动被称作是第二课堂。社会实践教学是提高课堂教学实效性的有益补充,是思想政治教育工作有效开展不可或缺的环节。高校的思想政治教育工作要达到事半功倍的效果,必须开展切合主题的社会实践活动。实践证明,志愿服务活动是高校思想政治教育工作有效开展的重要形式，也是支撑立德树人教育的社会实践活动中比较有效的路径之一。通过开展以文化自信培育为主题的、形式多样的、广泛的志愿服务活动，让大学生走入社会，传播和弘扬优秀传统文化，如非物质文化遗产宣讲、中国故事进社区等，在此过程中既完成了高校文化传承的任务，培养了大学生的文化自信，又在实践中完成了"立德树人"内化教育的提升，推动了高校思政工作和德育工作的有机统一。

改革开放以来我国社会生活高速发展，加速着我国高校立德树人工作的不断强化，特别是党的十八大以来，提出了一系列重大国家战略，国家非常重视高校立德树人的成效，充分显示出高校在国家战略中的重要地位。文化自信贯穿我国高校立德树人全过程，是落实高校立德树人的重要一步，它深刻体现出我国高校教育的民族性和时代性特征，这对于落实高校培育高层次社会建设人才的根本任务具有重要价值和意义。我国高校要积极探索立德树人的教育路径，把文化自信和价值观作为立德树人的重要内容来抓，真正做到常育常新，将工作做实、做细。

第四节　文化自信与高校大学生理想信念塑造

国家要发展，民族要进步，都离不开共同的理想信念作支撑。拥有共同的理想信念是一个民族国家能够走向繁荣富强的必然要求。习近平总书记指出："理想信念就是共产党人精神上的'钙'，没有理想信念，理想信念不坚定，精神上就会'缺钙'，就会得'软骨病'。"[1]中华民族能够站起来，靠的就是中国共产党人的坚定信念和中国人民的坚强毅力。大学生作为我党的后备力量，对其理想信念教育，不仅是高校教育的重要内容，也是夯实我党执政基础的重大战略部署。习近平总书记强调："青年的价值取向决定了未来整个社会的价值取向。"[2]在大学生中加强理想信念教育，培育社会主义核心价值观，才能使得大学生为自己的人生定下远大的目标，努力实现自己的最大价值。习近平总书记对大学生寄予了厚望，坚信"祖国的青年一代有理想、

---

[1]《习近平谈治国理政》，外文出版社2014年版，第15页。
[2]《习近平谈治国理政》，外文出版社2014年版，第172页。

有追求、有担当,实现中华民族伟大复兴就有源源不断的青春力量"。[1]习近平总书记勉励大学生要"具有执着的信念","要励志,立鸿鹄志、做奋斗者"。[2]大学生只有树立崇高的理想信念,才有崇高的人生目标,才能为中华民族伟大复兴担负起责任和使命。当今社会复杂多变,理想信念受到多种因素影响,对高校大学生进行理想信念教育既具有重要的价值意义,同时又面临不可逃避的现实问题。

文化自信与理想信念具有内在的关联性。文化自信是坚信自己的民族文化拥有光明的未来,对自己的民族复兴充满坚定的信心。个人是民族的一分子,个人对民族及民族文化的期望,实际上就是个人内心所持有的一种坚定的理想信念。一个民族能够繁衍生息,主要是这个民族的文化主体对其文化的充分肯定,以及民族文化给予文化主体的激励和力量。一个民族奋发图强、积极向上的斗志和不屈不挠的毅力构成这个民族每一个人的理想信念的根本性元素。高校是放飞梦想的地方,也是梦想起航的地方。如果大学生没有一个明确的理想信念,或者理想信念不坚定,那么梦想就很难得到实现。探讨文化自信与大学生理想信念的内在关联性,能够发掘文化自信中的民族精神和文化精髓,强化文化自信对当代大学生理想信念教育的引领功能,对大学生追逐自己的梦想,实现自己的人生价值具有十分重要的作用。

一、文化自信与大学生理想信念教育的逻辑关系

(一) 理想追求上的一致性

自信是一个民族积极向上、追求进步的永恒动力,只有充满自信的民族,才能建设好自己的精神家园,激发出顽强拼搏的活力,不断为民族创造出辉煌的未来。在中华民族复兴的道路上,习近平总书记提出,中国特色社会主义"四个自信",充分展现出中华民族对中国梦这个远大理想信念的不懈追求和执着坚定。"四个自信"是有机统一的,其中文化自信是最根本性的自信,

---

[1] "习近平回信勉励第三届中国'互联网+'大学生创新创业大赛'青年红色筑梦之旅'的大学生",载《中国人力资源保障》2017年第9期。

[2] 习近平:"在北京大学师生座谈会上的讲话",载《人民日报》2018年5月3日。

文化自信视域下高校社会主义核心价值观培育研究

它在"四个自信"中处于统领位置,贯穿于其他三个自信之中,是其他三个自信的集中体现。坚定文化自信就是继续坚持中华民族自古以来形成的优良作风、价值诉求和精神标识,在新时期社会主义核心价值观引领下,坚定对实现强国梦的崇高信念。强国梦就是自鸦片战争以来中华儿女内心渴望实现的中国梦。中国梦是国家之梦,民族之梦,也是每一个中华儿女的梦想。中国梦反映了中华儿女对中华民族美好未来的理想追求。实现中国梦需要我们每个人都为之奋斗。作为新时代大学生,勇于担当实现中国梦的使命,是实现自己人生价值的最有力表达,是树立和坚定理想信念最现实的价值诉求。

(二)价值路径上的统一性

理想信念和文化自信在价值层面上都体现为对社会主义核心价值观的遵循。习近平总书记指出:"我们提倡的社会主义核心价值观,就充分体现了对中华优秀传统文化的传承和升华。"[1]同时,习近平总书记也指出,共产党人的理想信念就是"对马克思主义的信仰,对社会主义和共产主义的信念"。[2]从当前情况看,社会主义核心价值观既是对我国文化自信的深层次展现,也是对马克思主义的坚持与发展。把社会主义核心价值观内化为大学生的理想信念,是大学生对我国文化实质认识上的明显升华,也是大学生对马克思主义这一科学理论的高度认同,这将为大学生未来的成长之路和实现自身的价值观念提供重要的价值参考。

(三)同根同源性

文化是民族的血脉和灵魂,是人民的精神家园。正所谓"国民之魂,文以化之;国家之神,文以铸之"。[3]文化的强大力量所表现出来的文化自信,由此带来的自豪感、认同感和归属感是一个民族、一个政党得以发展的不竭动力。在人类社会的长河中,文化自信作为强大的精神支撑伴随着国家和民族的发展,贯穿在每个人的所有活动中。回顾中华民族五千年历程,曾经风

---

〔1〕《习近平谈治国理政》,外文出版社2014年版,第171页。

〔2〕 中共中央宣传部:《习近平总书记系列重要讲话读本》,学习出版社、人民出版社2016年版,第107页。

〔3〕 任仲平:"国民之魂,文以化之;国家之神,文以铸之",载《人民日报》2006年4月5日。

雨飘摇，历经艰难险阻，至今历久弥新。这期间，中华民族经历了站起来，富起来，到今天的强起来的伟大飞跃。这一切的取得都归功于中国人骨子里的文化自信，它如同前进的号角，引导和鼓舞着中国人民排除万难、砥砺前行。如果没有五千年深厚文化的底蕴和滋养，没有对自己文化的深信不疑，理想信念就不可能那么坚定而执着。对大学生进行文化自信的宣传和教育，其目的就是让大学生感受到中华五千年文化的深刻内涵和精神实质，通过对文化自信本质的揭示和领悟，获得对当前我国社会的理论认同、政治认同和价值认同，从而树立对我国社会发展的道路自信、理论自信和制度自信，达到个人崇高理想信念的形成。"欲人勿疑，必先自信。"作为一名中华儿女，作为一名新时代的公民，就要深信自己的民族力量，坚定马克思主义信念，用科学的观点和方法去探寻自己民族文化的思想魅力，从文化精髓中找到理想信念的种子和力量。

（四）共同的时代性和实践性

理想信念具有时代性和实践性特征。理想信念具有鲜明的时代性，它同任何一种社会意识形式一样，都是一定时代的产物，都带有特定历史时代的烙印。不同时代的社会历史条件形成的理想信念也会不同。理想信念还具有实践性，理想信念是人类特有的精神现象，是随着社会实践的产生而产生，随着社会实践的发展而发展，也是在社会实践中得以实现的。离开社会实践谈理想信念只能是一种不切实际的幻想，或是一种只开花不结果的空想。大学生的理想信念教育，必须紧密结合时代特征，结合中国特色社会主义实践，绝不能脱离国情和个体状态。

文化自信也具有鲜明的时代性和实践性特征。文化自信是在中国特色社会主义实践中逐渐彰显出来的，它产生并服务于中国特色社会主义建设的伟大实践。虽然文化自信一直存在于中国人的骨子里，但直到中国的改革开放之后，特别是党的十八大之后，中国综合国力在世界角逐中逐渐从追赶状态转向领跑状态时，中国人民强烈地感受到中国曾经作为"模范文明"的荣耀和自豪。可以看出，我们的文化自信是在中国特色社会主义探索中逐渐树立起来的，而且我们还要坚定文化自信，因为我们相信在中国共产党的领导下，中国特色社会主义实践一定会取得伟大成功，中华民族的伟大复兴事业一定能够实现。可见，文化自信与理想信念，都是我们这个时代所必需的，而且这两样东西只有在中国特色社会主义实践中才会闪闪发光,才能照亮中华民族勇往直前的道路。

二、以文化自信引领和推动大学生理想信念教育

文化自信的一个重要功能就是人们能够从自信的文化中汲取有益的养分,成为激励自己奋发向上、自强不息的动力。文化自信所蕴含的自尊和感染力是人们确定崇高理想信念的重要来源。我国有丰富的文化宝藏,这些是构成文化自信的主要内容,也是引领和推动大学生理想信念教育的宝贵资源。

(一)用中华优秀传统文化充实大学生理想信念教育

中华优秀传统文化是中华民族历代人民生产和生活形成的精神结晶。它深刻反映着中华民族的物质生产和精神生产的全部面貌,是中华民族不断发展和进步的生动写照。它塑造了中华民族独特的民族特征和精神品格,是激励中华民族砥砺向前的不竭动力。比如有"自强不息"的奋斗精神,"精忠报国"的爱国情怀,"天下兴亡、匹夫有责"的责任担当,"舍生取义"的牺牲精神,"国而忘家,公而忘私"的大局意识,"革故鼎新"的创新思想,"扶危济困"的公德意识。此外,还有"天人合一""天下为公"的社会理想,"以人为本""民惟邦本"的治国理念,"载舟覆舟""居安思危"的忧患意识,"止戈为武""协和万邦"的和平思想,"与人为善""己所不欲,勿施于人"的处世之道,"儒法并用""德刑相辅"的治理思想等。这些优秀的传统文化所孕育的思想和理念正影响着我们的世界观、人生观和价值观。正如习近平总书记所说,中华传统思想文化"体现着中华民族世世代代在生产生活中形成和传承的世界观、人生观、价值观、审美观等,其中最核心的内容已经成为中华民族最基本的文化基因"。[1]中华优秀传统文化是涵养理想信念的思想源头,是对大学生进行理想信念教育的重要内容,高校一定要运用好博大精深的中华文化资源为大学生理想信念教育提供源源不断的思想内容和精神营养。

---

[1] 习近平:"在纪念孔子诞辰2565周年国际学术研讨会暨国际儒学联合会第五届会员大会开幕会上的讲话",载《人民日报》2014年9月25日。

(二) 用红色文化激励大学生理想信念教育

红色文化是中国共产党带领中国人民在艰苦的战争岁月中形成的具有鲜明民族特色的优秀文化资源。红色文化把中华优秀传统文化与马克思主义紧密结合，经过古为今用、西为中用的方法论途径，使其具有浓厚的民族性和时代性特征。2005年教育部《关于印发〈学习贯彻落实中发〔2004〕16号文件和全国加强和改进大学生思想政治工作会议精神的宣讲提纲〉的通知》中指出："要深入开展中华民族优良传统和中国革命传统教育……努力使中华民族优良传统、中国革命传统和改革开放的时代精神深入人心。"作为近代中国传统资源的红色文化是无数革命先辈们用生命和热血换来的，是他们对崇高理想信念执着追求的真实写照。深入挖掘红色历史资源并将其转化到文化自信和社会主义核心价值观的基本范畴之中，融入大学生理想信念教育之中，不仅是大学生培育社会主义核心价值观的现实需要，也是激励大学生对理想信念追求的深刻认识，树立和坚定远大理想信念的重要途径。革命者的英雄事迹和革命战争留下来的红色基地，是大学生理想信念教育的生动案例和鲜活素材。通过红色文化教育的感染和熏陶，能够使大学生的心灵受到震撼和洗礼，内在的精神力量受到激发和升华，从而更加激发出自己的勇气和毅力，抓住时代机遇，迎难而上，为自己的青春写下无怨无悔的华章。

(三) 用社会主义先进文化指引大学生理想信念教育

社会主义先进文化是中国社会主义制度确立以后，为建设社会主义精神文明需要，满足中国人民日益增长的美好生活需求，发展的面向现代化、面向世界、面向未来的先进文化。社会主义先进文化坚持以中国化马克思主义为指导，以社会主义核心价值体系和社会主义核心价值观为价值遵循，着力提升中国人民的文化自觉、文化自信和文化自强，指引中国人民向着中华民族伟大复兴的方向大步迈进。新中国成立以来，中国社会主义初期探索，以及改革开放所取得的伟大成就，不仅改变了中国，也改变了世界，为人类探寻解决社会发展的诸多问题贡献了中国智慧和中国方案。中国人民的伟大探索和实践充分证明了社会主义先进文化的先进性，充分说明社会主义先进文化是指引人类走向和谐进步光明的文化。作为新时代的大学生，应当树立和坚定我们的文化自信，培育社会主义核心价值观，把实现自己人生的远大抱负投放到对国家和社会的贡献上，立志高远、不负韶华、坚定信念，奋勇拼搏，努力创造属于这个时代的精彩人生。

三、弘扬社会主义核心价值观构筑大学生理想信念教育的精神支撑

社会主义核心价值观与理想信念相辅相成，互相促进。社会主义核心价值观为坚定理想信念提供价值遵循和精神指引，坚定理想信念是培育社会主义核心价值观的应然要求和必然结果。

（一）社会主义核心价值观为理想信念提供价值导向

心有多大，梦想就有多远。但只有在科学的指引下，梦想才能变成现实中的理想。我们为什么说中国梦一定能够实现，就是因为有科学的理论作指导。社会主义核心价值观为大学生坚定理想信念提供了价值遵循和精神指引。社会主义核心价值观从国家、社会和个人三个层面规定了社会评判是非曲直的价值标准，它为中国人民建设美丽中国，构建和谐社会，实现个人的全面发展提供了价值遵循。培育社会主义核心价值观就是要把我国的国家形象、我国的社会制度优越性和中国人民的精神风貌展现出来，形成全民族奋发向上、团结和睦、戮力同心的良好局面。大学生通过社会主义核心价值观的培育，使他们的道德素养得到提升，精神境界得以升华，理想信念更加坚定。理想信念教育也是社会主义精神文明建设的重要领域，在大学生中进行理想信念教育是社会主义精神文明建设的基本要求。党的十九大指出："社会主义核心价值观对国民教育、精神文明创建、精神文化产品创作生产传播的引领作用。"[1]从大学生的理想信念教育内容看，培育社会主义核心价值观，能够使大学生的理想信念融入爱国、敬业、诚实守信等价值理念当中，使大学生成为推动社会主义精神文化建设的旗手，进一步深化国民理想信念的价值涵养。

---

〔1〕 习近平：《决胜全面建成小康社会 夺取新时代中国特色社会主义伟大胜利——在中国共产党第十九次全国代表大会上的报告》，人民出版社 2017 年版，第 42 页。

(二) 理想信念助力社会主义核心价值观的培育

坚定理想信念为培育社会主义核心价值观提供持续的力量和支撑。两者之间具有内在的统一性，这种内在的统一性使理想信念以内在关联的方式成为培育社会主义核心价值观的助推器。理想信念是人的精神世界的核心，是真、善、美的完美结合，支配着个体的思想与行为，在生活、工作、道德、政治等方面发挥着引领、整合和规范的作用。坚定的理想信念形成人们思想和行为上的精神指导，可以使得人们尤其是当代大学生在健康心理的养成和社会活动的实践中做到社会主义核心价值观的自觉培育。崇高的理想信念是实现国家繁荣富强、民族伟大复兴、人民美好生活的有力支撑。新时代大学生应该在新时代科学理论的指导下，把为实现共产主义理想和中国特色社会主义共同理想而奋斗作为树立和实现自己远大理想的前提和方向。因为共产主义理想和中国特色社会主义共同理想是实现中国梦的目标和方向，是培育社会主义核心价值观的必然体现。

第七章
文化自信视域下高校社会主义核心价值观培育原则

马克思说:"为改变一般人的本性,使它获得一定劳动部门的技能和技巧,成为发达的和专门的劳动力,就要有一定的教育或训练。"[1]大学生要成为对社会有用的人才,要看高校坚持以什么样的原则去教育和培养他们。高校能不能教育出优秀的大学生,其教育过程中所坚持的基本原则非常重要。高校教育坚持以什么样的文化为导向,以何种价值观作为标准,将直接关系到新时代大学生文化自信的树立和社会主义核心价值观的培育。因此,坚持合理的教育原则,能有效促进新时代大学生对文化自信的认知和确立,更好地提升社会主义核心价值观的培育和践行。

第一节 坚持社会主义办学与党的领导相统一

习近平总书记在全国教育大会上的重要讲话,为新时代高校教育改革和发展提供了许多新的指导思想。其中,"坚持社会主义办学方向""坚持党对教育事业的全面领导"是新时代高校教育和发展的导向标。"坚持社会主义办学方向"深刻揭示出我国高校教育的本质性特征,反映出我国高等教育发展的基本走向。"坚持党对教育事业的全面领导"明确了党在高校教育中的地位和作用,以及党引领高校教育的责任担当意识。新时代我国高校必须深刻认识"坚持社会主义办学方向"和"坚持党对教育事业全面领导"的重大意义,并在实际工作中全面贯彻和落实,体现出新时代高校教育的特色。

---

[1]《马克思恩格斯文集》(第5卷),人民出版社2009年版,第200页。

第七章　文化自信视域下高校社会主义核心价值观培育原则

一、坚持社会主义办学方向是新时代高校教育发展的根本要求

每个国家的高校教育都有其独特特征。我国是社会主义制度的国家，高校要为国家服务，我国的高校也是社会主义的高校，也就是说我国高校教育的整个部署必须坚持社会主义的办学方向，这是由我国高校教育几十年的发展所取得的经验和教训的深刻总结。

（一）国家性质决定我国高校必须坚持社会主义办学方向

高等教育的育人就是要回答"培养什么人""怎样培养人""为谁培养人"的重大问题。世界上的一流大学都不是为世界人民普遍共享的，都具有鲜明的民族性特征，其办学方针都是与自己国家的大政方针保持一致，为自己的国家源源不断地输送人才。同样的，我国是党领导下的社会主义国家，我国的高校教育必须为党和国家服务，"必须把培养社会主义建设者和接班人作为根本任务，培养一代又一代拥护中国共产党领导和我国社会主义制度、立志为中国特色社会主义奋斗终身的有用人才"。[1]所以，要实现中华民族的伟大复兴，就必须拥有强大的人才队伍，我国高校教育应肩负起"培养什么人""怎样培养人""为谁培养人"的艰巨任务。归根结底，我国高校教育就是要坚持社会主义的办学方向。改革开放以来，特别是党的十八大以来，我国取得了历史性成就，迎来了历史性转变，这与我国高校教育做出的贡献是分不开的。历史和现实都在证明，只有坚持社会主义办学方向，才能凸显我国高校的办学特色，为中国特色的社会主义伟大事业培养出更多更优秀的人才。

（二）教育体制的成功经验决定我国高校必须坚持社会主义办学方向

新中国的成立，使我国高校教育体制发生了历史性巨变。党开始接管、恢复和整顿旧高校，创建和发展新高校，从而确立党领导高校教育与发展的局面。1958年，《关于教育工作的指示》中明确规定，"在一切高等学校中，

---

[1] "习近平在全国教育大会上强调 坚持中国特色社会主义教育发展道路 培养德智体美劳全面发展的社会主义建设者和接班人"，载《党建》2018年第8期。

应当实行学校党委领导下的校务委员会负责制"。[1]在党委的领导下，我国的高等教育培养出了一大批坚决拥护中国共产党领导，坚定马克思主义信念的一代新人，他们成为新中国建设时期的骨干力量。改革开放以来，我国高校继续实行党委领导下的校长负责制。1978年教育部颁布的《全国重点高等学校暂行工作条例（试行草案）》第50条明确规定，"高等学校的领导体制，是党委领导下的校长分工负责制"。[2] 1998年8月，九届全国人大四次会议通过的《中华人民共和国高等教育法》第39条明确规定："国家举办的高等学校实行中国共产党高等学校基层委员会领导下的校长负责制。"[3]新中国成立以来，我国高等教育机构一直把党委领导下的校长负责制作为我国高校教育体制稳步向前推进和发展的主导方向。我国高等教育之所以能够取得长足发展的一个根本性原因就是长期坚持党对高校的全面领导。高校在党的领导下，能够保证其办学的根本性质和服务宗旨，从而保证了我国高校的社会主义方向。从新中国成立初期的艰难探索到改革开放的大胆尝试，乃至今日的满满自信，我国高等教育无论在规模还是质量上都取得了巨大成就。回望过去，展望未来，我们始终坚信，我国高校坚持社会主义办学方向是正确的、可行的，是指引我国高等教育走向辉煌的一条康庄大道。

（三）复杂的社会环境决定了高校必须坚持社会主义办学方向

我国高等教育的发展既面临机遇，也面临挑战。既要应对严峻的国内环境，又要应对复杂多变的国际环境。随着我国综合国力的不断提升，社会主义制度的优越性日益凸显。具有五千年悠久历史的中国优秀传统文化为中国的高等教育积累了丰富的智慧和经验。马克思主义中国化的理论成果随着实践的发展得到不断更新，为我国高等教育事业的发展提供了科学指导。一国综合国力的提升，依靠经济、科技硬实力和文化软实力的增强。科技的推广靠人才，人才的培养靠教育。我国提出科教兴国战略具有划时代的重要意义。目前正在推进的一流大学和一流学科建设为实现高等教育内涵式发展提供了

---

[1]《关于教育工作的指示》，http://www.71.cn/2011/0930/632508.shtml.
[2] 李冀：《普通高等学校管理》，辽宁省高等教育学会1982年版，第361页。
[3] 国务院法制办公室：《中华人民共和国教育法典（注释法典）》（第4版），中国法制出版社2018年版，第224页。

第七章　文化自信视域下高校社会主义核心价值观培育原则

重要机遇。这显示出我国高等教育事业发展迎来了前所未有的大好时机，同时也不可避免地面临一些挑战。我国虽然是世界第二大经济体，但处于社会主义初级阶段的基本国情没有变，生产力发展的不平衡、不充分和人民日益增长的美好生活需要之间的基本矛盾还没有得到解决。由于体制机制的不健全，我国的教育事业发展面临着一些难题和困境。所以，我国的经济、科技，尤其是教育事业，同发达国家相比还有一些差距。

放眼世界，西方敌对势力对我国的"和平演变"从未停歇，意识形态领域"没有硝烟的战争"一直存在，而高校是西方敌对势力瞄准的重要阵地。借助互联网的方便快捷，西方敌对势力把他们的价值观和一些错误腐朽的思想观念对我国的大学生进行思想渗透。如何抵制这些有害思想的侵袭，守住意识形态领域的主导权，打赢这场"没有硝烟的战争"，是高校面临的一个重要任务和难题。历史经验和现实状况告诉我们，要完成这个任务，高校只能弘扬和传承中华优秀传统文化，坚持把马克思主义作为指导思想，加强党对高校的领导，充满自信地坚持社会主义办学方向，严守我们的意识形态阵地不动摇。

二、坚持和加强党对高校工作的领导

高校是传播知识和文化的平台，也是培养国家建设者的平台。我国的国情决定了我国高校必须坚持党的坚强领导。十九大报告指出，"中国特色社会主义制度的最大优势是中国共产党领导"。[1]我国高校是在社会主义制度框架下建立起来的高校，这就决定了我国高校离不开中国共产党的领导。所以要提升党对我国高校全面领导的认识，保证高校党委在领导我国高校工作中的核心地位。

（一）牢固树立党对高校的全面领导

党领导一切，我国高校也同样如此。习近平总书记指出："办好我国高等教育，必须坚持党的领导，牢牢掌握党对高校工作的领导权，使高校成为坚

---

〔1〕 习近平：《决胜全面建成小康社会 夺取新时代中国特色社会主义伟大胜利——在中国共产党第十九次全国代表大会上的报告》，人民出版社2017年版，第20页。

持党的领导的坚强阵地。"[1]这深刻说明我国高校教育的成败是检验党的执政能力的重要内容，这就要求我国高校必须坚持贯彻党的教育方针。党的教育方针是指导高校一切工作的总方针，高校一切工作都要围绕党的领导开展，严格执行党的安排。十九大报告指出，"党政军民学，东西南北中，党是领导一切的"。[2]这再一次说明我国高校必须在党的领导下确定其自己的办学方向。办学方向是我国高校的立校之法则。只有在党的坚强领导下，坚持走中国特色社会主义教育发展道路，运用党的理论创新成果，才能为高校教育发展中遇到的难题找到破解的可靠途径和正确方法。

（二）保证高校党委在领导高校工作中的核心地位

高校工作既包括教学、科研、学科建设等"硬"工作，也包括高校思想政治等"软"工作。思想政治工作看似比较"软"，但在整个高校工作中具有特别重要的地位和作用，被认为是中国特色社会主义高校的"生命线"。[3]因为它集中体现了党的领导在高校一切工作中的核心地位，所以新中国成立以来一直把高校党委领导下的校长负责制作为我国高校的领导体制和我国高校的教育特色。特别是党的十八大之后，党和国家非常重视高校思想政治工作，已经把高校党委的工作和地位提升到"管党治党、办学治校的主体责任"的认识高度。[4]我国高校要想保持正确的办学方向，就要坚持党对高校进行全面领导。党对高校的全面领导，首先要坚持和完善党委领导下的校长负责制，这是党对高校全面领导的关键，也是我国高校长期坚持的一项根本制度。高校党委要对整个学校工作起到把关定向作用，对高校教育的政策制定和教育目标的设定要进行统筹谋划，严格履行党对办学治校的主体责任，突出党在领导高校工作中的核心作用，以确保我国高校沿着社会主义办学方向不断

---

[1] "习近平在全国高校思想政治工作会议上强调 把思想政治工作贯穿教育教学全过程 开创我国高等教育事业发展新局面"，载《人民日报》2016年12月9日。

[2] 习近平：《决胜全面建成小康社会 夺取新时代中国特色社会主义伟大胜利——在中国共产党第十九次全国代表大会上的报告》，人民出版社2017年版，第20页。

[3] 彭庆红、李洁："思想政治工作是中国特色社会主义高校的生命线"，载《思想理论教育导》2017年第3期。

[4] "习近平在全国高校思想政治工作会议上强调 把思想政治工作贯穿教育教学全过程 开创我国高等教育事业发展新局面"，载《人民日报》2016年12月9日。

第七章 文化自信视域下高校社会主义核心价值观培育原则

前进。

（三）加强和改进高校党的建设

加强我国高校党的建设，意义非常重大。党的十八大以来，习近平总书记关于高校党的建设的重要论述中，可以看出高校党建关系到我国高等教育的远景目标，关系到党的理论方针政策在高校中的扎根和落实。习近平总书记指出："加强党对高校的领导，加强和改进高校党的建设，是办好中国特色社会主义大学的根本保证。"〔1〕加强党对高校的全面领导，就是要从党的自身做起，"打铁还需自身硬"，必须从从严治党做起。一是加强党的作风建设。党的建设包括许多方面，而党的作风建设是其中之一，高校党的作风建设关系到高校发展的前途命运问题。习近平总书记指出："以法治思维和法治方法抓作风建设，实现作风建设制度化、规范化、常态化。"〔2〕把党的这一战略思想贯穿于我国高校党的作风建设的全过程，构建出高校党的建设的长效机制，不断提升党在高校中的地位和形象。二是加强高校党的政治建设。党的十九大报告指出："党的政治建设是党的根本性建设，决定党的建设方向和效果。"我国高校工作者要有强烈的政治意识，要在言行上与党中央保持高度一致，坚决拥护党中央的领导，服从党中央的指示，以党的方针政策来指导自己的高校工作。三是用习近平新时代中国特色社会主义思想武装高校全体党员。习近平新时代中国特色社会主义思想是新时代的精神旗帜，是指引党和人民戮力同心、共圆中国梦的行动指南。高校党员要以习近平新时代中国特色社会主义思想武装自己，树立坚定的马克思主义信念。积极开展和学习"不忘初心、牢记使命"主题教育活动，把学习主题教育常态化、规范化、制度化，真正做到入脑入心入行，成为高校党员同志做好自己本职工作的行动指南。四是建设高素质专业化的高校干部队伍。高校要根据党的政治标准，制定出选人用人的合理制度，选用和提拔具有强烈的"四个意识"和"四个自信"的党员干部。加强党员干部的教育和管理，把他们打造成为具有专业能力，

---

〔1〕 习近平："坚持立德树人思想引领 加强改进高校党建工作"，载《高校教育管理》2015年第3期。

〔2〕 "中共中央政治局召开专门会议 对照检查中央八项规定落实情况讨论研究深化改进作风举措 中共中央总书记习近平主持会议并发表重要讲话"，载《党建》2013年第7期。

甘愿吃苦耐劳、无私奉献，能适应新时代高等教育发展的能手。

三、高校应彰显马克思主义的鲜明旗帜

马克思主义不仅改变了中国的面貌，也改变了中国教育的面貌。习近平总书记指出："马克思主义是我们立党立国的根本指导思想，也是我国大学最鲜亮的底色。"[1]高校是宣传和学习马克思主义的主要阵地，特别是高校思想政治教育工作，是宣传马克思主义，进行马克思主义教育的重要阵地。高校思想政治教育工作要通过各种渠道加强马克思主义宣传教育，推动马克思主义理论的研究和创新。

（一）加强马克思主义宣传教育

大学阶段是青年大学生"三观"养成，思想政治觉悟初步形成和提升的关键时期，这一时期思想政治教育的成败将直接影响大学生能否成为国家的栋梁之材。高校思想政治教育工作，要注重发挥好高校党委、党支部和思想政治理论课的宣传教育作用。高校要制订出合理的方案，把课程思政与思政课程有机地结合起来，有效地发挥马克思主义和中国化马克思主义进教材、进课堂、进头脑的"三进"效果。使大学生深刻认识到马克思主义是指引人们实践活动的科学理论，是指引人类进步的普遍理论，学会运用马克思主义的立场、观点和方法去观察世界、认识世界，解决现实社会中的各种问题。

从目前情况看，高校思想政治理论课是马克思主义宣传教育的重要渠道，对其要加大投入和改革力度。首先，加强师资队伍建设。通过理论研讨、专题轮训、考察调研等方式，培养一支具有坚定马克思主义信仰的专业化教师队伍来讲思想政治理论课，发挥好榜样的作用。其次，研究思想政治理论课教材，做好教材体系向教学体系的转化，使教材内容符合当代大学生的审美情趣，进而转化为学生的价值体系。再次，专业课要提炼思想政治教育元素，配合好思想政治理论课育人功能的发挥，打造从"思政课程"到"课程思政"的圈层效应。最后，扩大马克思主义理论学科的专业招生规模，不断壮大马克思主义理论人才的后备力量。

---

[1] 习近平："在北京大学师生座谈会上的讲话"，载《人民日报》2018年5月3日。

（二）推动马克思主义理论的研究与创新

要加强对马克思主义经典著作的解读和研究，读懂原著是前提，研究原著是进一步提升。高校师生首先必须学懂弄通马克思主义的基本原理和观点。仅通过马克思主义教科书了解马克思主义基本原理和观点是远远不够的，因为马克思主义教科书是从马克思主义经典原著中概括和总结出来的，是提炼了原著中的精华部分。读原著能从中挖掘出新的意义和内涵，发现有时代价值的内容，提升马克思主义的学理深度。高校要充分发挥马克思主义学院"信马、言马、用马"的功能，积极发扬马克思主义与时俱进的理论品格，肩负起对马克思主义宣传、研究和创新的重任。马克思主义学院应该储备完整的马克思主义著作和参考资料，为宣传、阅读和研究者提供丰富的马克思主义相关资料，提升他们对马克思主义研究和创新的兴趣和积极性，营造良好的学术氛围。

要及时转化马克思主义中国化理论创新成果，来指导新的实践。我们知道，马克思主义的科学性是在实践中得到检验，同时又指导实践的，其在实践中得以继承发展，产生新的理论成果，彰显其旺盛的生命力。中国特色社会主义进入新时代，马克思主义在中国又产生出一大批新的理论成果，即习近平新时代中国特色社会主义思想。高校要从课程思政的角度出发，把新时代这一马克思主义中国化理论成果贯穿到各个学科当中，为马克思主义理论的研究和创新夯实学科基础。

第二节　文化引领与价值观构建相结合

为了紧跟时代步伐，更好完成"立德树人"的根本任务，高校的改革势在必行，高校的建设重心应向内涵式发展转化，这就需要用大学文化建设来作为引领，在办学理念、办学特色和办学定位上，要用文化建设来浇筑和凝练，要把大学文化建设体现在完善学校制度设计上，体现在建设富有品味的校园风貌上，体现在凝聚高层次创新人才上，体现在培养德才兼备的未来创新人才上。通过大学精神文化、制度文化、环境文化建设，克服大学发展中存在的功利性、趋同性、合力和活力不强等问题。以文化育人，唤醒大学生的民族精神和时代精神,提升大学生的文化自信意识,引导大学生以社会主义核心价值观为价值取向,树立正确的价值观和人生目标导向,不断提升自己的综合素质,立志为中华民族伟大复兴而奋斗终身。

一、高校文化引领高校走特色发展之路

高校作为文化传承、传播、发展和创新的重要基地,也是高文化高素养人才的集中地,其本身具有天然的文化优势,对社会成员的文化认知和养成具有高度的辐射和引导功能。高校教育实际上就是一种文化教育和熏陶。一般而言,高校文化具有狭义和广义之分。狭义的高校文化就是指精神文化,广义的高校文化既包括精神文化,也包括高校制度文化和环境文化。高校精神文化主要是指高校在办学理念、办学目标、办学传统、办学战略等层面上的各种意识观念形态的集合;高校制度文化主要是指高校规章制度、运行机制和师生行为规范等以条文形式体现出来的有组织的规范体系;高校环境文化主要是指高校的整体规划、建筑风格、纪念性标志、校园网络、媒体、人际关系、文化生活等展现出来的校貌、校风、学风、教风、行风和党风等一系列校园人文资源。

高校文化在高校教育中具有很重要的作用。一是具有明确的导向作用。文化就像校园中的一面旗帜,一所高校的文化氛围能够反映出这所高校的办学理念和育人模式。在高校文化生态中存在着不同的文化,这些不同的文化蕴含着不同的价值观导向。高校文化就在于以积极向上的主导文化去教育和影响大学生,使大学生能够选择正确的文化,抵制一些消极文化,在多元文化碰撞中,能辨别是非,树立正确的价值观,指导自己的人生方向。同时高校文化也在指引这所学校的办学特色和办学方向。学校的一切发展规划、目标培养、教学体系、规章制度等都与这所学校的文化存在很大关系。

二是具有强烈的凝聚激励作用。高校文化具有一定的凝聚力量。高校文化内含共同的价值观取向,能够起到凝聚人心的作用。高校进行的文化活动往往是一种比较集中的活动,这样的文化活动可以培养一定的团队精神和协作精神。高校文化还是高校可持续发展的精神动力,是高校师生生活和学习的精神食粮,浓厚的校园文化能够渗透到师生员工的心灵深处,转化成个体和

群体可持续的精神力量,激发大学生积极学习,为实现自我的最大价值而奋发图强。

三是严格的规范作用。高校文化对大学生的思想观念,行为方式具有一定的约束性,其目的就是引导大学生的言行能够符合高校文化建立的价值规范标准。大学生的学习和生活深受高校文化的影响。高校文化中蕴含的精神、信念、习惯、道德风尚等思想精髓内化于大学生的内心深处,无形之中产生一种强制性的规范教育,使大学生不自觉地被高校文化中一些价值观念所影响。高校文化一旦得到大学生的广泛认同,大学生就会以文化中的价值遵循为参照进行自我约束和疏导,同时基于文化认同中达成的各种约束措施和规章制度进行自觉地遵守。

四是潜移默化的熏陶作用。高校教育不仅是知识的传授,还有文化的陶冶。长期处于良好的文化环境之中,人们的思想就会积极向上,全身充满正能量,人的精气神就很充沛。高校文化是高校教育最好的教材、最好的课堂、最好的老师。和谐上进的高校文化能够将大学生的思想情感渗透到校园文化环境和生活之中,培养出大学生的归属感和认同感,对母校产生深深的情感。虽然今天的网络教育已十分普遍,但网络教育远远不及高校文化教育,其原因就是网络教育只是一种虚拟教育,是单一的知识传导过程,让人们感受不到一种文化氛围。高校文化通过价值观的塑造,心灵的感化,个人能力的培养,全面提升大学生的思想道德修养和综合能力,为社会锻造出真正的合格人才。

五是鲜明的识别功能。由于不同高校的办学理念不同,其具有的文化也不同。高校文化是不同高校之间相互识别的重要标志。我国许多高校虽说都是综合性大学,但每所高校的侧重点不同,其所蕴含的文化思想也具有很大差别。比如北京大学非常重视人文学科的建设和发展,并认为"人文学科是北大的'本钱'"。校园里的未名湖被称作是北大的"灵气"和"文眼"。人文学科虽不能与国家经济发展直接挂钩,但从长远来说,它们对国家和民族的精神文化建设具有重大意义。而清华大学重理科建设,清华大学理学理科教育有着悠久的历史,早在1929年清华大学就创立了理学院,并曾培养造就了许多知名的科学家和学者。北京大学和清华大学在综合排名上差异不大,但它们具有各自鲜明的文化特征。正是这种不同的文化特征造就了我国各种类型的高校，也凸显了这些高校在林立的中国高校群中不可替代的位置和作用。

二、用先进文化引领高校教育发展

高校传承和发展的文化是优秀的文化、先进的文化。中华优秀传统文化和社会主义先进文化都是我国高校文化的重要内容。胡锦涛同志指出："高等教育是优秀文化传承的重要载体和思想文化创新的重要源泉。"[1]文化的传承和发展是高校承担的重要任务，我国高校肩负的是发扬和发展中国特色社会主义文化的历史使命。用先进的文化引领高校科学发展是高校文化教育理念的重要体现。

高校文化是高校教育性质和特征的主观反映，其核心要义就是要回答高校是一个什么样的状态问题。高校文化不仅包括教育知识的传播和疏导、学术思想的传承和创新，还包括高校与社会之间的相互作用。高校文化是自主、自由、开放的文化，是理性主义、崇尚科学的文化，是与社会保持紧密联系、对社会具有引领作用的文化，是具有传播、传承、弘扬和创新精神的文化。从世界上第一所高校诞生之日起，高校就在实现自身的发展过程中肩负起对整个人类文化传承和创新的使命，并引领着人类社会不断取得进步和发展。世界的发展表明，高校在哪里，哪里就有发展，哪里就有文化的繁荣和昌盛。

高校发展的历史也说明，以深厚的大学精神为核心内容的高校，才能称得上是一所优秀的高校，拥有大学精神的文化才能称其为高校文化。高校文化的基本特征决定了大学精神应当以学术研究为中心，把学术研究作为高校的核心要素，以学术水平来提升教学质量。正如哈佛大学第23任校长科南特所说："大学的荣誉，不在于它的校舍和人数，而在于它一代又一代人的质量。"[2]高校的重要使命就是培养出大师级别的知识先驱者，通过他们的学术研究和知识创新来丰富人类的知识宝库。高校利用先驱者们留下的宝贵财富来传承人类文明和培养一代代新人，通过后来人的社会参与来直接推动社会各方面的发展。

---

〔1〕 胡锦涛："在庆祝清华大学建校100周年大会上的讲话"，载《中国高等教育》2011年第9期。

〔2〕 徐老丫编著：《让幸福来敲门 哈佛幸福公开课》，长江文艺出版社2012年版，第243页。

第七章　文化自信视域下高校社会主义核心价值观培育原则

高校文化是高校人文精神的重要载体，高校文化的传承和创新决定着高校的精神面貌。高校应从文化制度层面和文化治校层面不断完善高校工作中的治理体系，确立高校的办学指导思想，把先进、优秀的文化保存下来，发扬光大，并在此基础上不断地对先进、优秀的文化进行创造性发展，实现自身的突破和超越。

用先进、优秀文化引领高校文化建设，这是由我国的社会主义性质和我国高校的根本任务决定的。我国是社会主义性质的国家，我国高校就要肩负起为我国的社会主义现代化建设事业输送合格建设者和接班人的任务。我国高校能否培养出符合国家要求的建设人才，将直接关系到我国的社会主义现代化建设进程，以及在国际市场中的竞争力和影响力，这对于实现中华民族伟大复兴的中国梦将产生重要影响。高校文化是校园人文精神的具体体现，是我国社会主义意识形态的深刻反映，大学生的校园生活，尤其是大学生价值观的树立，与大学生将成为一个什么样的人的关联十分密切。

从这个意义上说，高校文化能不能继承和发扬社会主义先进文化和中华优秀传统文化，容纳吸取一切外来的先进、优秀文化，不断地积淀和丰富自己的文化资源，提升自身的文化涵养，这对于建设中国特色社会主义文化，以及为中国特色社会主义伟大事业培养高端人才具有重大意义。用先进、优秀的文化引领高校文化建设，是高校着眼于国情和世情的高瞻远瞩的眼光。21世纪是中华民族伟大复兴的世纪，是参与世界综合国力竞争的世纪，不论是民族复兴还是国力的较量都需要高素质的人才。文化作为上层建筑，是经济基础的深刻反映，一个国家经济的发展，离不开文化给予的强大的支撑和服务。而文化是人创造的，文化的主体是人。高校以文育人是高校文化建设的根本目的。高校文化建设对学生综合素质的塑造起到潜移默化的促进作用，用先进、优秀的文化来提高大学生的文化素养是高校教育的重要手段。高校文化建设，应该把先进、优秀的文化作为夯实高校文化底蕴的重要途径，以此去提高大学生的文化认知和文化认同感，使先进、优秀的文化在高校整个文化发展的轨道上并力前行，成为高校教育的强大推动力。

三、推进社会主义核心价值观培育，引领文化育人环境

文化的内涵丰富，纷繁复杂，而文化的核心是价值观。中国人民经过艰

辛的实践和探索所构建出来的社会主义核心价值观是汇聚中华民族几千年来思想精髓的集中体现，是中华民族文化的精神标识。通过培育社会主义核心价值观，能够达到传承和弘扬中华优秀传统文化，提升人们的文化素养，提高人们的道德品质，实现价值观塑造，从而增强人们的文化自觉和文化自信的效果。

高等教育的价值理念来自于对社会价值理念的透视和深化，是社会价值理念在高校的生动反映。社会主义核心价值观是在中国特色社会主义伟大实践中产生和形成的，集中体现了中国特色社会主义制度下的价值遵循和文化特质。社会主义核心价值观对马克思主义价值学说做出了进一步的丰富和发展，作为马克思主义中国化的重要理论成果，构成我国社会主义精神文明建设的重要组成部分。高校作为精神文明生产的重要基地，是培育社会主义核心价值观的重要载体。在教育部、共青团中央颁发的《关于加强和改进高等学校校园文化建设的意见》中提出了关于我国高校文化建设的主要任务，就是要以理想信念教育为核心，以爱国主义教育为重点，以"三观"教育为主要内容。[1]可以看出，高校社会主义核心价值观的培育与高校文化建设在基本要求上是一致的。

高校社会主义核心价值观的培育，能够挖掘高校文化的精神内涵，激发高校文化的内在动力，增强高校文化的育人功能。我国高校要具有深厚的文化底蕴，必须把社会主义核心价值观中的文化力量释放出来，因为文化可以给予社会主义核心价值观深深的滋养。没有对中华优秀传统文化进行源源不断地挖掘，社会主义核心价值观就会断了活水源头，就会失去生命力和动力。高校培养出来的人才，不仅要具有高超的专业技术，还要具备高尚的道德修养和坚定的理想信念。把民族精神、时代精神连同德育一起渗透到大学生的全程教育之中，这是高校育人的基本要求，也是高校文化建设的基本要求。将社会主义核心价值观贯穿高校文化建设的整个过程，能够引导高校文化建设始终沿着正确的方向前进，在高校形成一种具有中国气派的校园文化环境。

---

[1] "教育部、共青团中央关于加强和改进高等学校校园文化建设的意见"，载中华人民共和国教育部，http://www.moe.gov.cn/jyb_xxgk/gk_gbgg/moe_0/moe_495/moe_512/tnull_6653.html，最后访问日期：2019年12月25日。

大学生肩负着民族复兴和国家富强的重要使命，承载着实现中华民族伟大复兴的历史大任。高校培养高质量人才，不仅要把社会主义核心价值观作为大学生树立正确世界观、人生观、价值观的指引，而且也是树立正确国家观、民族观、历史观、文化观的指引。把社会主义核心价值观融入高校文化育人和文化建设之中，能够帮助大学生深入了解和掌握中华民族复兴史，中国文化发展史，中国共产党奋斗史，帮助大学生践行青春箴言，追逐人生理想，努力"为中华之崛起而读书"。通过让社会主义核心价值观进校园、进课堂、进课本、进大学生日常生活，进入大学生的认知世界，指引他们日常行为习惯的养成，在大学生生活圈中形成良好的人文环境。加强高校以文育人的价值观导向，用社会主义核心价值观对大学生进行潜移默化的影响，以增强高校文化的向心力、凝聚力、感召力，提升高校育人与社会用人的有效衔接，推动构建和谐的社会文化氛围。高校通过文化建设进一步加强文化自信的宣传教育，通过文化自信的引领，树立大学生的民族自豪感和自信心，使大学生自觉地从社会主义核心价值观的培育者走向践行者，坚定走自己的道路，追逐自己的理想，为人生出彩，为国家出彩。

第三节　内化于心与外化于行同步兼修

高校对于社会主义核心价值观的培育，不仅要对大学生灌输知识，使其获得理性上的认识，还要引导大学生直面现实生活，获得感性上的体验。因为社会主义核心价值观是在中国特色社会主义实践过程中产生的，它是一个从实践到理论再到实践的产生过程，这里面包含了人们对这个概念的认识植根于历史、面向现实、着眼未来的理论提升和实践验证。高校在"立德树人"的德育过程中，必须注重"德"在现实生活中的指导作用。社会主义核心价值观作为高校德育的重要内容，不仅要在培育上下功夫，还要考虑到大学生未来的社会贡献，将社会主义核心价值观转化为大学生服务社会的一种动力，也就是必须使学生做到内化于心、外化于行。

一、以社会主义核心价值观武装当代大学生

一种理论有没有指导现实的动力，就看这种理论能否被广大人民群众所

认可,成为人民群众改造现实世界的武器。马克思主义历来重视理论对现实的指导作用。用理论武装人民群众的大脑,理论才能变为改造现实的力量。马克思说:"理论一经群众掌握,也会变成物质力量。"[1]理论只有被人们认识和掌握,才具有指导价值和改变社会的功能。毛泽东说:"夫所谓信仰者,必先之以知识,知之而后信之……夫知者信之先,有一种之知识,即建为一种之信仰,即建一种信仰,即发为一种之行为。知也,信也,行也,为吾人精神活动之三步骤。"[2]理论只有被人民群众所熟知、所使用,才能被人所接纳和认可。只有选择了科学的理论作指导,人民群众的行动才不会迷失方向,才能沿着正确的道路追逐远大梦想。

社会主义核心价值观是一种价值遵循,也是一种科学理论。社会主义核心价值观是在马克思主义价值学说和中华优秀传统文化的基础上产生的,它必然具有深厚的马克思主义理论基础和中国传统哲学底蕴。首先必须让大学生熟知社会主义核心价值观的理论内涵,从学理上认识到它的科学性以及它对现实生活的理论指导作用。通过社会主义核心价值观的理论魅力化为一种理论力量去获得大学生对它的认知和认同,以内化的方式使其成为大学生的价值遵循。只有内化了,也就是马克思所说的"理论一经人民群众掌握",社会主义核心价值观才能武装大学生,成为大学生外化于行的思想指南和精神动力。

二、把社会主义核心价值观内化于心

大学阶段正是大学生塑造"三观"的最佳时期。高校社会主义核心价值观的培育能够帮助大学生重新定位自己的人生价值,树立远大的人生抱负。高校教育应该对大学生进行一定的价值观引导,提升大学生对社会主义核心价值观的理性认知,争取大学生的高度认同,使其内化于心,成为大学生坚定的内在信念。

(一)把对社会主义核心价值观的理性认识上升为大学生的坚定信念

如果要让一种价值观具有稳定持久的效应,那对它的认识就不能停留在

---

[1]《马克思恩格斯选集》(第1卷),人民出版社1995年版,第9页。
[2]《毛泽东早期文稿》,湖南人民出版社1995年版,第228页。

第七章　文化自信视域下高校社会主义核心价值观培育原则

感性层面上。理性认识是对事物内在的本质的认识，只有这样的认识才能让人刻骨铭心，成为内心永恒的印记。社会主义核心价值观有其本质性的内容，必须将对社会主义核心价值观的认识上升至理性认识，才能吃透它的本质性内涵，将其内化到人的心灵深处，成为一种内在信念。人的认识的形成是分阶段的，社会心理学家凯尔曼·本将其分为三个阶段：第一阶段是模仿，第二阶段是认同，第三阶段是内化，并指出内化是人的认识的最高阶段，是最高级别的理性认识，也是人对外在对象的认识所形成的内在信念。[1]对社会主义核心价值观的理性认识，也就是要求对社会主义核心价值观的认识达到内化于心的高度，成为心中的一种信念。对于信念，习近平总书记指出："理想信念就是共产党人精神上的'钙'，没有理想信念，理想信念不坚定，精神上就会'缺钙'，就会得'软骨病'。"[2]高校社会主义核心价值观的培育，就是将其培育成为大学生的内在信念。大学生只有把对社会主义核心价值观的理性认识上升成为自己坚定的内在信念，才能牢牢把握我国的国情，抓住实现自己人生价值的机遇，充满自信地为社会做贡献。高校在进行社会主义核心价值观培育时，要结合大学生的理想信念教育，"四个自信"教育，提升社会主义核心价值观的理性认识，将其内化于心，为走好新时代长征路立下必胜的信念。

（二）发挥校园文化感染力，展现社会主义核心价值观精气神

良好的校园文化环境，是高校社会主义核心价值观培育的肥沃土壤。世界上的著名高校都有体现自己办学特色的文化底蕴，并由此产生属于自己校园特征的浓郁的文化环境。应我国国情的需要，我国高校应把社会主义核心价值观作为校园文化建设的重要内容，通过校园文化的渲染和透视，把社会主义核心价值观的精气神展现出来，达到社会主义核心价值观培育的效果。具体可以如下：（1）凝练符合时代特征和本校特色的校园文化风貌，把无形的价值观念和道德风尚具体化、直观化，潜移默化地渗入社会主义核心价值观的培育中。如校训解读、校园网站建设、校报建设、校园文化活动设施建

---

〔1〕桑国标：《学校心理咨询基础理论》，上海人民出版社2008年版，第471~472页。
〔2〕《习近平谈治国理政》，外文出版社2014年版，第15页。

设等。（2）以道德大讲堂、读书会、主题班会、艺术展览等为载体，开展丰富多彩的文化实践活动，借此加大社会主义核心价值观的宣传和教育，以提高大学生的综合能力和道德素养。（3）利用重要节庆日，开展学术、艺术、体育、娱乐等校园文化活动，弘扬中国精神，培养大学生的爱国主义情怀，激发大学生的历史使命感。

（三）开拓内化社会主义核心价值观的多种渠道

对社会主义核心价值观的内化不能思想僵化、方式单一，要推陈出新，探索多种方式、多个渠道。当今时代是个信息化社会，互联网、微信、QQ等新媒体平台已经成为人们获取信息、实现人与人交往、交流的重要渠道。"00后"已经成长为新时代的大学生，他们是伴随着网络出生和成长的新一代。高校社会主义核心价值观的培育，除了采用传统的思想政治教育方法外，还应拓展采用与时代发展相匹配的多元化培育路径，结合学生特点，充分利用他们乐于接受的网络新媒体平台，研究信息化对意识形态的影响规律，弘扬正能量，塑造正确价值观，实现社会主义核心价值观"润物细无声"的内化功效。

（四）对社会主义核心价值观的内化要实现从理性认知到认同的转化

对事物的理性认知只是对事物内在的本质的认识，还没有把对事物的认识转化为自己内在的一部分。只有对事物的认识由理性认知转化为认同之后，才可能将其纳入自己的内心世界。社会主义核心价值观是全体人民都应该遵循的价值准则，我们每个人不只是认识它，还要认同它，使之成为自己内心深处的一座灯塔。我国高校对社会主义核心价值观的培育一定要将其贯穿高等教育的全过程。高校思想政治理论课是传授和讲解社会主义核心价值观的主渠道，通过思想政治理论课的功能提高社会主义核心价值观的认识和认同是不言而喻的。除此之外，高校的人才培养方案、课程建设、社会实践、党团活动、实习实训、学生管理服务等都要纳入课程思政的范围内，因地制宜地融入社会主义核心价值观的基本内容，使之潜移默化地内化到大学生的价值诉求当中。同时还可借助高校的文化传承与创新功能的发挥，深入挖掘中华优秀传统文化的深厚资源，将之现代化转化，与时代价值接轨，使之滋养大学生的心灵，实现内心的认同。

三、把社会主义核心价值观外化于行

高校社会主义核心价值观培育的目的是将大学生的个人成长与远大抱负结合起来，在科学理论的指引下，使其用自己的行动去实现个人价值最大化。个人价值最大化的集中表现就是个人最大限度地投入到社会实践当中，尽可能地为自己的国家和人民做贡献。实现个人价值最大化是社会主义核心价值观的终极目标，是外化于行的生动描述。习近平总书记说："道不可坐论，德不能空谈。于实处用力，从知行合一上下功夫，核心价值观才能内化为人们的精神追求，外化为人们的自觉行动。"[1]高校社会主义核心价值观的培育工作，要做好内化和外化的融合，积极推进社会主义核心价值观的外化效果，使之成为大学生的自觉行动。

（一）教师要率先成为大学生的引路人

在高校社会主义核心价值观的培育中，教师是传道授业者，教师必须发挥示范带头作用。高校要把社会主义核心价值观的基本内容和要求融入思政课程和课程思政的双向制度建设中，以制度化的方式要求教师严格按照社会主义核心价值观的基本原则行事，不要做台上台下的两面人，要做知行合一的先行者和引领者。一方面，教师要在课程教学中熟练掌握社会主义核心价值观的基本内容，揭示出社会主义核心价值观的精神实质，为学生传道解惑，用理论的力量武装大学生的思想，做社会主义核心价值观的传播者和教育者；另一方面，教师要在生活中努力提高自身的综合素质，按照社会主义核心价值观的基本要求和职业要求，加强理想信念教育，立志做一名爱岗敬业、保持高度自觉性和坚定性的好教师。同时，教师应用自己良好的师德师风和高尚的人格力量感化大学生，为大学生提供培育社会主义核心价值观的正能量。

（二）加强价值观教育与生活体验的深度融合

高校社会主义核心价值观的培育要深入大学生的实际生活当中，特别是大学生参与的有意义的社会实践活动当中。比如社团活动是高校大学生最常

---

[1]《习近平谈治国理政》，外文出版社2014年版，第173页。

见的社会活动，高校可通过开展社团活动的机会融入大学生社会主义核心价值观的培育工作。一方面，高校积极引导大学生开展以服务社会为主题的志愿服务活动。青年志愿者可以到当地的福利院或者对学校周围的孤寡老人、留守儿童、困难居民、残疾人等弱势群体，有针对性地进行扶贫济困，努力营造"我为人人、人人为我"的社会风气。另一方面，青年志愿者还可以深入基层、社区甚或家庭，开展社会主义核心价值观新事物、新典型的宣讲活动。通过社团活动增强大学生的集体主义意识，感受我国社会主义制度的优越性，提升对社会主义核心价值观内涵的认识，使得社会主义价值观的基本遵循自觉地落实到现实生活中。

（三）突出内化与外化相互作用的双重效果

如同理论与实践的相互作用一样，社会主义核心价值观的内化和外化也是一个相互作用的过程。内化离不开实践的养成，只有在实践养成之后才能更好地促进外化。高校要为社会主义核心价值观的培育提供恰当的实践平台。比如为社会主义核心价值观设置长期稳定的教学实践基地，通过实地考察让大学生感受社会主义核心价值观的现实价值；思想政治理论课可以让大学生以拍微视频或撰写微评论的方式开展社会主义核心价值观主题教育教学活动。这可以提高社会主义核心价值观理论教学的实效性，提升对社会主义核心价值观这一理论的认同，进而使之成为指引自己行为的价值观导向。高校将校内课堂教学与校外实践教学有机结合，是高校实现社会主义核心价值观内化与外化双向互动的重要体现，也是重要途径。

第四节 顶层设计与精准靶向上下兼顾

培育社会主义核心价值观是一个上下联动的双效机制。做好上面的顶层设计非常重要，只有上面的顶层设计做好了，下面才能做得顺风顺水，一路畅通。高校在加强社会主义核心价值观培育方面，要做好顶层设计，系统规划，整体推进，形成良好的上下联动机制，使"自上而下"和"自下而上"的两股力量拧成一股力量，以便有效地推进高校社会主义核心价值观全方位的培育工作。

第七章　文化自信视域下高校社会主义核心价值观培育原则

一、做好顶层设计是高校社会主义核心价值观培育的现实需要

做好顶层设计，关系到高校工作的整体推进，以及社会主义核心价值观在高校整体工作中的合理布局，这对于高校合理开展社会主义核心价值观的培育工作，大学生对社会主义核心价值观的认识和自觉践行都具有重要意义。2014年，中共教育部党组、共青团中央在《关于在各级各类学校推动培育和践行社会主义核心价值观长效机制建设的意见》中明确指出，学校在建立培育和践行社会主义核心价值观长效机制时，其遵循的主要原则之一就是"坚持系统规划，整体推进，不断完善培育和践行社会主义核心价值观的顶层设计"。高校作为学生在校生活的最后一站，是大学生即将接触社会，接受社会检验的关口。高校大学生选择一个什么样的价值观将直接影响到他的职业规划和人生价值追求。高校做好社会主义核心价值观培育工作，完善好顶层设计，这既是高校教育工作中一项紧迫而又艰巨的任务，也是一个长期而又系统的任务，必须制定出长效机制，从长计议，不断夯实高校社会主义核心价值观培育的基础性工程。

（一）什么是顶层设计

目前，对顶层设计的理解还是一个众说纷纭的话题。许多学者对这一概念进行了一些探究，给出了不同的解释。比如竹立家指出"顶层设计"最初是来自于系统工程学领域中的一个词，字面的意思就是"自高端开始的总体构想"，但实际上是指"整体的明确性"和"具体的可操作性"。后被广泛运用到社会科学领域，成为政府或主管部门常用的一个词。在西方国家，这个词已经被政府部门等相关主导机构"应用于军事与社会管理领域，是政府统筹内外政策和制定国家发展战略的重要思维方法"。[1] 从2008年开始，对"顶层设计"一词的关注度呈现递增趋势，特别是在2011年至2012年间，"顶层设计"成为一个高频词汇，这可能与我国经济体制改革总体规划中关于这个词的表述有很大关系。2010年，党的十七届五中全会通过《中共中央关于制定国民经济和社会发展第十二个五年规划的建议》中，提出"更加重视

---

[1] 竹立家："改革需要什么样的'顶层设计'"，载《人民论坛》2011年第1期。

改革顶层设计和总体规划"。这是我国政府首次提出"顶层设计"这一概念,此后被多次提及,乃至成为一个政治热点话题。2011年,改革杂志社专题发表《顶层设计的宏观情境及其若干可能性》一文,对近几年有关"顶层设计"的研究做出综述。[1]2013年,王建民、狄增如撰文《"顶层设计"的内涵、逻辑与方法》,对"顶层设计"一词做出学术性的提炼和理论上的阐述。[2]"顶层设计"这一概念被逐渐运用到各个领域。

"顶层设计"在"维基百科"中的解释为相对于bottom-up design 的top-down design。从英文注释中我们更能准确地把握"顶层设计"的基本内涵,由此可知,"顶层设计"就是"自上而下的设计",也可称作是阶梯式的设计。但是自上而下是相对于自下而上设计的,也就是说在自下而上的考量上做出自上而下的设计。实际上,顶层设计就是在底层设计的需求上或准确把握底层状况的情况下设计出来的。顶层设计离不开底层设计,两者是辩证统一、相互促进的关系,顶层设计以底层设计为前提,反过来做好顶层设计是为了更有效地推动底层的设计。由于各个领域的空间架构和布局不同,对顶层设计所表达的含义应做具体分析。就高校社会主义核心价值观的培育而言,顶层设计就是要求高校各级部门从纵览全局的高度出发,从大处着眼,从小处着手,制定出详细的"任务书""时间表""路线图""责任状",形成自上而下层层衔接、环环相扣的制度和步骤,将社会主义核心价值观培育工作落实到每一个环节,科学高效地实现其培育的目标和任务。

(二)顶层设计是高校社会主义核心价值观培育建立长效机制的现实需要

在多元社会价值观汇聚的复杂环境中,高校社会主义核心价值观培育并非一日之功,不是靠一己之力就能完成的,必须持之以恒,常抓不懈。古言道:"不以规矩,不能成方圆。"高校要从建立健全制度层面入手,在原有制度的基础上结合当前高校教育的方针政策,进一步优化和整合各项制度和措施,从而形成一套高校培育社会主义核心价值观的制度体系,从制度层面上规范高校社会主义核心价值观的培育工作,使这项工作能够走向制度化、规

---

[1] 改革杂志社专题研究部:"顶层设计的宏观情境及其若干可能性",载《改革》2011年第9期。
[2] 王建民、狄增如:"'顶层设计'的内涵、逻辑与方法",载《公共管理》2013年第8期。

范化、常态化，以及具有长期的稳定性和实效性。制度的合理性和可实施性深刻体现制度制定者的智慧和能力。"不谋万世者，不足谋一时；不谋全局者，不足谋一域。"〔1〕制度制定者既要考虑自身的实际需要又要考虑长远的发展目标。高校社会主义核心价值观培育制度的制定，要充分考虑顶层设计的整体性、系统性和可操作性。做好顶层设计，不仅体现国家和社会对社会主义核心价值观培育的基本要求，也是高校社会主义核心价值观培育建立长效机制的现实需要。因为高校社会主义核心价值观的培育工作，将关系到高校办学定位的问题，高校教育的"立德树人"的问题，高校大学生能否为我国实现两个一百年奋斗目标贡献智慧和力量的问题。高校社会主义核心价值观培育的长效机制，就是要求站在立德树人的战略高度，把学校的总体规划和具体实施方案紧密结合起来，不断完善学校的顶层设计，充分发挥各个教育部门的优势，杜绝社会主义核心价值观的培育工作与其他工作呈现"两张皮"现象，确保社会主义核心价值观的培育工作与其他工作一起，同步、稳步、扎实地推进，沿着长足有效的路线走下去。

二、高校社会主义核心价值观培育要做好顶层设计

高校教育要从整体推进，常态化管理角度出发，帮助并引导大学生形成对社会主义核心价值观的认知和认同，使大学生树立正确的价值观，健康的人生观，明晰的世界观，这关系到大学生能否成为社会的有用人才这一根本问题，更关系到整个民族的未来，以及国家的长远发展大计。由于各个高校都有自己的办学特色，构建具有高校特色的教育长效机制，通过合理有效的顶层设计，积极引导高校大学生自觉培育社会主义核心价值观，是目前高校在思想政治工作领域需要解决的一个主要问题。

（一）顶层设计要注重"顶层"与"底层"的层级设计

由于层级选择的不同，顶层设计中的"顶层"只是一个相对的概念。对于某一可供参照的层级来说是"顶层"，但对于另一可供参照的层级来说就可能是"底层"。顶层设计实际上是"从高处往下的层级设计"，最后形成"顶

---

〔1〕 人民日报评论部：《习近平用典》，人民日报出版社2015年版，第298页。

层"与"底层"的上下联动机制。可以看出,高一层对于低一层来说就是"顶层",对于"底层"来说,上一层级的设计非常重要,如果某一层级设计不好,将直接影响到后面所有层级的设计。可以说,上一层级的设计是下一层级设计的前提条件,上一层级对于下一层级的顶层设计将起到决定性作用。高校建立社会主义核心价值观培育的长效机制,其校党委行政的"顶层设计"至关重要,对于高校各个部门来说,校党委是处在最"顶层"的。校党委在准确把握学校总的教育目标的要求下,要指导并督促下一级机构按照学校的总体办学方向,做好各个部门的"层级设计",整合各部门资源和力量,通过相互协商和协调,制定出清晰的培育社会主义核心价值观的时间表和路线图,形成一整套上下联动的培育社会主义核心价值观的制度体系。同时,要加强"顶层"与"底层"之间的相互监督意识,明确各个层级的职责,开展定期督查和考评工作,并作为领导和员工年终绩效和思想政治素养测评的重要指标,坚决防止重头轻尾,重过场轻效果,重设计轻落实,重宣传轻行动,杜绝形式主义作风。

(二) 顶层设计需要全校教师共同参与和培育

高校培育社会主义核心价值观不仅是高校党政领导部门的事情,也是全校教师的事情。列宁曾指出:"在任何学校里,最重要的是课程的思想政治方向。这个方向由什么来决定呢?完全而且只能由教学人员来决定。"[1]教师处在教育工作的第一线,是最接近受教育者的,教师的一言一行对受教育者起到耳濡目染、以身示范的作用。邓小平同志指出:"一个学校能不能为社会主义建设培养合格的人才,培养德智体全面发展、有社会主义觉悟的有文化的劳动者,关键在教师。"[2]高校教师是高校教职员工的主力军,是决定高校思想政治教育方向的重要因素。习近平总书记也强调:"高校教师要坚持教育者先受教育,努力成为先进思想文化的传播者、党执政的坚定支持者,更好担起学生健康成长指导者和引路人的责任。"[3]高校教师要率先培育社会主义核

---

[1] 《列宁全集》(第45卷),人民出版社1990年版,第249页。
[2] 《邓小平文选》(第2卷),人民出版社1994年版,第108页。
[3] "习近平在全国高校思想政治工作会议上强调:把思想政治工作贯穿教育教学全过程 开创我国高等教育事业发展新局面",载《实践》(思想理论版)2017年第2期。

第七章 文化自信视域下高校社会主义核心价值观培育原则

心价值观,真正起到"德高为师、身正为范"的作用。

如果高校的顶层设计做不好,往往造成高校思想政治教育工作者与高校专业教学工作者存在"两张皮"现象。在这种情况下,高校社会主义核心价值观培育工作好像理所当然地成为党政职能部门和思想政治理论课教师的专属,其他专业课教师就不再承担这方面任务了。实际上,任何一门专业课都不仅仅是知识的单线传授过程,而是知识与社会应用相互链接的过程。如果一种知识的传授缺乏对社会良知的认识,这种知识的传授不仅起不到"立德树人"的效果,反而可能给个人和社会带来非常严重的后果。因此,高校在顶层设计中,要把思想政治理论课教师与其他专业课教师统筹起来,一并纳入到社会主义核心价值观的培育体系当中,让高校所有教师率先成为社会主义核心价值观的坚定奉行者。只有这样,高校教师才能以身示范,做大学生培育和践行社会主义核心价值观的引路人。

(三)顶层设计要落细落小落实

习近平总书记在讲如何培育社会主义核心价值观时指出:"一种价值观要真正发挥作用,必须融入社会生活,让人们在实践中感知它、领悟它。要注意把我们所提倡的与人们日常生活紧密联系起来,在落细、落小、落实上下功夫。"[1]价值观是在人们的社会实践中产生的,反过来既成的价值观又是人们进行社会实践的价值导向。价值观与人们的社会实践紧密联系在一起,离开社会实践谈价值观是空洞的,离开价值观谈社会实践是盲目的。社会主义核心价值观是在中国特色社会主义伟大实践中产生的,而中国人民是中国特色社会主义伟大实践的主体,所以社会主义核心价值观与每一个中国人的社会实践活动是分不开的。高校不能脱离社会实践而独立存在,我国高校在制定顶层设计时,要把社会主义核心价值观的培育要求细化到高校人才培养和大学生的日常行为准则和生活之中,做到落细、落小、落实,达到如同"百姓日用而不知"的程度。高校要善于利用各种资源和途径,形成培育社会主义核心价值观的生活情境和社会氛围,做到社会主义核心价值观进课堂、进教材、进头脑、进生活,使社会主义核心价值观的影响像空气一样无所不在。

---

[1]《习近平谈治国理政》,外文出版社2014年版,第165页。

第八章
文化自信视域下高校社会主义核心价值观培育路径

坚定文化自信是高校社会主义核心价值观培育的主要源泉。文化自信源自于中华优秀传统文化，而中华优秀传统文化是中华民族的根和魂，是世界了解中国，也是中国走向世界的一张亮丽招牌。中华优秀传统文化连同革命文化和社会主义先进文化，已经化作特殊的符号铭记在中国人民的心中，继续引领中国人民奋勇前进。高校作为当代大学生成长成才的地方，对大学生的教育设置什么样的文化内容，预定什么样的价值遵循，导向什么样的人生目标，将直接关系到大学生的个人命运，关系到民族的希望和祖国的未来。高校教育要把文化自信和社会主义核心价值观作为"立德树人"的重要内容和价值标准，制定出一套切实可行的实施路径，着力体现高校以文育人、以文化人和以文树人的教育本质性特征。

第一节 确立文化自信在高校文化育人中的价值导向

高校文化育人的人文气息浓厚与否，与文化建设的发展状况有很大关系。当前我国高校教育应该与中国特色社会主义建设同步，把文化自信作为主要内容，将培育和践行社会主义核心价值观作为价值导向，依据国情、校情、课情，探索出一条既符合本校教育发展，又能提升广大师生文化自信的路子，使文化自信和社会主义核心价值观的文化理念贯穿整个文化课的教育教学之中，起到"润物无声"的效果。

一、辩证看待民族文化发展

文化的进步与民族的发展相辅相成。中华民族在五千多年的历史演变中

第八章　文化自信视域下高校社会主义核心价值观培育路径

创造出灿烂辉煌的文化,这些文化是中华民族的生命符号,展现着中华民族前进的画卷。在民族发展的历史进程中,每一个民族都创造出与之相匹配的文化形态,我们把一个民族发展史上创造出来的文化统称为传统文化。一个民族的传统文化由于受到历史条件和人的因素的制约,既有精华,也有糟粕,但不管是精华还是糟粕都是一个民族在特定历史时期、特定历史条件下所创造的精神资源,对后人来说都是值得研究和借鉴的。大学生在对待传统文化时一定要采取科学的态度,坚持历史分析法和辩证分析法,千万不能用当前的眼光和观点去衡量和评价历史上的文化优劣,而是要基于当时的历史背景去辩证地分析这种文化在当时社会的时代价值。有些传统文化在当时可能是合理的,但对于现代社会是过时的;有些传统文化中所蕴含的智慧和道理是永远适用的,对当代社会来说仍具有指导价值,我们对这样的传统文化要持认可态度,要给它加上现代化元素,使其发扬光大,成为文化自信的重要组成部分。

"问渠那得清如许,为有源头活水来",一切文化都有其源头,中国特色社会主义文化根植于博大精深的中华传统文化。没有中华传统文化的积淀和发展就没有我们今天如此丰富的文化资源。中华传统文化发展至今,内容不断丰富,形式也不断多样,文化中的思想精华不断延续,保留至今,仍然影响着我们的思想和行为,塑造着我们的世界观、人生观、价值观。比如"天人合一"的宇宙观,"修齐治平"的价值观,"舍生取义"的人生观,仍然指引着中国人民的思想道德建设,成为培养中国人民树立"三观"的源头。

在肯定我国文化发展的同时,也要看到我国文化发展的不足之处。金无足赤,人无完人,任何事物都不是完美无缺的,我国文化在发展过程中也曾有不完美的地方,对此我们要敢于亮剑,敢于批评和自我批评,以便更好地取长补短,促进我国文化朝着健康的方向前进。批评和自我批评是我党的一贯优良作风。毛泽东同志就曾指出:"自我批评是马克思主义方法论中最革命的最有生气的部分","批评和自我批评是一个整体,缺一不可"。[1]中国共产党自建党以来就十分重视开展批评和自我批评,就是因为我们党敢于自我

---

[1]《毛泽东文集》第 2 卷,人民出版社 1999 年版,第 418 页。

批评，敢于认识自己的缺点，才使得我们党能够经得起各种考验，成为引领中华民族走向复兴的执政党。新时代有新的问题，新的时代使命，我们更需要批评和自我批评。习近平总书记强调，"我们党能依靠自身力量解决自身问题，靠的就是批评和自我批评"。[1]我国文化的发展需要听到批评的声音，虽然我国文化发展取得，很大成就，文化软实力显著增强，但要看到新时代中国人民对美好生活的满足还需要更充足的文化资源。现有的文化发展还存在不均衡现象，虚心地接受文化发展上的批评是为了更好地促进文化发展。作为新时代大学生既要对我国文化发展取得的辉煌成就表示肯定和赞赏，也要正视我国文化发展的不足之处，对我国文化事业不尽人意的地方怀有一颗包容之心，对我国文化发展的前景充满信心，并立志为我国的文化事业奉献一份力量。

二、正确处理西方外来文化

随着人类社会的不断发展，人类走向全球化已是大势所趋、人心所向。在全球化背景下，世界就在每个人的眼前，每个人都不能离开世界而独立存在，人类社会已经从"鸡犬之声相闻，老死不相往来"的状态发展成为人与人交往频繁的地球村。全球化是一把"双刃剑"，这是一个不争的事实。全球化给我国文化发展带来了许多机遇，也带来了前所未有的挑战。对于大学生而言，全球化在文化领域带来的异质性文化不仅给他们造成了视觉冲击也造成了心理冲击。选择什么样的文化生活方式，如何处理各种各样的文化影响，已摆在大学生面前。凡事有利必有弊，外来文化既有可借鉴之处，也有许多糟粕需要剔除。外来文化正在以一种无形的力量，影响着当代大学生的思想和行为，如果处理不当，将会对大学生的"三观"产生重大影响。作为时代弄潮儿的当代大学生，必须要坚持我国文化发展的基本原则和方针，以马克思主义的辩证唯物主义和历史唯物主义为指导，提升自身明辨是非的能力，以中华文化为主阵地，培养对文化演变、传播与发展的文化自觉和文化鉴赏能力。

---

[1] 中共中央文献研究室：《习近平总书记重要讲话文章选编》，中央文献出版社2016年版，第85页。

第八章　文化自信视域下高校社会主义核心价值观培育路径

一是培养大学生的文化自觉意识。文化自觉是由我国著名社会学家费孝通先生提出，他认为文化自觉是"生活在一定文化中对其文化有'自知之明'，明白它的来历，形成过程，所具的特色和它发展的趋向"。[1]费孝通用"各美其美，美人之美，美美与共，天下大同"来看待和处理文化发展之间的关系。文化自觉就是要求在对自身文化与外来文化之间的交流与合作中，一定认清自身文化的真实面貌，在与各种文化的碰撞中提升自身文化的自主能力，以及适应多元文化选择中的自主地位。在全球化环境下，文化之间的交流与碰撞更为复杂和激烈，文化之间的抗争和对比更为鲜明和突出，文化自主性的发挥主要看文化主体的识辨能力和掌控能力。当今世界各种文化竞争之间的风云变幻给大学生进行文化鉴别和选择带来了严峻的挑战。当代大学生必须在外来文化与民族传统文化、资本主义文化与社会主义文化对比中，认清外来文化的真相，辩证地对待外来文化，严守我们自己的民族文化阵地，对自己的民族文化一定要有高度的文化自觉。当代大学生在接触外来文化时要清楚地认识到，外来文化毕竟是外来的，不是本土的，外来文化有我们可吸纳的地方，但绝不能取代我们自己的民族文化，不然我们就会落入西方国家"和平演变"的圈套。历史上的深刻教训一直警醒着我们只有坚持自己的民族文化，才能使我们的民族沿着复兴大道一路前行。当代大学生具有高度的文化自觉是看待和处理自己民族文化和外来文化的重要一步。

二是提高大学生的文化鉴赏能力。鉴赏是对事物对象的鉴定和欣赏。鉴赏是有距离的静观，是心灵的沉思，是意义的阐释和韵味的品赏。康德在《判断力批判》中对鉴赏做出过阐释："当对象的形式（不是作为它的表象的素材，而是作为感觉），在单纯对它反省的行为里，被判定作为在这个客体的表象中的一个愉快的根据（不企图从这对象获致概念）时，这愉快也将被判定为和它的表象必然地结合在一起，不单是对于把握这形式的主体有效，也对于各个评判者一般有效。这对象因而唤作美；而那通过这样一个愉快来进行判断的机能（从而也是普遍有效的）唤作鉴赏。"[2]康德在鉴赏的定义里，

---

〔1〕 费孝通：" 反思・对话・文化自觉"，载《北京大学学报》（哲学社会科学版）1997年第3期。

〔2〕 康德：《判断力批判》（上），商务印书馆1985年版，第28~29页。

认为鉴赏是一种需要特定教养的活动，鉴赏者必须具备"反省"的能力，"反省"是鉴赏的一个重要品质。文化鉴赏是指在文化交流中对不同文化进行分析和鉴别，通过"反省"的方式分清楚哪些是有益的、高雅的文化，哪些是腐朽的、有害的文化，这有利于大学生树立和坚定文化自信的针对性与科学性，减少对文化的虚无主义认识和文化的盲目自信。大学生文化自信是一个从对文化的认知到文化自觉、文化认同再生成文化自信的过程。只有从文化的认知源头上从感性认识上升到理性认识，保证其科学性，自觉才会由心而发，认同才会明晰不盲目，自信才会坚定不动摇。因此大学生要着力提高自己的文化鉴赏能力，以一颗包容的心、反省的心、敬畏的心去对待不同文化，在对自己民族文化自觉的状态下坚持文化自信，广纳文化之精粹，吸纳文化之精华，在文化的阳光下沐浴成长。

三、增强文化复兴使命意识

文化是由人创造的，人是文化的主体。人创造文化不是随心所欲的，而是根据人的需要有意识有指向创造的过程。文化需要主体意识，没有主体意识的文化就失去了生命价值，缺少向前发展的动力，没有主体意识，文化就会在文化交流和碰撞中失去自己的地位，被其他文化所取代或同化。世界全球化，也是文化全球化，文化全球化促进各种文化之间的交流与合作，这种交流与合作看似风平浪静，实则暗流涌动，存在着竞争与博弈。西方国家一直打着各种幌子在传播的文化中隐藏着自己的价值观念，推行所谓的"普世价值"就是西方国家向外推行文化霸权的重要手段。若没有文化主体意识，自己的民族文化就会被西方的文化霸权所侵蚀，成为和平演变的棋子，其后果不堪设想。当代大学生要有自己的文化阵地，防止西方国家文化的"洗脑"，以正确的文化判断力和文化价值观加强对民族文化主体意识的培养。

一是要树立正确的文化价值观。文化价值观要以马克思主义文化价值观为指导，对文化价值做出客观公正的评价。马克思主义基本原理告诉我们，文化属于社会意识，是对社会存在的反映。人属于社会存在，任何文化都是人的社会实践的产物。由于人的社会实践受到人的因素和社会客观因素的制约，文化从来都是历史的、具体的，打上了人的活动的时代烙印。中华文化如此，文化也同样如此，西方国家标榜的具有"普世价值"的文化是不存在的。文化之间是平等的关系，每一种文化在社会中都具有其存在的价值，都有值得欣赏的地方。由于地区的差异和民族演变的进程不同，不同的民族有不同的文化，不同的阶段也有不同的文化。文化的价值在不同民族，不同时期也是不同的，不能片面地评价不同民族文化和不同时期文化的优与劣，因为它们所属的民族和时代都不一样。当代大学生一定要坚持文化平等观，要理性地对待每一种文化，不能因为地域、人种和国家强弱的差异，或个人的好恶去偏爱或贬低某一种文化。特别是对于西方发达国家的文化，绝不能一味地崇洋媚外，也不能不顾一切地全盘否定，只有采用兼收并蓄的方法，才能扬长避短，使之为我所用。坚持文化平等的文化价值观，是我们在文化交流和碰撞中保持定力，坚定文化自信，使我们的民族文化在文化全球化中立于不败之地、永葆民族强盛的重要保证。

二是自觉承担文化复兴使命。马克思主义基本原理告诉我们，虽然文化依赖于社会存在，但文化具有相对的独立性，能够对社会存在产生一定的反作用。文化的这种反作用表现在，先进的文化能够促进社会的发展，落后的文化却会阻碍社会的发展。先进的文化是指那些站在时代前沿，能引领时代发展的文化。文化自信不是依靠文化主体心理上的强大，而是依靠文化创新和发展、文化生命力的强大支撑起来的。文化的创新和发展需要人的推动力量，发挥人的主观能动性。使命呼唤未来，使命需要担当。当代大学生作为民族繁荣与发展的未来之星，国家的顶梁柱，一定要有家国情怀、民族大义，在民族文化创新与发展方面敢于展现文化主体意识，自觉承担民族文化复兴的历史使命，从日常生活和学习入手，增强对民族文化的认知感、自豪感和使命感，拥有高度的文化自觉和文化自信。

第二节 增强文化自信在高校社会主义核心价值观培育中的推进作用

文化自信的培育说到底是价值观自信的培育，只有树立正确的价值观，才能对自己的文化做出科学的价值评判，只有坚定自己的价值观，自己的文化才有感染力、亲和力和生命力。"价值观在文化体系中的这种独特地位与功用，决定了它在文化体系中的核心意义，也使得价值观的自信，成为文化自信的内核。"[1]当前我国主流价值观、主导价值观是社会主义核心价值观，树立和坚定文化自信的价值评判依据也是社会主义核心价值观。"在现阶段，建设先进文化的关键就是在社会主义核心价值观的指导下，推动文化价值观念创新，实现先进文化发生质的飞跃。"[2]高校通过文化育人，增强文化自信，首先就应加强社会主义核心价值观自信的培育，筑牢文化自信的根基。以社会主义核心价值观去整合各种价值观，引领高校文化发展方向，确保高校文化育人朝着同一个目标前进。

一、社会主义核心价值观是坚定文化自信的旨归

文化自信既有对过去文化成就的充分肯定，又有对当前文化发展现状的洞见和思考，还有对未来文化发展美好前途的厚望等。这种对文化的昨天、今天和明天的正确审视，来源于其价值观的坚定立场。文化自信的核心是价值观自信，一种文化能历经时代的风雨而经久不衰，主要是有强大的核心价值观的支撑。"任何一种文化体系的性质，都由其内含的价值观决定、表征；任何一种文化体系的魅力，都由其内含的价值观培育、彰显；任何一种文化体系的发展，也都由其内含的价值观规约、引导。"[3]文化是价值观的外部存在形式，价值观是文化的内核。只要价值观保持稳定，文化怎么变化都不会改变它的精神实质。尤其是核心价值观是文化的灵魂所在，是文化生命力的核心要素。每一种民族文化都有一个居于主导地位的核心价值观作为支撑。正如习近平总书记所说："核心价值观是文化软实力的灵魂、文化软实力建设的重点。这是决定文化性质和方向的最深层次要素。"[4]在我国，社会主义核心价值观是中国人民在探寻科学价值观的过程中形成的最大公约数，在当前所有价值观中处于核心的地位。社会主义核心价值观以马克思主义价值观为

---

[1] 沈壮海："文化自信之核是价值观自信"，载《求是》2014 年第 18 期。
[2] 郑海祥、王永贵："正确认识社会主义核心价值观与先进文化建设的关系"，载《思想理论教育》2011 年第 23 期。
[3] 沈壮海："文化自信之核是价值观自信"，载《求是》2014 年第 18 期。
[4] 《习近平谈治国理政》，外文出版社 2014 年版，第 163 页。

第八章　文化自信视域下高校社会主义核心价值观培育路径

指导，吸取了中华优秀传统文化中的精华和革命文化中的精髓，产生于中国特色社会主义伟大实践，又富有社会主义先进文化的本质性内容。事实证明，社会主义核心价值观是符合中国人民价值诉求的，也符合人类社会价值发展规律的基本趋势。社会主义核心价值观正在以强大的生命力筑起中国特色社会主义的理论自信、道路自信、制度自信和文化自信，引导着中国人民朝着民族复兴的道路不断迈进。我国文化发展的价值导向和价值遵循，决定了我们树立和坚定文化自信必须坚持社会主义核心价值观的核心地位。

只有坚持核心价值观自信才能为树立和坚定文化自信提供根本性保障。我们说，树立和坚定文化自信，实际上是要树立和坚定核心价值观自信。因为离开了核心价值观，文化就缺少了向心力和凝聚力，文化自信就失去了支撑。如习近平总书记所说："人类社会发展的历史表明，对一个民族、一个国家来说，最持久、最深层的力量是全社会共同认可的核心价值观。"[1]近代中国遭受磨难的一个主要原因是中华民族缺少了一个民族的核心价值观。中国共产党能够带领中国人民取得革命的胜利，关键在于中国共产党引领中国人民在价值观上达成了统一。虽然社会主义核心价值观形成于中国特色社会主义建设时期，但它发端于中国共产党领导的革命时期和社会主义探索时期，是中国共产党带领中国人民长期探索和实践的结果。中国特色社会主义能够进入新时代，我们能够树立和坚定文化自信，主要在于我们形成并坚定了社会主义核心价值观自信。

二、文化自信是核心价值观自信的依托

文化是产生价值观的土壤，价值观的形成与一定社会时期的文化背景是分不开的。社会上有什么样的文化，就映射出什么样的价值观与之相对应。反过来，价值观一旦固定下来，就会对文化起到强有力的反哺作用，决定着文化的性质和方向。特别是核心价值观，对一定社会的文化发展的基本走向起到主导和引领作用。但是，核心价值观是否产生和形成，其形成后能否深入人心，长久地指导人们的实践活动，在很大程度上取决于人们对其所属文

---

[1]《习近平谈治国理政》，外文出版社2014年版，第168页。

化的认识和认可程度。文化与价值观同根共生、相互促进、相伴成长。但核心价值观植根于特定的文化土壤,一般而言,社会主流文化才能成为形成核心价值观的土壤。习近平总书记指出:"牢固的核心价值观,都有其固有的根本。抛弃传统、丢掉根本,就等于割断了自己的精神命脉。"[1]中华优秀传统文化是产生和形成社会主义核心价值观的重要源泉,以爱国主义为核心的民族精神,重民本、守诚信、崇尚礼仪的民族品格等都是中华民族优秀传统文化的思想精华和道德精髓,在今天仍然凝聚着新的时代内涵,体现时代价值。中华优秀传统文化中保留下来的这些精华和精髓成为产生时代要求的社会主义核心价值观的文化土壤。文化土壤的肥沃程度影响着价值观的稳固与否。事实证明,社会主义核心价值观深入人心,是因为有五千多年的中华文化土壤培育了它。

文化自信是核心价值观自信的依托。文化自信是人们对自身的文化充满信心,因为只有自身的文化才是标识自身身份的象征,也是锻造个人人格,指引个人健康成长的精神支柱和动力源泉。文化自信是核心价值观自信的外在表现形式,文化自信是核心价值观自信得以发挥作用的重要体现。核心价值观自信是人们对文化价值内涵,以及文化价值取向所持的一种积极态度。只有当人们认为本民族的优秀传统文化有现实利用价值,值得去发扬和创新,才会主动和自觉地对其相应的价值理念、价值遵循赋予认同感和充满自信心。文化自信是核心价值观自信的基础和源泉,中华优秀传统文化是社会主义核心价值观的重要来源,为社会主义核心价值观自信提供滋养的土壤和生长的空间。离开五千多年中华文化的自信,社会主义核心价值观自信就成为无根之木,就会失去生命的依托。

一个国家的强大,一个民族的繁荣,除了核心价值观的维系,还取决于文化自信的程度。同样,建成一流高校不仅要有一流的校园、一流的设备、一流的大师、一流的科研,更需要一流的文化底蕴和文化自信。唯有如此,高校以文育人才能有浓厚的文化氛围和丰富的文化资源,才能为高校培育和践行社会主义核心价值观提供丰厚的文化土壤,发挥社会主义核心价值观的

---

[1]《习近平谈治国理政》,外文出版社2014年版,第164页。

引领和示范作用，大学生才能受到浓厚的文化感染，才会对社会主义核心价值观产生认同，并充满信心。

社会主义核心价值观在我国广大人民群众当中已经达成广泛共识，形成广泛的人民群众基础，正在影响人民群众的价值诉求和理想信念。大学生作为人民群众队伍中的先锋、积极分子，肩负着全面建成小康社会、达成两个一百年奋斗目标的重任，必须做到率先示范作用，明确远大的目标，树立崇高的理想信念，与人民群众一道积极推进社会主义核心价值观的培育和践行，争做时代楷模。当今时代，在各种价值观鱼龙混杂的情况下，高校加强对大学生社会主义核心价值观的培育，一是要加强马克思主义理想信念教育，确立马克思主义在高校意识形态领域的主导地位和指导作用，培养大学生们牢固树立社会主义共同理想的价值诉求和价值遵循；二是继续加强大学生的"三观"教育，同时辅以国家观、民族观、历史观和文化观的教育，增强大学生的国家认同感和民族认同感，以科学的价值观取向提高对社会主义核心价值观的认知和认同，坚定"四个自信"，以文化自信统领当代文化创新与发展，以文化自信推动高校社会主义核心价值观培育工作的有效展开。

三、以文化自信推进高校社会主义核心价值观培育

文化如晨雨甘露，滋润大地万物。文化自信单靠宣传教育和思想灌输是远远不够的，它需要一个长期感化、不断积淀、倾心培育的过程。高校社会主义核心价值观的培育和践行，需要加大对文化自信培育工作的投入，切实做到"以正确的舆论引导人，以高尚的精神塑造人，以优秀的作品鼓舞人"。[1]以文化人、以文育人，大力发掘社会主义核心价值观的文化资源，从中华文化宝库中寻找涵养社会主义核心价值观的源泉。

（一）要与中国梦的推进和实现紧密结合

中国梦是自鸦片战争以来中华民族抱有的远大梦想，是中国人民奋发图强、永不懈怠、执着追求理想信念的价值体认。中国梦蕴含着丰富的历史与当代中国的价值理念，承载着中华民族几千年的价值诉求和价值遵循，坚定

---

[1]《江泽民文选》（第3卷），人民出版社2006年版，第85页。

实现中国梦的崇高理想有利于提升中国人民的士气和自信心。实现中华民族伟大复兴的中国梦和两个百年目标，首要的是发展教育事业，因为教育是基础性工程，百年大计，教育为本，这是历史发展的规律。实现中华民族伟大复兴的中国梦，是高等教育义不容辞的重要使命，也是高校教育工作者不可推卸的责任。实现中国梦，高校首先要做的就是促进文化自信的觉醒，因为民族的复兴首先是民族文化的复兴。文化是民族的根，有了根才有民族的家园，这个民族才有寻根的方向。文化自信就是要构建出朝气蓬勃、富有生机和张力的而非虚无缥缈的文化精神体系，使培育和践行社会主义核心价值观能驰骋万里、有的放矢。有梦才有希望，有梦才有方向，大学时代是放飞梦想的时代，也是筑梦圆梦的时代。大学时期正是大学生价值观形成和确立的时期，树立什么样的价值观与追逐什么样的梦想直接相关，抓好大学生这一时期的价值观养成十分重要。用中国梦教育大学生，能把国家的理想化为个人的理想，远大的理想化为具体的理想，深奥的理论化为大众化的常识，把晦涩难懂的概念通俗化，使大学生从小事情大道理中得到潜移默化的影响，真正理解和接受中国梦的科学内涵和实现途径，从而加强高校社会主义核心价值观的培育，树立和坚定文化自信。

(二) 要与优秀传统文化的传承和创新紧密结合

中华民族引以为豪的就是五千多年创造的优秀传统文化，它是中华民族的思想宝库，中华民族的精气神都蕴藏在这个宝库中。树立和坚定文化自信，首要的是以中华优秀传统文化为根基，发掘中华文化中的优秀内容，汲取中华文化的思想精华，把民族精神和时代精神弘扬光大，以提升大学生的爱国情怀和人格修养，增强社会主义核心价值观的文化滋养，增添文化思想的蕴意、实现文化精神的关照。"不忘本来才能开辟未来，善于继承才能更好创新。"[1]对于老祖宗留下来的东西，我们要坚持古为今用、推陈出新，绝不能抛弃传统、一概而论。抛弃传统就是丢掉我们的根，丢掉根就等于割断了我们的精神命脉，阻碍民族前进的步伐，失去民族自信的活水源头。高校通过开展"文化植根""文化寻根""文化塑形""文化寻亲""文化探秘""文化

---

〔1〕《习近平谈治国理政》，外文出版社2014年版，第164页。

大家谈"等多种方式的文化教育实践活动,努力将中华优秀传统文化中的精华和精髓渗透到大学生的日常生活和学习中去,让大学生深入到中华民族的历史长河中去,在历史背景中感受和感悟中华优秀传统文化的博大精深,在文化的熏陶和感化中增强文化认同和文化自信。让中华文化精神注入大学生的血液中去,让每个大学生都内含着中华优秀传统文化的精气神。当然,大学生对待中华传统文化一定要采取马克思主义辩证的方法,要与社会主义先进文化紧密结合,以社会主义核心价值观为价值取向和价值遵循,取其精华,去其糟粕,使社会主义核心价值观深植于中华优秀传统文化的沃土,不断汲取中华文化的丰富营养,以提升自己的凝聚力、感召力和向心力,为坚定文化自信提供强大的内聚力和支撑力。

(三) 要与高校文化的建设和发展紧密结合

古言道:"大学之道,在明明德",而"核心价值观,其实就是一种德",[1] 小到个人的德,大到国家的德、社会的德。培育和践行社会主义核心价值观本身就是一种关于"德"的文化教育和传播,一种"德"的文化选择与培育,这与高校"德"文化的教育和养成是统一的。高校社会主义核心价值观培育就是要与高校文化建设紧密衔接起来,通过高校文化资源的发掘,文化内涵的诠释,文化价值的疏导,文化环境的熏陶,把社会主义核心价值观的文化源泉和文化精神揭示出来,展示出高校文化自信的厚重性和感染力。高校中的文化资源是传承和发展了先辈们的教育思想、教育理念、教育精神,这些构成高校文化中的精神财富。高校应注重把这些精神财富贯穿到实际的教学和生活中,形成高校自身的价值观特色,形成独具一格的高校文化,这是适应现代社会需求和高校发展的文化兴校之路。

高校是高雅文化的殿堂,高校文化以其特有的雅俗性和意识形态,影响着大学生的文化审美标准、生活方式、政治意识和价值观意识,以大众化的话语、生活中的典型案例、通俗易懂的道理,把高校文化与高校办学的价值理念结合起来,容易引起大学生的共鸣,对高校文化产生亲近感和认同感,并把这种亲近感和认同意识渗透到高校社会主义核心价值观的培育和践行中

---

[1]《习近平谈治国理政》,外文出版社2014年版,第164页。

去，能够形成高校文化与价值观之间的良性互动，从而促进高校文化自信的形成。高校文化自信的立足点，就是要在教书育人的过程中，把教书中的知识传授和育人中"德"的养成并立前行、不偏不倚。这就需要把社会主义核心价值观的基本内容作为知识传授的主要对象，挖掘高校文化中的思想道德资源，阐发高校文化中的价值理念和精神力量，将之融入大学生的身心健康成长当中，实现高校文化发展与大学生身心养育的和谐统一，以达到大学生树立文化自信和价值观自信的目的。

第三节 发挥高校思想政治理论课对社会主义核心价值观的教育功能

高校思想政治理论课是宣传党的理论方针政策，培养大学生高度的政治素养的主渠道。高校思想政治理论课对保证高校社会主义办学方向，弘扬中华优秀传统，宣传和发展马克思主义，培养和坚定高度的文化自信都具有重大意义。目前，我国高校应把思想政治理论课作为全校整个思想政治教育工作的重中之重，补齐短板，不断彰显思想政治理论课的政治功能和对精神力量的凝聚作用。

一、不断提升教师的文化素养和教学水平

邓小平同志指出："思想战线上的战士，都应当是人类灵魂的工程师。在当前这个转变时期，在社会主义精神文明建设和整个社会主义建设事业中，他们在思想教育方面的责任尤其重大。"[1]高校思想政治理论课教师如同思想战线上的战士，更是人类灵魂的工程师。他们要做好战士，做好工程师，就必须在自身的修炼上下功夫，不断提升自身的文化素养和教学水平，只有这样才能做好大学生的思想政治工作，做好大学生文化自信的培育工作。

在高校思想政治教育工作中，思想政治理论课是主阵地和主渠道，教师是传授者，学生是接受者。教师要传道授业解惑，必须拥有深厚的文化知识、

---

[1]《邓小平文选》（第3卷），人民出版社1993年版，第40页。

高雅的文化修养和坚定的政治立场。习近平总书记指出："过去讲，要给学生一碗水，教师要有一桶水，现在看，这个要求已经不够了，应该是要有一潭水。"[1]如果教师文化知识储备不够、文化修养不高，自己都没有文化自信的底气和涵养，那就谈不上培育学生的文化自信。教师对文化知识的掌握深度，以及对文化所蕴含的思想和精神的理解程度是其教书育人的基本前提。教师能否把文化知识讲解出来，把文化精神展现出来，能否与大学生一起教学相长和相互感化，是教师教书育人的重要体现。通过灵活多样的能够迎合大学生期望的教学方法或实际行为，在大学生认知和感知文化内涵的过程中达到文化自信的培育，是教师教书育人的理想状态。比如，在中华优秀传统文化的教学课堂上，教师首先要深刻领会中华文化的博大精深和思想精髓，中华文化是社会主义核心价值观的涵养，做弘扬中华优秀传统文化的传承人，以身示范去感化大学生，让大学生深刻认识到中华优秀传统文化的历史底蕴和时代价值，意识到传承和弘扬中华优秀传统文化，实际上就是在培育和践行社会主义核心价值观，从而树立和坚定我们的文化自信。

思想政治理论课教师在高校大学生社会主义核心价值观培育方面起到至关重要的作用。思想政治理论课教师要想提高课程教学效果，除了具备扎实的文化知识功底，较高的文化修养外，还要不断地提高教育教学技能和水平。思想政治理论课教师要在科学扎实的理论基础上，深入浅出地讲解晦涩难懂的理论知识。教师要勇于打破传统的教学教育模式，创新课堂教学模式，灵活使用多种教学手段和教学方式，激发学生的学习积极性，提高其参与性，提高教学的吸引力和感染力。加强同学生的交流和沟通，及时找出教学难点，帮助和引导学生解决问题，掌握授课内容，让学生在真信之前，能先达到真懂的目标。榜样的力量是无穷的，教育要达到事半功倍的效果，教师的带头引领作用至关重要。思想政治理论课教师要做马克思主义的坚定信仰者，要努力提高自己的道德修养，德行兼备，树立良好的榜样。教师要坚持用马克思主义方法论解决问题，引导学生学会辩证地看待周围的世界，客观地分析纷繁复杂的社会万象，并逐渐引导学生树立正确的价值观念。在教育过程中，

---

[1] 习近平："做党和人民满意的好老师——同北京师范大学师生代表座谈时的讲话"，载《人民日报》2014年9月10日。

教师是主导，学生是主体。所以，思想政治理论课教师要优化教学效果，必须研究学生，以学生为本，做到因材施教。教师要关心学生的思想问题、学习问题和生活问题，从而找到教师和学生的共鸣点，找到教学的切入点，使教学真正能做到入脑、入心。教师还可以调查学生关注的社会热点和难点问题，并结合理论知识进行讲授，理论联系实际，引导大学生将个人的发展和祖国的发展联系起来，将个人责任和社会责任联系起来，增强他们的使命感和担当意识，把成为中华民族伟大复兴的中坚力量和后备力量作为奋斗目标，并坚持不懈地贯彻下去。

二、提升课堂教学的文化氛围

高校思想政治理论课教师作为高校教育工作者，具有特殊的历史使命。高校思想政治理论课教师不仅要给大学生传授知识，还要给大学生解惑，帮助大学生了解国情、世情和党情，培育大学生的文化自信，使其能担当起中华民族伟大复兴的使命。高校思想政治理论课教师必须具备良好的政治修养和道德品格，在教学过程中以身示范，给大学生带来潜移默化的影响，提升文化自信教学的文化氛围。

首先，提高思想政治素质。高校思想政治理论课教师与其他专业课教师的主要区别，就是思想政治理论课教师应该把思想政治素质作为基本素质。高校思想政治理论课教师应有坚定的马克思主义信仰，高度的政治觉悟，既要在思想上向党组织靠拢看齐，又要在行动上用党的组织纪律严格要求自己，使自己始终同党中央保持一致，努力提高自己的思想政治素质。高校思想政治理论课教师是党的路线、方针、政策的宣讲者，时移世易，世情、国情和党情处于不断的变化之中，理论成果不断地推陈出新，高校思想政治理论课教师要树立终身学习的理念，与时俱进，不断更新自己的知识库和观念，不断充实自己、提升自己，确保始终站在知识前沿，才能更好地完成思想政治理论课教师的使命和担当。

其次，落实培养"四有"新人的根本任务。高校思想政治教育的根本任务是培养"有理想、有道德、有文化、有纪律"的社会主义"四有"新人。高校思想政治理论课教师要以此为目标，贯彻落实这一根本任务，要通过课堂讲授、社会实践活动、党团活动等多种渠道，积极用马克思主义理论及马克思主义中国化最新理论成果武装大学生，促使大学生真学、真懂、真信、真用马克思主义，向着"四有"新人的目标迈进，进而把大学生培养成为社会主义现代化建设事业的合格建设者和可靠接班人。

再次，体现人文关怀。通过高校思想政治教育培育大学生的文化自信，展现出一定的人文关怀是必不可少的。文化是由人创造的，自信是人的自信。文化自信一定含有人的情感表达，人的价值诉求。思想政治教育就是培养人的思想素质和政治素质的教育，与人的道德情感和政治素养分不开。文化自信教育与思想政治教育除了借助于课堂，还要借助于一定的社会实践活动。实际上，不论是课堂教学还是社会实践活动教学都是人与人之间的活动，在这样的活动中教师要有一定的人文关怀，能够使大学生在情感上对自己的文化产生一种亲近感，更加认同自己的文化，并对自己的文化充满信心。高校思想政治教育要有人本意识，坚持"以人为本"的思想，切实确立以学生为中心的理念，让学生真正体会到高校思想政治教育不是摆设，不单是思想政治工作者的事情，而是关系到大学生自身素质的提高，关系到整个国家建设的前途命运问题。高校思想政治教育凸显人文价值，提升人文境界，也是高校教育本身应体现的一项重要内容。

最后，突出文化自信。文化自信是中国特色社会主义最基础、最根本的自信，它贯穿道路自信、制度自信和理论自信的整个过程，对其他三个自信起到把脉把关的重要作用。"四个自信"教育的出发点和落脚点都是文化自信教育，高校思想政治理论课教学中，要掌握"四个自信"之间的关系，讲透讲明白文化自信的来龙去脉，让大学生清楚地认识到文化自信在中华民族伟大复兴中的地位和作用。遵循文化发展规律，深入了解我国文化的历史底蕴，近代我国文化的创伤，以及我国文化的美好前景，描绘出我国文化的发展主线，帮助大学生确立文化自信。

三、增设大学生文化修养课程

虽然思想政治理论课是培育大学生文化自信的主渠道，但是一些文化选修课程也具有很强的文化教育功能。把文化选修课开设好，与思想政治理论课相互结合、相得益彰，能够共同提升大学生的文化修养，增强大学生的文化自觉和文化自信，使大学生主动承担起中华文化复兴的时代意识和使命意识。

对此，高校需要设置与思想政治理论课相辅相成的文化课程，不断完善高校思想政治课的课程体系。高校要在夯实思想政治理论课必修课的基础上，增设如《国学》《中华文明史》和《中国传统文化概论》等文化选修课程，并根据地方特色和学校特色，自己组织编撰和出版一些与之相匹配的文化教材和辅助书籍。除了思想政治理论课需要辅助的文化课程以外，其他学科也可以适当增加一些文化课，以提升其他学科的文化涵养，对大学生进行文化熏陶，让大学生依据自身的兴趣爱好能够选到自己想学的文化科目，在学习文化、感悟人生的过程中提升对中华传统文化的兴趣和认识，以达到对中华优秀传统文化产生自豪感和自信心的效果。另外，文化课程不仅仅是有关中华文化的课程，中华文化不是一种封闭的文化，而是在与其他文化的交流和碰撞中发展起来的，中华文化不惧怕外来文化，中华文化只有在与外来文化的交流中才能显示其强大的生命力。在高校有必要增设一些中西方文化比较课程，可以拓展大学生的世界文化视野，增加对国外文化的了解和吸纳，推进中华文化吐故纳新，促使大学生确立积极向上的文化态度，洞察中华文化的优秀品质和优越性资源，在中西方文化的对比学习中培育大学生对中华文化来自内心的文化自信。

四、推进教学改革，增强教学效果

（一）实现教材内容向教学内容的转化

思想政治理论课的课程内容理论性强，思想政治理论课教师的任务就是需要把晦涩难懂的理论知识逻辑清晰地传授给学生，使其通俗易懂。这就需要实现思想政治理论课教材内容向教学内容的转化，这一转化过程需要注意三点：第一，要切合"立德树人"的目标，发挥好育人的作用。真正的人才是什么，真正的人才是要先学会做人，而后才能成才。这里说的做人就是需要具有优良的思想品德。思想政治教育的最重要的作用就是培养大学生优良的思想品德，思想政治理论课正是这一作用得以发挥的主渠道。第二，理论联系实际。理论从实践中来,经由实践的检验形成为理论,而理论对实践又具有指导作用,所以,理论和实践是紧密相连的。思想政治理论课的理论也不能脱离实际,这个实际就是大学生关注的社会热点和难点问题,比如,大学生就业难问题、买房难问题、社会保障问题、网络道德问题、贫富差距问题、区域发展不协调问题、腐败问题、政治生态问题等,教师要引导学生剖析问题产生的根源,探讨解决问题的方法,教会学生以理论为指导来解决实际问题。第三,与时俱进,积极宣讲马克思主义中国化的最新理论成果,实现马克思主义中国化最新理论成果进教材、进课堂、进头脑,帮助学生用最新的理论成果武装头脑。

(二) 改革教学模式

思想政治理论课是高校思想政治教育工作开展的主渠道,教育部规定,要使思想政治理论课建设成为让大学生"毕生难忘、终身受益"的课程。但是思想政治理论课教学实效性欠缺的现象却普遍存在,究其原因,大致有以下几个方面:第一,思想政治理论课的课程内容理论性强,很多内容晦涩难懂,学生尤其是理科生学习兴趣不高,无法做到真懂,继而也无法真信。第二,思想政治理论课的课程性质属于校级"公共课",一般实行大班合班教学,学生人数在一百人左右,这给教师对课堂教学的组织和课堂的管控带来了很大的困难。第三,思想政治理论课更多采用的还是传统的灌输式教学,教学互动环节少,教学方式因循守旧,课堂趣味性低,无法激发学生的学习热情。第四,思想政治理论课增设了社会实践教学活动,但实践教学缺乏系统的实施方案,教学目标设置不明确,实施效果不好。所以,思想政治理论课教师要不断更新教学方法,要积极改革思想政治理论课的教学模式,采用互动式教学、启发式教学、引导式教学、混合式教学等教学方法,以通俗易懂的案例讲解晦涩难懂的理论知识,营造新颖活泼的教学氛围,激发学生的学习兴趣。"授之以鱼不如授之以渔",教师要侧重教会学生学习方法,让学生开动脑筋,使学生的学习变被动接受为主动学习,学以致用。为弥补合班教学的缺陷,可积极响应教育部号召,实施"大班教学、小班研讨"的方式,让每一个学生都有机会参与教学研讨,真正地感受自己的学习主体地位。要设计科学合理、可操作性强的实践教学实施方案,紧扣教学目标开展实践教学活动。通过以上教学模式的改革，增强思想政治理论课的教学实效性。

（三）完善理论课教学考评制度

思想政治理论课的教学模式与思想政治理论课的考评制度是紧密联系在一起的，教学模式是围绕考评制度展开的，合理的考评制度能够有效促进教学模式的多样化和灵活性。改革现有的教学考评制度，建立新的综合考评体系，来应对当前思想政治理论课教学改革的现实需要。高校思想政治理论课考核方式应以教育部的要求为总绳，坚持理论与实际相结合的原则，根据课本内容和学生实际状况，建立多方面的综合评价机制，切忌"一刀切"的形式主义做法。一是评价内容准确全面，重难点分配恰当。降低对书本死记硬背知识点考查的比重，重点考察大学生对知识的理解深度和运用能力，突出对社会主义核心价值观和文化自信内容的考察，并与形势与政策联系起来，强调大学生对知识实际使用效果的评价。二是评价标准要体现人性化。评价标准既要符合课程教学的基本要求，又要照顾到绝大多数大学生的心声，符合大学生的期望值，以此促进大学生个性的张扬和总体能力的提升。三是评价形式不能过于单一和传统。考核应将定量与定性相结合。高校要打破原有的闭卷考试或开卷考试的单一形式，不能单独以考试分数来考查学生。在采取闭卷考试或开卷考试的同时，还可以加上学生的平时表现，从多方面综合考查学生的学习情况。除此之外，还可以用调研报告的形式、学术研究论文的形式、读书报告的形式等考查学生的实践能力，使学生能把理论知识与实践能力结合起来，真正体现学以致用的效果。

第四节　创新和优化社会实践活动

高等教育的终极目标，就是把大学生培养成为国家栋梁之才。大学生价值观的正确养成，与大学生成长成才具有很大的关系。价值观不是什么抽象的事物，价值观是在现实生活中形成的，反过来又引导现实生活。高校培育社会主义核心价值观，要注重学生价值观的生活养成这一重要环节，充分发挥高校社会实践活动对大学生的价值观在日常生活中的养成作用。与课堂对社会主义核心价值观的知识传授相比，高校社会实践活动能够帮助大学生直接触碰到社会主义核心价值观的现实指导作用,从而深化对课堂上传授的社会主义核心价值观的理论理解,并将抽象的文字概述转化为具体的行动,知行统一,学以致用,潜移默化地实现培育社会主义核心价值观的目标。

一、以价值观为引导推进社会实践规范化建设

社会实践活动是课堂教育在社会现实生活中的一种生动演示,它集学校、社会、家庭和自我教育于一体,是大学生从书本世界走向现实生活,感受理论知识在现实生活中的指导价值的重要渠道,同时也是大学生经受锻炼和体会个人成长的过程。高校在培育社会主义核心价值观过程中,必须注重社会实践活动对于大学生感受社会主义价值观的促进作用。

(一)高校社会实践活动之于价值观培育的重要作用

中宣部、中央文明办、教育部、共青团中央《关于进一步加强和改进大学生社会实践的意见》指出:"理论联系实际是党的优良传统和作风,教育与生产劳动和社会实践相结合是党的教育方针的重要内容,理论教育和实践教育相结合是大学生思想政治教育的根本原则。"教育必须与社会挂钩,我国高校教育要把文化育人和实践育人结合起来,充分展现"实践是检验真理的唯一标准"的科学性和价值导向功能,使大学生真正体会到高校教育教有所值、学有所用,高校是大学生人生出彩的地方。

1. 社会实践能够展现理论的现实功能,促进大学生对价值观的认知

以知识讲解为途径的理论式教育是当前高校价值观教育的主要形式。通过对理论的讲授,希望大学生有价值观方面的认知,实现价值观认同,进而内化成自己的价值遵循。但现实情况并不令人乐观。教材或教辅读物中的社会主义核心价值观往往从宏观叙事的立场出发,虽内容全面但不具有针对性,虽理论性强但不通俗易懂。对于大学生来说,通过讲授的方式,往往只知其然不知其所以然,无法对其真正的内涵有更深刻的理解,这种粗浅的认知方式无法切实促进大学生的价值观认同,难以形成大学生正确的、清晰的价值理念。社会实践可以弥补理论教育的不足,它借助内容丰富、形式多样的社会实践活动,把理论教育融入实践教育,将教材中精炼的理论文字化作有形可见的具体行动,激发大学生的参与性和积极性,使大学生在社会实践活动

中深刻了解社会主义核心价值观的基本内涵及现实意义，促进大学生价值观认知的形成。

2. 社会实践能够增强理论的鉴别力，促进大学生的价值观认同

随着信息时代的到来，互联网把整个世界连成了一个整体，为各种思想观念形态的交锋提供了便利平台。西方资本主义国家的历史虚无主义、新自由主义和民主社会主义，以及非马克思主义和反马克思主义的思潮不断涌现，势必干扰着大学生的思想和心理。如何提高大学生对各种思想观念的鉴别能力，自觉抵御各种错误思想和思潮的影响，是高校教育必须解决的一个重要问题。社会实践活动通过到实践教学基地开展现场教学，能够引导大学生走向社会，融入社会，在与社会的交流和体验中，充分感受到我们为什么选择社会主义制度，为什么要坚定中国特色社会主义"四个自信"，为什么要培育社会主义核心价值观。在对问题的追问中，实现对社会主义核心价值观由认知向认同的转化。

3. 社会实践有利于良好品质养成，促进大学生的价值观践行

当代大学生大部分都是独生子女，这个特殊的社会群体在成长过程中，容易形成许多不合时宜的性格特征，不喜欢动手，不愿与人交往，不懂得分享与合作，个人中心主义突出，缺乏无私奉献和勇于担当责任的优良品质。社会实践活动通过开展志愿者服务活动、勤工助学活动、"三下乡"活动等，帮助大学生养成自力更生、吃苦耐劳、团队协作、乐于助人、无私奉献的优良品质。在这个过程中，实现社会主义核心价值观的认知、认同，乃至自觉地践行。

（二）规范社会实践建设，让价值观的功能真正落地

高校社会主义核心价值观的培育，不仅需要课堂理论教育的投入，更需要社会实践活动的有效开展。高校加强社会实践活动的规范化建设，让社会主义核心价值观的功能真正落地生根，在社会实践过程中促进大学生价值观的养成。

1. 科学规划社会实践活动，提升社会实践教育成效

当前高校开展的社会实践活动，对于社会主义核心价值观培育来说，其效果并不理想。主要存在的问题有如下几个方面：一是实践活动形式千篇一

律，缺乏创新，大多是参观访问、社会调查和志愿服务等形式，对学生的吸引力不足；二是社会实践活动缺乏目标规划和切实可行的实施方案，主题不明确，往往重宣传、走过场、轻结果，大学生收获甚微；三是社会实践活动的开展没有做到与大学生所学专业和相关内容相契合，不能与大学生的内心世界产生共鸣，满足不了大学生的价值诉求。针对目前现状，必须坚持以问题为导向，科学规划社会实践活动。

首先，加强社会实践的规范化管理。社会实践活动的开展要规范化，要把它纳入高校教育教学总体规划中，制订合理的实施方案，确定科学的活动主题，并在人才培养方案里体现社会实践的学时和学分，拿出单独的教学周开展社会实践活动，以保障社会实践活动按时、按量、有序、有步骤、有层次地实施和开展。

其次，采用科学的社会实践方法。社会实践活动的开展，要避免随意性，社会实践活动的内容要紧扣学生的专业和课程内容，要考虑学生的身心发展特点，要关注学生感兴趣的社会热点和难点，尤其要将社会实践活动与大学生未来的就业和创业结合起来，这样才能激发大学生参与社会实践活动的积极性，在实践中学以致用，不断提高自己的综合素质和专业技能，塑造正确的价值观。通过科学规划社会实践活动，促进大学生社会主义核心价值观的培育。

2. 制定完备的社会实践制度，保障社会实践活动的常态化运行

要保证社会实践活动沿着常态化方向进行，就必须制定出与社会实践活动相配套的制度。这些制度包括负责社会实践活动的组织制度，开展社会实践活动的经费保障制度，促进社会实践活动积极性的激励制度，以及对实践活动结果进行评价的考核制度等。加强组织制度建设，明确社会实践活动领导班子负责制，组建实践活动组织机构，由专人专组负责社会实践活动的规划、管理、组织和协调工作，以保障社会实践活动有组织、有序地开展。制定经费保障制度，确保社会实践活动的资金运行能够保持充足的供应和长久的稳定。高校要为社会实践活动的顺利进行设置专项资金，或者通过社会多渠道途径筹措资金，以确保社会实践活动资金不断流。制定能够促进社会实践活动积极性的激励机制，将大学生的社会实践活动与个人的评优评先，以

及校内各类评比活动挂钩，突出社会实践活动的价值意义，以此激励大学生参与社会实践活动的积极性。完善和改革考核评价制度，把大学生的社会实践活动效果纳入期末成绩和综合素质的考核，防止出现社会实践活动有内容无成效的形式主义现象。

3. 加强社会实践基地建设，保证社会实践活动长期稳定进行

实践基地是大学生有效参与社会实践活动的一个重要条件。社会实践基地相当于联结学校与社会的桥梁，有了社会实践基地，大学生才能更好地服务于社会，更有效地传播知识和文化，更好地提升自己的思想政治素养。高校应当重视社会实践基地建设，加强与各级各类企业，不同事业单位，特别是能够锻炼大学生意志力的农村、希望小学、养老院、福利院等基地的交流与合作，并尽可能的长期固定下来。根据高校育人的现实需要，积极组织和鼓励大学生定期参与各种形式的社会实践活动，以培养大学生乐于奉献的时代精神，以及良好的道德品质，并把自己的言行自觉地与社会主义核心价值观的基本要求进行匹配，从中找出差距与不足，然后取长补短，在持续的社会实践活动中不断完善自己的人格和品格，从而达到培育社会主义核心价值观的目的。高校建立稳定的社会实践基地，要把大学生的学习成就和就业前景考虑进去，特别是与当地的企业部门合作，既能够为大学生的未来铺好路基，也能把大学生的自我创新成果直接转化为现实生产力，这不仅能够调动大学生的学习积极性，还能促进地方经济的发展。

二、通过社会实践活动，培育社会主义核心价值观

社会主义核心价值观是我党在价值问题认识上的一次提升，是从马克思主义价值哲学角度概括出社会主义核心价值观所包含的三个层面价值诉求。基于个人层面的价值诉求视域，大学生社会实践活动能够从大学生个人实现价值最大化入手，使得大学生的个人价值观上升到国家、社会的价值观诉求上。社会实践活动形式多样，有社会调查、专业实习、勤工助学、志愿服务等，这些都是大学生能够参与的活动范围，也是高校社会主义核心价值观培育的重要载体。

(一) 通过社会调查来培养大学生的爱国情怀

大学生的社会调查要参照当前存在的现实条件,以当前社会存在的重大问题为调查对象,认真对问题的前因后果做出分析和总结,进而对问题的解决路径提出中肯的意见和建议,达到发现问题,解析问题,最后提出解决方案的目的。社会调查有助于大学生更加清楚地认清国情,增强其社会责任感和爱国情怀。

1. 在社会调查中了解国情

我国的教育体制决定了教育模式更多倾向于课堂教育,学生从幼儿园、小学、中学到大学,都封闭在学校里,与社会接触较少。在高校开展社会调查的社会实践活动,可以让大学生走出校园,步入社会,切身体验我国当前经济社会的发展,体会我国经由站起来、富起来到新时代强起来所取得的举世瞩目的成就,以及发现我国目前仍存在的严峻的社会问题,并思考解决问题的途径以及国家未来的发展趋势。社会调查以实事求是的方式让大学生真切体验到象牙塔外的世界,通过增加他们对当前社会、国情的了解,培养他们的辩证思维能力和解决问题的能力。

2. 在社会调查中增强社会责任感

大学生还未步入社会,无法体会历史重任,责任感和使命感意识薄弱。在高校开展社会调查的社会实践活动,可以让大学生步入社会去了解我国当前面临的一些社会问题,比如:理想与现实的差距问题、穷人与富人的差距问题、不同区域发展的差距问题、城乡居民生活的差距问题,以及教育问题、社会保障问题、环境污染问题、腐败问题等,通过对这些问题的了解去思考并完善自己以后的人生规划,重新认识世界和自己,提升价值观意识,增强对中国特色社会主义事业的责任感和使命感。

3. 在社会调查中培养爱国主义情怀

高校社会实践活动能够帮助大学生了解中华民族发展史、中国共产党发展史、新中国发展史,从了解中国人民如何解决历史和当代重大问题中,激发大学生去思考解决问题的方法,从而塑造大学生的社会责任感和历史使命感。少年兴则国兴,少年强则国强。要国强,则唯有中国少年更强。通过社会调查,让大学生深刻感悟个人与国家和民族的紧密联系,鞭策大学生努力学习，以民族大义为重，不断提升自己的能力，为中国特色社会主义伟大事业贡献力量。通过社会调查，深入了解民族英雄和时代楷模，激发大学生向民族英雄和时代楷模学习，唤起大学生的爱国情感，将民族精神和时代精神转化为社会主义核心价值观的强大力量，内化成为自己的价值遵循，做一名忠诚的爱国主义者。

(二) 通过专业实习来培养大学生的职业道德

敬业是社会主义核心价值观的主要内容，也是职业道德的灵魂。大学生专业实习不仅是大学生社会实践的重要内容，也是大学生感受自己职业能力的重要方式。高校培育社会主义核心价值观，可以充分利用大学生的专业实习来提升对"敬业"这一词的深刻认识。通过专业实习，使大学生能够把所学知识运用到实践当中去，实现理论与实际的结合，技能与实际操作的结合，让他们更好地理解专业知识和技能。通过专业实习的体验，引导大学生对职业精神的理解，培养大学生的职业道德。比如对于以后想从事教育行业的大学生，通过专业实习，让他们学会如何备课、讲课，学会和自己的授课对象交流，了解他们身心的发展特点，学会因材施教，学会管理班级事务，学会管控自己的课堂。通过这些专业技能的认知和锻炼，为大学生毕业后走上教师这个工作岗位夯实基本功，同时还能帮助他们真正体会到作为教师应该遵守的职业道德的重要价值。通过专业实习这一方式，将本专业的职业精神和职业道德与大学生要培育的社会主义核心价值观的主要内容融合在一起，突出社会主义核心价值观中"敬业"一词在大学生专业实习过程中的引导作用。

(三) 通过勤工助学来培养大学生自立自强的品格

勤工助学是大学生锻炼自己的创造能力，提升自身生存本领的重要手段。勤工助学是大学生在学校规章制度许可的情况下，为了改善自己的学习和生活状况，利用恰当的时间，通过自己的辛勤劳动而获得一份合法收入的社会实践活动。考虑到大学生的人生安全和其他因素，大多数高校在校内设置了勤工助学的岗位，帮助大学生尤其是家庭贫困的大学生解决经济上的难题。这种凭借自身劳动获取报酬的方式不仅能够缓解家庭的经济压力，也能证明大学生自身具有生存下去的能力，这对于提高大学生对未来生活的自信，获得自己的尊严和争取更多的荣誉都具有重要价值。通过勤工助学的历练，不仅为大学生提前步入社会提供了一个很好的锻炼的平台，也培养了大学生自立自强的道德品质，增强了大学生对社会主义核心价值观中"敬业、诚信、友善"的认知。

（四）通过志愿服务来培育大学生的奉献精神

志愿服务是一种崇高的社会服务形式，志愿者利用现有的个人资源，通过各种服务性的行动和投入去实现对他人或社会的帮助与支持，在不图任何回报的前提下，自愿贡献个人的一份力量，这对于推动人类文明发展，构建友好型社会具有重要价值。大学生可以通过自发组织或在学校统一组织下，参与脱贫攻坚活动，支教计划，为"孤儿院""老年社区"提供服务等各种各样的志愿服务，这些服务活动和经历，能够培养大学生无私奉献、自信自强的精神和毅力，给人们带来爱和温暖，从而形成个体之间诚信、友善的道德风尚。志愿服务中所内含的奉献精神正是社会主义核心价值观在个人层面上的价值遵循，大学生志愿服务活动将有助于大学生对社会主义核心价值观在个人层面价值遵循上的认知和培育。

三、通过社会实践活动，践行社会主义核心价值观

社会实践活动对于高校社会主义核心价值观建设来说，既是一种培育，也是一种践行。社会实践活动被称作是大学生的第二课堂，是大学生用知识体验生活，又用生活反哺知识的双向作用过程。大学生通过社会实践活动，把社会主义核心价值观中的个人价值诉求诉诸社会，形成国家、社会和个人在价值诉求上的三位一体，达到对其整体上的认知，从而实现社会主义核心价值观培育的目的。实际上，社会主义核心价值观培育的目的，不仅仅是让大学生对其认同，将其内化于心，还要将其外化于行，成为引导大学生日常生活的一种精神力量和价值遵循。高校在开展社会实践活动时，要充分考虑到社会实践活动对社会主义核心价值观培育和践行的内外双重功效。

（一）在社会实践活动中，内化社会主义核心价值观

大学阶段是青少年价值观形成的关键时期，这一时期，大学生群体情感

丰富而细腻，复杂多变，鉴别能力弱，对人生的态度和对社会的看法易受到外界的影响。社会主义核心价值观是培养当代大学生确立正确价值观，形成远大崇高理想的基本准则和指导方向。高校社会主义核心价值观建设将直接关系到大学生价值观的养成。但大学生价值观的养成，单靠课堂授课的形式是远远不够的。高校在社会主义核心价值观建设方面，除了依托课堂教学外，还要依托社会实践活动，通过大学生自己的亲身体验和感受，从社会实践中直接领悟到社会主义核心价值观的内涵，自觉用社会主义核心价值观去抵制生活中的各种错误思想和观念，并对各种价值观进行整合，汲取有益成分，与社会主义核心价值观一起内化成为自己的价值观范围。

（二）在社会实践活动中外化社会主义核心价值观

社会实践活动是理论指导实践的过程，同时也是理论回归实践的过程。任何一种社会实践都需要科学的理论作指导，反过来任何一种社会实践都是为了达到某一理论的认识高度，实现某一理论指导的价值目标要求。高校开展的社会实践活动既是对社会主义核心价值观一种认识上的内化，也是一种实践上的外化。诸如大学生参与红色教育基地的参观调研、志愿者服务活动、社会热点调查等一系列社会实践活动，都包含着社会主义核心价值观的丰富内容。他们在这些活动中不仅弘扬了社会主义核心价值观，也培养了他们爱国、敬业、诚信的优良品德，这些品德的养成能够引导他们确立坚定的马克思主义信念，养成正确对待中国传统文化的辩证思维观，并提高他们认识和解决现实问题的能力。高校在开展社会实践活动时，要做好社会主义核心价值观培育的内化和外化双重工作，考虑如何将内化实时地转化为外化，让大学生自觉做社会主义核心价值观的践行者。

四、通过社会实践活动，弘扬和发展社会主义核心价值观

社会实践活动，除了是对社会主义核心价值观的培育和践行之外，也是对社会主义核心价值观的弘扬和发展。高校要利用社会实践活动这一载体，鼓励大学生积极弘扬和宣传社会主义核心价值观，发挥大学生的聪明才智和创新能力，有效促进社会主义核心价值观的至臻完美和不断向前发展。

第八章 文化自信视域下高校社会主义核心价值观培育路径

（一）在社会实践活动中弘扬社会主义核心价值观

任何一种好的理论和认识都是在实践中产生，又在实践中得到检验、传播和弘扬，才能成为人们日常生活的向导。高校开展社会实践活动，能够让大学生领悟到社会主义核心价值观的深刻内涵，在社会主义核心价值观的价值引导下，做社会主义核心价值观的践行者。实际上，大学生在社会实践中对社会主义核心价值观的践行，也是对它的一种弘扬和传播。也就是说，通过社会实践活动这一载体，一是让大学生把社会主义核心价值观带入日常生活之中，带进千家万户，扩大社会主义核心价值观的受众群体，推动它走向大众化。二是让大学生把社会主义核心价值观内化为自己的价值诉求和价值遵循，实现对它的认知向认同转化，并在实践中自觉践行，身体力行地弘扬它，传播它。因此，高校要把社会主义核心价值观培育的内容和要求融入社会实践活动内容之中，将其具体化和生活化，促进大学生与广大参与者一起共同领会社会主义核心价值观大众化意境，一起做好社会主义核心价值观的宣传工作，尽可能地将它发扬光大，使得"百姓日用而不知"。

（二）利用社会实践活动发展社会主义核心价值观

科学的理论都是随着时代的变化而不断向前发展的。社会主义核心价值观的提出是在社会主义核心价值体系的基础和认识上提炼出来的，是对社会主义核心价值体系的凝练表达，也是对社会主义核心价值体系的发展。那么，我们对社会主义核心价值观的理论认识是不是就到此为止了？我们知道，理论只有不断地创新和发展，才能永葆活力。同样，社会主义核心价值观只有在不断的发展和完善中，才能拥有永不干涸的精神力量。所以，高校要利用社会实践活动这一平台，以社会主义核心价值观为主题，挖掘适合大学生成长成才，促进民族复兴的内容，提升社会主义核心价值观的哲理性和价值导向力度，推动社会主义核心价值观不断创新和发展。

高校开展社会实践活动需要常抓不懈、科学规划，保持一种常态化运行状态。只有保持社会实践活动的常态化才能使高校社会主义核心价值观培育有所建树。这就需要高校重视社会实践活动的现实指导价值，把规范化、制度化建设作为开展社会实践的一项重要工作，充分利用社会实践中的一些载体，挖掘社会实践载体中的理论内涵和文化意蕴，与社会主义核心价值观的基本内容衔接起来。加强社会实践活动平台建设，积极搭建一些有利于培育社会主义核心价值观的基地、场所、站点、栏目、节目等，把社会主义核心价值观置于大学生社会实践的场景中，通过形式多样的社会实践活动，使大学生不知不觉地将其内化于心，外化于行，达到培育目的。

参考文献

1. 《马克思恩格斯选集》（第1~4卷），人民出版社1995年版。
2. 《马克思恩格斯文集》（第3卷），人民出版社2009年版。
3. 《马克思恩格斯文集》（第4卷），人民出版社2009年版。
4. 《马克思恩格斯全集》（第1卷），人民出版社1956年版。
5. 《马克思恩格斯全集》（第33卷），人民出版社2004年版。
6. 《马克思恩格斯全集》（第40卷），人民出版社1982年版。
7. 《马克思恩格斯全集》（第46卷），人民出版社1980年版。
8. 《列宁全集》（第39卷），人民出版社1986年版。
9. 《列宁全集》（第43卷），人民出版社1987年版。
10. 《毛泽东选集》（第1~4卷），人民出版社1991年版。
11. 《毛泽东文集》（第3卷），人民出版社1996年版。
12. 《毛泽东文集》（第6卷），人民出版社1999年版。
13. 《毛泽东文集》（第8卷），人民出版社1999年版。
14. 《毛泽东新闻工作文选》，新华出版社1983年版。
15. 《建国以来毛泽东文稿》，中央文献出版社1987年版。
16. 《邓小平文选》（第2卷），人民出版社1995年版。
17. 《邓小平文选》（第3卷），人民出版社1993年版。
18. 《江泽民文选》（第3卷），人民出版社2006年版。
19. 《习近平谈治国理政》，外文出版社2014年版。
20. 《习近平谈治国理政》（第2卷），外文出版社2017年版。
21. 中共中央宣传部：《习近平总书记系列重要讲话读本》，学习出版社、人民出版社2014/2016年版。
22. 习近平：《决胜全面建成小康社会 夺取新时代中国特色社会主义伟大胜利——在中国共产党第十九次全国代表大会上的报告》，人民出版社2017年版。

23. 习近平：《在文艺工作座谈会上的讲话》，人民出版社 2015 年版。
24. 习近平：《在纪念孔子诞辰 2565 周年国际学术研讨会暨国际儒学联合会第五届会员大会开幕会上的讲话》，人民出版社 2014 年版。
25. 中共中央文献研究室编：《十八大以来重要文献选编》（上），中央文献出版社 2014 年版。
26. 中共中央文献研究室编：《十八大以来重要文献选编》（中），中央文献出版社 2016 年版。
27. 中共中央文献研究室编：《十六大以来重要文献选编》（中），中央文献出版社 2006 年版。
28. 中共中央文献研究室编：《十五大以来重要文献选编》（上），人民出版社 2000 年版。
29. 《习近平中国梦重要论述学习回答》，党建读物出版社 2014 年版。
30. ［德］黑格尔：《哲学史讲演录》（第 1 卷），贺麟、王太庆译，商务印书馆 1959 年版。
31. ［德］黑格尔：《历史哲学》，王造时译，上海书店出版社 2006 年版。
32. ［美］兹比格纽·布热津斯基：《大失控与大混乱》，潘嘉玢、刘瑞祥译，中国社会科学出版社 1995 年版。
33. ［古希腊］希罗多德：《历史》，王以铸译，商务印书馆 1959 年版。
34. ［德］马克斯·韦伯：《文明的历史脚步》，陈慧颖译，三联书店 1997 年版。
35. ［美］塞缪尔·亨廷顿：《文明的冲突与世界秩序的重建》，新华出版社 1998 年版。
36. ［美］约瑟夫·奈：《软力量：世界政坛成功之道》，吴晓辉、钱程译，东方出版社 2005 年版。
37. ［美］约瑟夫·奈：《硬权力与软权力》，门洪华译，北京大学出版社 2005 年版。
38. ［意］利玛窦、金尼阁：《利玛窦中国札记》，何高济等译，中华书局出版社 1983 年版。
39. ［美］菲利普·巴格比：《文化：历史的投影》，夏克等译，上海人民出版社 1987 年版。
40. ［德］马克思·舍勒：《哲学人类学》，魏育青等译，北京师范大学出版社 2014 年版。
41. ［德］蓝德曼：《哲学人类学》，彭富春译，工人出版社 1988 年版。
42. ［美］马斯洛等：《人的潜能和价值》，林方译，华夏出版社 1987 年版。
43. ［美］大卫·科兹：《来自上层的革命——苏联体制的终结》，曹荣湘译，中国人民大学出版社 2002 年版。
44. ［俄］尼·伊·雷日科夫：《大国悲剧：苏联解体的前因后果》，徐昌翰译，新华出版社 2008 年版。

45. ［俄］安·米格拉尼扬：《俄罗斯现代化之路为什么如此曲折》，徐葵等译，新华出版社2002年版。
46. ［英］泰勒：《原始文化》，蔡江浓编译，浙江人民出版社1988年版。
47. 戴茂林：《中国特色社会主义理论体系研究》，辽宁人民出版社2008年版。
48. 周向军：《代表中国先进文化的前进方向研究》，中国人民大学出版社2004年版。
49. 毕重增：《自信品格的养成》，安徽教育出版社2009年版。
50. 耿超：《中国特色社会主义文化自信论》，广西师范大学出版社2016年版。
51. 车丽萍：《自信心及其培养》，新华出版社2004年版。
52. 李方：《中国综合国力论》，安徽科学技术出版社2002年版。
53. 黄硕风：《综合国力新论：兼论新中国综合国力》，中国社会科学出版社1999年版。
54. 武克全：《现代化扩展中的世界与中国》，学林出版社1999年版。
55. 俞吾金：《意识形态论》，人民出版社2009年版。
56. 余国瑞：《中国文化历程》，东南大学出版社2004年版。
57. 王瑞成、宋情秀：《中国文化简史》，上海文艺出版社2001年版。
58. 王介南：《中外文化交流史》，书海出版社2004年版。
59. 张岱年、方克立：《中国文化概论》，北京师范大学出版社2004年版。
60. 陈先达：《文化自信中的传统与当代》，北京师范大学出版社2017年版。
61. 张骥：《中国文化与意识形态战略》，人民出版社2010年版。
62. 胡惠林：《中国国家文化安全论》，上海人民出版社2011年版。
63. 《社会主义核心价值观学习读本》编写组编写：《社会主义核心价值观学习读本》，新华出版社2013年版。
64. 戴木才：《中国特色核心价值观的传统、现实与前景》，广西人民出版社2011年版。
65. 杨奎：《首都市民社会主义核心价值观实证研究》，中国社会科学出版社2015年版。
66. 沈壮海：《论文化自信》，湖北人民出版社2019年版。
67. 陈先达：《文化自信中的传统与当代》，北京师范大学出版社2017年版。
68. 蔡武：《筑牢文化自信之基》，广东经济出版社2017年版。
69. 陈晋：《中国道路与文化自信》，学习出版社2019年版。
70. 杨文启：《文化自信：家国情怀品自高》，武汉大学出版社2019年版。
71. 朱宗友：《中国文化自信解读》，经济科学出版社2017年版。
72. 李梁、王金伟等：《文化自信与价值观自信》，上海大学出版社2017年版。
73. 陈先达：《文化自信与中华民族伟大复兴》，人民出版社2017年版。
74. 上海市中国特色社会主义理论体系研究中心编：《文化自信：创造引领潮流的时代精

神》，上海人民出版社2017年版。

75. 迟云、柴焰等：《自觉 自信 自强：涵养当代中国文化建设的内驱力》，济南出版社2013年版。

76. 靳义亭主编：《传统文化融入高校思想政治教育研究》，中国社会科学出版社2016年版。

77. 包雅玮：《高校社会主义核心价值观教育研究》，中国社会科学出版社2016年版。

78. 刘建伟：《红色文化融入高校社会主义核心价值观教育研究》，人民出版社2018年版。

79. 万姿姿：《当代大学生社会主义核心价值观认同与培育研究》，人民出版社2018年版。

80. 赵正文：《社会主义核心价值观融入大学生思想政治教育创新机制研究》，清华大学出版社2018年版。

81. 马敬：《高校思想政治教育中的文化融入》，吉林大学出版社2017年版。

82. 徐艳玲：《全球化与中国特色社会主义自信》，学习出版社2017年版。

83. 田海舰：《培育和践行社会主义核心价值观多维研究》，人民出版社2015年版。

84. 袁贵仁：《价值观的理论与实践》，北京师范大学出版社2006年版。

85. 李顺德：《价值论》，中国人民大学出版社2007年版。

86. 谢晓娟：《社会主义核心价值观研究》，中国社会科学出版社2012年版。

87. 韩震：《社会主义核心价值观的话语构建与传播》，中国人民大学出版社2019年版。

88. 张学森：《核心价值观的历史演进与当代构建》，人民出版社2014年版。

89. 赵壮道：《社会主义核心价值观的文化基因》，中国社会科学出版社2018年版。

90. 赵兰香、孙贵珍：《社会主义核心价值观融入思想政治理论课教学研究》，知识产权出版社2018年版。

91. 中央组织部党员教育中心：《兴国之魂：社会主义核心价值观》，人民出版社2013年版。

92. 邱国勇：《社会主义核心价值观教育研究》，人民出版社2014年版。

93. 韩美群、龚先庆：《依法治国与以德治国相结合下的社会主义核心价值观与国家治理现代化》，武汉大学出版社2019年版。

94. 郑克卿：《大学生社会主义核心价值观培育与践行路径研究》，中国社会科学出版社2018年版。

95. 吕开东、张彬：《大学生社会主义核心价值观认同教育》，中央编译出版社2019年版。

96. 李纪岩：《引领与培育：当代大学生核心价值观生成的基础问题研究》，光明日报出版社2018年版。

97. 方铭：《鉴古知今：社会主义核心价值观古典释义》，凤凰出版社2017年版。

98. 周颖：《新时代大学生社会主义核心价值观培育创新研究》，中国书籍出版社2019年版。

99. 徐青英、阎玉珍：《社会主义核心价值观与师德修养》，东北师范大学出版社2015年版。
100. 许可、马培安、王玉国：《社会主义核心价值观与传统文化》，中国书籍出版社2016年版。